KB172688

동아시아 개인기록과
근대성 비교연구

이정덕 · 이성호 · 이순미 · 리위란 · 이와시마 후미
진명숙 · 양흥숙 · 공윤경 · 박광성 · 친광챵   공저

지식과교양

이 책은 2014년도 정부(교육부)의 재원으로 한국연구재단의 지원을 받아 연구되었음(NRF-2014S1A3A2044461).

서문

근대 가족, 농촌 여성, 도시 노동자
: 동아시아 압축 근대 양상의 비교

이 성 호

동아시아 압축 근대의 특성을 유형화한다는 것은 단순화하면 '동아시아가 경험한 (서구의 경로와는 다른) 근대화 과정의 특수한 경로'를 찾는 작업으로 요약될 수 있지만, 그것이 전부는 아니다. 일반적으로 후발자본주의 국가의 '압축 성장'은 강한 국가의 성공적 자원동원, 국가와 자본 부문 엘리트의 능력, 그리고 민중이 기꺼이 희생을 감수할 수 있었던 사회적, 경제적 보상 등에 의해 가능했던 것으로 평가되고 있다. 우리는 '압축 근대(성)'를 수십 년 동안 진행된 압축 성장의 과정에서, 또는 그 결과로 나타나는 사회적, 문화적 특성들을 지칭하는 개념으로 이해하고 있다. 하비(D. Harvey)가 '시공간의 압축'이라고 말한 현상이 후발자본주의사회의 압축 성장 속에서 발현되고, 이로 말미암아 블로흐(E. Bloch)가 간파한 바 있는 '시간의 충돌과 공존' 현상이 사회적으로 나타나게 된다. 한국사회의 문화적 특성으로 자주 거론되는, 전근대와 근대, 탈근대적인 것들의 혼재와 혼성, 즉 '비동시적인 것들의 동시성'이 압축 근대성의 주요한 특징이라고 할 수 있다.

「전북대학교 SSK 개인기록과 압축근대 연구단」은 "개인기록을 주요 자료로 삼아 한국사회의 압축 성장 경험의 특수성과 보편성을 이해하고, 불균등하게 압축되는 근대화과정을 지역간 비교분석을 통해 해명하며, 궁극적으로 동아시아 국가간 비교연구를 통해 비서구적 근대성의 특성을 파악한다"는 연구 목표로 출발했다. 동아시아 발전의 비서구적 경로를 밝힘으로써 탈서구적 근대성 논의의 틀을 만들겠다는 목표에 개인기록을 자료로 선택한 이유는 비교적 명확했다. '시공간의 압축', '비동시성의 동시성', 그리고 그 특성들을 담고 있는 도시, 농촌 사회의 변동과 같은 거시담론을 개인의 경험과 사고, 행위 등의 수준에서 확인할 수 있는 가장 구체적인 1차 자료가 개인기록이었기 때문이다. 우리의 연구 목표는 하비가 구분하는 다섯 개의 차원-개인, 가족, 공동체, 계급, 국가-에서 이루어지는 근대성의 경험을 개인기록 속의 '작은 사람들'의 삶 속에서 찾는 것이다. 이 바탕에는 '개인적인 것'과 '정치적(사회적)인 것' 사이의 분리될 수 없는 관계의 체계가 사회를 구성한다는 인식이 자리하고 있다.

지난 3년 동안은 한국, 중국, 일본, 대만의 공동연구원들과 함께 연구팀을 구성하여, 각국의 개인기록을 발굴하고 독해하는 작업을 진행해왔다. 애초부터 연구팀은 각 나라별로 자료를 발굴하고 연구 성과를 축적하는 '맥락별 연구'에서 그 연구 성과를 바탕으로 국가간 비교연구를 수행하는 '맥락간 연구'로 나아가는 연구 단계를 설정하고 있었다. 연구과정에서 이것이 명확히 구분될 수 있는 것은 아니지만, 동아시아 압축 근대의 일반성과 특수성을 발견해내기 위해서는 우선 자료를 발굴해내는, 가장 기초적인 작업부터 시작해야 했기 때문에 연구 단계를 설정하는 것이 불가피했다.

올해 1월과 3월에「전북대학교 SSK 개인기록과 압축근대 연구단」은 그 동안의 맥락별 연구 성과를 기반으로, 국가간 비교 연구를 수행하기 위한 학술대회를 두 차례에 걸쳐 개최하였다. 여기에 실린 9편의 글은 두 차례의 학술대회의 해당 세션에서 발표된 글들을 모은 것이다. 학술대회에서는 동아시아 압축근대 시기의 일상 경험과 그 변화를 다음과 같은 세 개의 주제를 통해 비교하였다: 1) 근대 가족, 2) 농촌 여성, 3) 도시와 노동.

1. 근대 가족 속의 압축 근대성

일부일처제, 부부 중심의 핵가족, 수평적 가족관계 등은 서구의 근대 가족을 가장 잘 요약해주는 요소들이다. 그러나 근대 가족이 제도화된 이후에도 동아시아의 가족 구조 속에는 전통적 관행과 근대 가족의 요소들이 혼재되어 있다. 이와 관련해서 여기에는 세 편의 글이 수록되었다. 각각 일기 자료를 바탕으로 한국과 대만의 가족을 분석한 글들로, 이순미의 글("처첩 가족사에 나타난 남성의 욕망과 근대가족")과 이정덕의 글("일기를 통해 본 압축근대기 중혼의 가족생활"), 그리고 대만사연구소의 리위란(李毓嵐)의 글("무봉 임씨 霧峰林家 가문의 여성 일기")가 그것이다.

한국사회에서는 근대 가족제도가 성립한 이후에도 축첩 관행은 한동안 지속되었다. 이순미는『창평일기』를 통해서 1960-70년대 한국 농촌의 가족제도 속에 남아있던 축첩관행을 통해 압축 근대의 특성을 분석하고 있다. 이순미는 일부일처제 근대가족 제도가 확립된 이후에도 축첩 관행이 유지되었던 것은 단순한 남성 개인의 일탈적 욕망 때문이 아니라 가부장적 남성 권위의 실현이라는 측면이 있었다는 인식에서 1960-70년대의 축첩관행을 분석한다. 그의 분석에 의하면 이것은 한국의 근대가족이 부부간, 세대간 위계관계를 강조하는 특징 때문에 가능한 것이다. 근대가족 내에서 남성의 강력한 가부장권은 가족의 경제적 부양자라는 표상을 배경으로 남성이 권위와 권력의 독점함으로써 나타난다. 그런데 이것은 1970년대 개발 국가의 국민 만들기 전략이 목표로 했던, 경제개발의 남성 주체 형성과 철저하게 부합하였다는 점이 이순미의 연구가 보여주는 중요한 지점이다. 국가의 경제 성장에 기여하는 능력과 가족을 경제적으로 부양하는 능력이 등치되면서, 경제개발에 참여하는 국민으로서의 의무 또는 능력은 가정과 가족에 대한 방치를 정당화해주었다는 것이다. 이순미의 분석은 비도덕적, 불법적 축첩이나 가족을 방치하고 자녀를 타자화하는 행위는 가부장적 남성다움의 결격사유가 되지 않았다고 주장한다. 요컨대 이순미의 주장은 1960-70년대의 개발국가 체제에서 개발주의와 가부장제 사이에는 공모관계가 있었고, 이를 통해서 농촌사회는 개발 주체로서의 남성간 동맹, 여성의 타자화 등의 방식으로 남성의 개발주의 헤게모니를 강화하고 있었다는 것이다.

압축근대 시기 한국사회에서 축첩관행이 한동안 지속될 수 있었던 이른바 '한국식' 기제를 설명하는 것이 이순미의 글이라면, 이정덕의 글은 같은 자료를 통해서 중혼으로 인해 야기되는 가족 내부의 갈등, 그리고 개인의 내적 갈등을 살펴보고 있다. 이정덕은 한 가족 내에서 실질적 두 가족이 유지되면서 나타나게 되는 가족내 갈등과 그 결과, 그리고 그것을 봉합하기 위한 남성 가장의 정당화 기제들을 자료 원문을 통해서 설명하고 있다. 동아시아 압축성장의 주요한 특징인 개발주의 체제와 남성 헤게모니의 결합에 주목하는 이순미의 글과, 그것이 일상 경험 속에서 드러내는 (부정적) 결과를 분석하는 이정덕의 글은 상호보완적으로 한국 가족구조의 압축적, 이중적 근대성을 보여주고 있다.

대만 중앙연구원 대만사연구소는 대만의 근대 일기를 수집·분석함으로써, 개인의 경험을 토대로 대만의 현대사를 재구성하는 작업을 진행하고 있는 동아시아의 대표적인 개인기록 연구기관이다. 대만사연구소의 연구원, 리위란(李毓嵐)은 대만사연구소에 수집하여 출간했거나, 출간을 준비 중인 여성 일기 두 편을 분석함으로써 근대 초기 대만 명문가 집안 여성의 생활을 조명하고 있다. 일기의 주인공인 두 여성은 각각 대만 최고의 명문가인 무봉 임씨 가문의 일원인 임헌당의 부인 양수심(楊水心)과 임기당의 후처인 진령(陳岑)으로, 두 여성의 일기는 집안에서의 여성의 지위 차이에서 비롯되는 생활과 행동반경의 차이를 잘 보여주고 있다.

리위란의 서술에 따르면 양수심은 임헌당의 정실부인으로, 무봉 임씨 집안의 여주인으로 살았고 또한 그 당시 대만 중부지역의 여성 지도자였다. 그의 혼인 생활은 대체로 원만했고 자녀들도 훌륭히 자랐다. 때문에 시종 유쾌한 감정을 유지할 수 있었고 다채로운 여가 활동을 누릴 수도 있었다. 또한 부녀 단체에도 참여하여 전체적으로 밝고 명랑한 자유로운 기질을 드러내고 있었다. 반면 진령은 임기당의 첩으로 측실의 신분을 벗어나지 못하여 정실부인이 되지 못했다. 예법을 중시하는 대가족에서 첩과 정실의 지위는 큰 차이가 있었다. 남편 임기당이 세상을 떠난 후 진령은 집안일을 관리해야 했다. 그러나 집안의 경제 사정은 풍족한 편이 아니어서 진령은 매일 돈을 빌려야 했고, 설상가상으로 장남과 차남의 품행이 바르지 못해 그녀는 더욱 근심걱정이 많았다. 그러한 상황에서 진령은 거의 사교생활을 하지 않았고 일상에서도 가족과만 왕래하면서 생활했다.

리위란의 글은 양수심과 진령은 교육 수준이나 감성에서 큰 차이가 없으며, 일기 속의 문장은 오히려 진령이 더 나은 편이라고 소개하고 있다. 또한 양수심의 사회 내에서의 폭넓은 사회관계와 지위는 남편 임헌당의 사회적 지위를 배경으로 한 것이거나 임헌당의 직접적인 조정을 통해서 확보된 것이었다. 같은 집안에 들어간 두 여인의 지위와 생활방식의 차이는 전적으로 혼인관계에서 비롯된 것이었다. 이 글에서 리위란은 임기당이 후처를 들인 이유는 본처에게서 아들을 낳지 못했기 때문이라고 밝히고 있다. 일기 속에서 근대적 일부일처제를 파기한 임기당에 대한 비난은 나타나지 않는다. 대만의 근대 가족제도가 남성 직계가족 중심이었음을 보여주는 대목이라 할 수 있다.

1960-70년대 국가개발주의 하에서 한국 농촌사회에서 나타나는 근대적 가족제도의 불완전성을 분석하는 이순미의 연구와 일제 강점기 대만의 유력 명문가 집안의 가족구조 내에서의 여성의 지위와 활동을 분석하는 리위란의 연구는 일견 시기나 대상에서 상당한 편차를 보이고 있는 것이 사실이다. 그러나 근대적 가족제도 아래에서 축첩 관행이 유지되는 현상을 비교해보면, 시기와 대상의 차이에도 불구하고 한국과 대만의 가족제도 사이의 차이는 한층 좁혀지고 있다. 리위란이 분석하고 있는 대만 근대 가족의 '그 이후'의 변화, 그리고 이순

미가 분석하고 있는 한국 농촌 가족의 '그 이전'의 양상에 대한 연구가
추가될 경우, 한국과 대만의 근대 가족제도의 변화와 그 원인을 비교
할 수 있는 보다 완전한 역사적 분석이 가능해질 것이라고 믿는다.

2. 농촌 근대화와 여성

동아시아 근대의 특성을 비교하기 위한 두 번째 주제는 '농촌 근대
화 과정 속의 여성'이었다. 이와지마 후미(岩島史)의 글("근대화 과
정 속 일본 농촌 여성의 표상과 주체성")은 전후 일본, 특히 1950-60
년대를 배경으로 농촌 여성의 자기 표상과 정체성 형성 과정을 분석
하고 있다. 2차대전 이후인 1948년부터 일본의 농림성은 농촌 여성을
대상으로 생활개선보급사업을 시행하였다. 당시 이 사업은 '농촌의
생활개선'과 '농촌 여성의 사회적 지위 향상'을 목표로 하는 것으로 홍
보되었다. 이와지마는 전후 일본에서 실시된 농촌 생활개선보급사업
에 동원된 농촌 여성들이 자신에 관해서 쓴 글들을 분석하였다.

이와지마가 분석 대상으로 삼고 있는 1950-60년대는 일본의 고도
성장기이자 농촌 근대화가 이루어진 시기였다. 이 시기의 농촌 생활
개선보급사업은 농촌 여성이 농촌 생활개선의 주체가 될 수 있도록
여성 역량 강화에 목표를 두고 전개되었다. 그는 1953년부터 20년 동
안 생활개선보급사업이 개최한 여성 글쓰기 대회에서 선정된 총 325
개의 여성 에세이를 분석하여 농촌 여성의 자기 표상과 정체성 형성
과정을 살펴보고 있다.

그의 분석에 의하면, 농촌 여성들이 스스로를 드러내는 자기 표상

은 1950년대의 '근대적 농부의 아내'로부터 1960년대에는 '농촌의 어머니' 그리고 '농사일의 주체'로 전환한다. 즉 남편과 시부모에게 종속된 전근대적 농촌 가족 속의 여성으로부터 과학적 사고와 계획적인 생활을 통해 근대적 가정의 행복을 지키는 가사노동의 수행자로서 변해가는 여성상이 1950년대 일본 농촌여성의 자기 표상이었다면, 1960년대의 농촌여성상은 아이들의 양육을 책임지는 여성이며 동시에 농업생산을 책임지는 농업노동의 주체로서의 여성으로 나타나고 있었다는 것이다. 이와지마의 분석에 의하면 1950-60년대 일본 경제 부흥기의 농촌 여성은 국가의 근대화 이데올로기 속에서 스스로를 근대화를 추진하는 능동적 주체로 인식하면서, 동시에 전통적 농촌 가족 이데올로기를 스스로 재생산하고 있었던 것이다. 이 글에 따르면 일본의 고도 성장기 농촌 여성은 관 주도의 농촌개발운동에 자신을 자발적으로 동원하면서, 도시 중산층에서 확산되고 있던 서구식 '행복한 가정' 이데올로기를 생산하는 주체였던 셈이다.

　이와지마의 글이 여성들이 스스로 쓴 글을 대상으로 전후 일본 농촌 여성의 자기 표상을 분석하고 있다면, 진명숙과 양홍숙·고윤경의 글은 남성일기에 나타난 한국 농촌 여성의 생활상을 분석 대상으로 삼고 있다. 진명숙의 글("한국 남성 일기에 나타난 1970-80년대 농촌 여성의 생활세계")은 「전북대학교 SSK 개인기록과 압축근대 연구단」의 작업을 통해 자료화된 세 편의 일기, 즉 『창평일기』, 『아포일기』, 『금계일기』를 분석하여, 남성일기에서 드러나는 1970-80년대 한국 여성의 생활을 분석하고 있다. 그는 이 글에서 농촌 여성의 생활세계를 농촌가족 제도 내에서의 경험, 농업노동 속에서의 여성, 육아와 가사전담자로서의 여성, 그리고 농촌의 사회적 관계 속에서의 여성의 네 차원에서 검토하고 있다. 그는 분석의 결과를 다음과 같이 제시한다.

첫째, 1970-80년대에 한국사회에서는 외형상 핵가족이 증가하였으나, 여전히 시부모와 자녀세대의 관계를 중시하는 직계가족 이데올로기가 강하게 남아 있었다. 부거제(patrilocal residence) 하에서 여성은 '출가외인'이라는 봉건적 유제 속에 남편의 집으로 혼입해 들어와, 가부장적 권위 아래에서 시가에 헌신하는 삶을 살아야 했다.

둘째, 농업 노동의 영역에서, 핵가족이라는 근대가족 담론은 남성을 공적인 영역에서 경제 활동을 하는 생산의 주체로, 여성을 가정 내에 머물러 있는 소비 주체로 위계화 하였다. 하지만 이미 1970년대 이후 농사일에서 성별분업은 해체되고 있었고, 농촌 여성은 농업 생산 활동에서 보조적 위치에 머물러 있을 수 없었다. 그러나 농업 부분에서 여성의 역할이 커진 것은 사실이지만, 이는 오로지 경제적 생존을 위한 것이었다. 따라서 생산과정에서 여성이 통제할 수 있는 영역이나 가정 내에서의 경제적 권한은 거의 없었다.

농업생산에서 성별 분업이 해체된 가장 직접적인 원인은 이농이나 남성의 농외 취업 등으로 인한 농업노동력의 부족이었다. 이와지마와 진명숙의 글을 비교해 볼 때, 산업화 과정에서 나타나는 농업 노동력의 부족은 1950-60년대 일본이나 1970년대 이후 한국에서 유사하게 보이는 현상이다. 농업부문에서의 여성의 노동이 남성 보조 노동으로서의 위치를 벗어나 주요 농업생산자로 전환하게 되었다고 하더라도, 그것이 부부 중심의 수평적 가족관계라는 근대 가족 이념에 기반을 두고 있었던 것이 아니라는 점도 일본과 한국에서 공통적으로 보이는 현상이다.

진명숙의 연구는, 농사일에서 여성의 역할이 커짐에도 불구하고 육아와 가사노동을 여성이 전담하는 상황이 전혀 바뀌지 않았다는 점도 지적하고 있다. 남성 가장은 가전제품의 구입이나 주택 구조의 개선 등을 통해 여성의 가사노동 부담을 줄여주었지만, 그것은 오히려 여성 주부의 역할을 강화함으로써 가부장적 젠더 구조를 견고하게 하였다는 것이 그의 주장이다. 그는 마지막으로 여성의 사회활동과 바깥 나들이가 증가하는 현상에 대해, 그것이 여성의 개인적 권리나 주체적 결정권의 증진과 관련된 것이 아니라, 남편이나 마을사회, 즉 남성의 세계에 의해 기획되고 추진된 것이었다고 결론짓는다. 결국 진명숙의 분석은 1970-80년대 한국 농촌사회가 가부장적 구조로 편성되어 있었다고 보고 있다.

양홍숙 · 공윤경의 글("『대천일기』와 농촌 여성의 노동")은 경남지역의 농민일기인 『대천일기』를 자료로, 농촌 여성의 일상과 노동을 분석하고 있다. 이들의 주요 관심은 남성 중심 노동에 가려져 있었던 농촌 여성의 노동을 들여다봄으로써, 그동안 수동적, 보조적인 활동으로 인식되고 있었던 여성의 역할을 재조명하려는 데 있다. 이와지마의 일본 농촌 여성 분석과 같은 시기인 1950, 1960년대의 한국 농촌 여성노동을 분석하고 있는 양홍숙 · 공윤경은, 일기 자료 속에서 이미 1950년대부터 농사일의 각 단계와 영역마다에서 여성과 남성의 역할이 나뉘어져 있었음을 발견해낸다. 특히 1960년대에 들어오면 농업노동에서 여성의 역할은 생산, 유통 뿐 아니라 종자 확보, 축산, 농외 부업에까지 확대되고 있어서, 여성노동은 보조적 노동이라는 인식이 허구임을 이들의 연구는 보여주고 있다.

농촌 공동체 내에서 여성의 역할을 설명하는 데에서 이들의 연구는 독특한 시각을 보여주고 있다. 이들의 관점에 따르면 『대천일기』

속에서 농촌마을의 여성들은 양육과 돌봄 노동, 가사노동의 담당자라는 점에서 한국 여느 농촌 여성과 크게 다르지 않다. 그리고 친족공동체로서의 마을의 특성 상 친인척 간의 친목계, 문중계, 그리고 부녀회 등의 다양한 공동체 네트워크 속에서 마을의 전통을 유지하려는 내부 결속이 강하게 유지되는데, 여기에서 여성은 마을의 전통을 유지하는 문화의 전승자로 기여하고 있다.

이러한 양홍숙·공윤경 주장은 1950-60년대 농촌 여성들이 농촌 근대화를 적극적으로 수용하면서도 행복한 가정을 꾸리고 지키는 농촌 남성의 아내, 자녀의 어머니라는 자기 표상을 생산하고 있다고 분석하고 있는데, 당시 일본 농촌 여성이 전통적 가족 이데올로기에서 벗어나지 못했다고 주장하는 이와지마의 글과 구분된다. 또한 1970년대의 한국 농촌 근대화시기에 농사일에서 주요한 생산자로 등장하면서도, 육아, 가사노동 등에서 전통적인 여성의 역할을 감내하는 농촌 여성의 생활을 가부장제의 온존 또는 재생산으로 해석하는 진명숙의 견해와도 다르다. 특히 여성의 마을 활동을 마을의 전통을 유지하는 '문화의 전승자'로 해석하는 양홍숙·공윤경의 시각은 진명숙이 여성의 외부 활동을 남성세계가 기획한 프로그램의 진행이라고 해석하는 것과 선명하게 대조된다. 개인기록이 담고 있는 생활세계는 지역적으로 매우 다양한 차이들을 담고 있을 것이라고 생각하지만, 그렇다고 해도 이러한 차이는 근대화 과정 속의 농촌 여성의 압축적인 삶에 관해 더 분석하고 토론해야 할 과제로 남게 되었다.

3. 근대화와 도시 임금노동자층의 형성

자본주의 산업화의 가장 가시적인 특징은 도시의 확장과 임금노동
자층의 형성이다. 서구보다 훨씬 빠른 속도로 진행된 동아시아의 산
업화는 도시를 비롯한 전체 사회가 감당하기 힘든 규모의 도시 인구
와 임금노동자의 증가를 초래하였다. 그동안 한국사회의 노동자 연구
에서는 1960년대 경제개발시기부터 근대적 '노동계급 1세대'가 형성
되기 시작하였다고 보고 있다. 특히 동아시아를 비롯한 후발자본주의
국가에서 나타나는 임금노동자 형성의 특성 중 하나는 도시 비공식부
문 노동자의 증가 현상이다. 비공식부문이란 도시의 공식적 산업부문
에 속하지 못하는 주변적 생산영역을 의미하는 용어로, 이곳으로 흘
러든 노동자들은 고용, 임금, 주거 등에서 불안정한 위치에 놓인 주변
화된 노동자들이다.

박광성(朴光星)은 자신의 글 "액화된 노동: '세계 공장' 속의 농민
공"에서 1990-2000년대 중국의 압축성장이 만들어낸 거대한 노동자
집단, 이른바 '농민공' 현상을 중국 주강삼각주지역을 대상으로 분석
하고 있다. 농민공은 중국 산업화의 결과로 농촌을 떠나 도시 산업부
문으로 모여 들었으나, 도시민으로 정착하지 못하고 도시와 농촌 사
이를 표류하는 비정규직 노동자 집단을 의미한다. 박광성에 의하면
다국적기업의 하청업체들이 밀집한 주강 삼각주 지역의 농민공 실태
는, 1970년대 한국의 노동자들이 처했던 저개발국가 비공식부문 노동
자의 모습과 크게 다르지 않다. 불안정고용과 임시고, 일당제, 개수임
금제에 따른 소득의 불안정성, 그리고 휴일근무 및 야근, 장시간 노동
등이 박광성의 연구에서 드러나는 농민공의 상황이다. 폭발적으로 증

가하는 도시 인구로 인한 주거 불안정의 심화도 근대화 이후 중국 대도시 공업지역의 문제로 대두되고 있다. 대다수의 농민공들이 임시 거주시설에 머무르고 있고, 농민공들은 초국적 자본이 이동하면 언제든 일자리와 주거지를 옮겨야 한다. 2015년 현재 중국 전체에서 약 2억 8천만 명에 달하는 농민공들이 처한 이러한 상황을 박광성은 '액화된 노동(Liquefied Labor)'의 개념으로 설명하고 있다.

박광성은 이러한 '노동의 액화'가 초래하는 사회적 비용에 대해서도 언급한다. 도시로 들어왔으나 도시 주민이 되지 못하고, 농촌을 떠났지만 여전히 가족을 농촌에 두고 있는 농촌 주민인 농민공은 중국사회의 독특한 사회현상이라 할 수 있다. 그러나 그들이 직면하고 있는 또는 농민공 현상으로 인해 중국사회가 짊어져야 할 부담은 한국을 포함한 동아시아 국가들이 이미 경험하고 있는 압축성장의 댓가와 다르지 않다. 가족의 분산과 해체, 농촌 인구의 과소화, 인구폭증으로 인해 나타나는 도시문제, 그리고 무엇보다 중국사회 전체가 직면하게 되는 계급·계층간, 지역간, 도농간 양극화 문제 등은 이미 대부분의 저개발국이 압축 성장과정에서 경험한 것들이다.

이성호의 글("1970-80년대 여성노동자의 도시 경험과 근대 의식의 형성")은 여성노동자의 수기를 중심으로, 1970-80년대 한국사회의 여성 노동자의 생활을 검토하고 있다. 이 연구는 산업화 과정에서 도시로 입직한 농촌 출신 여성노동자들의 도시 경험과 이를 통한 의식의 변화과정을 분석하고 있다. 농촌의 유교적 환경에서 성장한 10대 여성들이 도시로 이주하여 공장과 공장 바깥에서의 경험을 통해서 유교적 가족주의로부터 벗어나 근대적 인식을 체득하게 되는 과정은 노동자계급 형성 연구의 한 축이라 할 수 있다. 1970년대의 여성노동자는 대부분 노동집약적 경공업부문의 노동 수요를 충당하기 위해 도시로 이주한 농촌의 10대 여성들이었다. 이성호의 연구에 따르면, 이들이 도시로 이주하게 된 데에는 국가의 개발전략과 자본의 노동수요 외에도 농촌 빈곤가정의 빈곤탈출전략과 젊은 농촌 여성의 농촌탈출 욕망 또는 도시 동경이 자리하고 있다.

이들은 가족의 빈곤 탈출을 위한 희생을 자연스럽게 받아들이고 도시로 진출하여, 공장에서의 가부장적, 폭력적 통제와 도시 내에서의 편견과 차별에 대응하면서, 개인적 자아에 대해 인식하게 되고 점차 노동자로서의 정체성을 확립해 나가게 되었다. 이러한 계급의식의 체득 과정은 한국사회의 여성노동자 뿐 아니라 자본주의사회 노동자계급의 일반적 특징이다. 1970년대의 여성노동자 대부분은 빈곤 탈출을 위해 취업과 공부에 대한 욕구를 키웠다. 그러나 과도한 노동과 저임금으로 인해 이들이 도시에서 이루고자 했던 꿈, 즉 공부에 대한 욕구와 빈곤탈출 욕망 등은 대부분 실현되지 못했다.

그의 연구에 의하면 여성노동자들의 공장 밖 경험은 기본적으로 공장 내의 동료관계가 확장된 것이다. 이러한 점은 지방 도시 여성노동자들의 경험에서 나타나는 독특한 특성이라고 할 수 있다. 여기에도 이들의 문화적 동질성과 동일한 공장 경험 등이 중요한 요인으로 작용하고 있다. 특히 이들이 도시 경험을 통해서 유교적 가족주의와 가족에 대한 책임의식으로부터 벗어나 개인적 자아를 자각해 가는 과정도 동료들과의 집단적 경험을 통해 진행되었다. 이러한 양상은 여성노동자들의 근대적 정체성이 집단적 형성되고 있음을 보여주는 것이라 할 수 있다. 단적인 예로 동료와 자취방의 경험을 공유함으로써 가족으로부터 독립된 근대적 의식을 획득해 가는 양상은 여성노동자들에게서 나타나는 독특한 특성이다.

박광성의 연구에서 중국의 농민공이 도시비공식부문 노동자의 특성을 강하게 보이고 있는데 비해, 이성호의 연구 대상인 한국 여성노동자는 공식 산업부문의 노동자들이다. 그러나 이들이 공통적으로 빈곤 탈출을 목적으로 도시로 진출한 농촌 출신 노동자들이다. 농민공은 도시 주민으로 정착하지 못하고 도시 주변부에 축적되어 있고, 1970-80년대 한국의 여성노동자들은 신분적 차별과 성적 차별 속에서 가족을 위한 희생을 감내해야 했다. 도시 생활을 통해 계급적 자각과 근대의식을 체득한 한국의 여성노동자들은 한때 노동운동의 주역으로 사회 민주화에 기여했지만, 1990년대부터 본격화된 신자유주의 체제와 산업구조조정의 한파 속에서 산업화의 외곽으로 밀려났다. 중국의 농민공은 아직 중국 산업화의 중심으로 진입하지 못하고 있으나, 거의 2억 8천에 달하는 규모로 증가하고 있다. 이들로 인해 중국의 산업화와 사회적 상황이 어떤 변화를 겪게 될 것인지는 아직 알 수 없지만, 중국의 농민공이 향후 중국사회의 변화에 영향을 미치는 하나의 세력으로 성장하게 될 것인지 주목할 필요는 있을 것 같다.

도시의 임금노동자층을 다루는 세 번째 세션에서 마지막으로 발표된 글은 진광강(秦广强)의 "일관성과 이질성: 현대 중국 중산계급의 구조, 의식과 사회적 기능"이다. '중산층', '중간계층', '중간계급' 등 이론적 입장에 따라 다양하게 지칭되고 있지만, 이들의 추세는 근대 자본주의 경로를 보여주는 또 하나의 중요한 지표이다. 한국의 사회과학계에서는 1980년대 중반부터 이들의 내부 구성과 규모와 추이, 그리고 사회적 역할 등을 둘러싸고 집약적인 논쟁이 있었다. 내부 구성상 신중간층과 구중간층이 나뉘고, 지위에 따라 상층과 하층도 나뉘었다. 신중간층에 대해서는 자본주의사회의 체제 유지기능과 체제 비판 기능 사이의 모순적 역할이 강조되었고, 작업과정에서는 자본가적 감독·통제 기능과 자본에 고용된 임금노동자로서의 위치 사이의 모순이 강조되었다. 이들의 정치적 태도와 의식에 관해서는 지식인층이 지닌 상대적으로 진보적인 태도와 구중간층의 보수적인 태도가 대비되기도 했다. 그러나 1980년대 논쟁의 주요한 결론은 중간층이 사회 민주화의 주요한 세력이라는 점이었다.

진광강의 연구는 중국의 근대화를 보여주는 또 하나의 지표라 할 수 있는 중간계급의 추세와 역할에 초점을 맞추고 있다. 그는 중국사회가 시장경제를 도입하고, 기존의 사회주의체제(=재분배체제)의 변혁과 시장경제체제의 발전을 경험하면서, 중간집단으로서의 중간계급이 탄생했다고 전제한다. 그리고 중국에서의 중산계급은 서구자본주의체제에서와 달리 특수하게 전개될 것이라고 예측한다. 이러한 인식을 전제로 그는 중국 중간계급의 구성, 추이, 이들의 인식과 역할을 분석한다.

그는 중국의 중산계급을 신중산계급, 주변중산계급, 구중산계급으로 나누고, 다시 신중산계급은 기존의 재분배체제를 유지하는 집단으로서의 '내생형 중산계급'과 시장체제의 확대와 함께 증가하는 '외생형 중산계급'으로 나눈다. 한편 주변중산계급은 대체로 행정과 상업(비즈니스) 관련 사무직에 종사하는 비육체적 노동자 집단으로 구성되며, 구중산계급은 자영업자, 개인사업자 등으로 구성된다.

그의 자료에 따르면 2000년대의 10년 동안 주로 시장영역에서 관리직과 전문직을 차지하는 외생형 신중산계급의 규모는 대폭 증가하였으며, 체제 유지 기능을 담당하는 내생형 신중산계급이 전체 중산계층에서 차지하는 비중은 감소하였다. 이것은 시장 영역의 확대가 전통적 관료체제 영역보다 훨씬 빠르게 성장하고 있음을 보여주는 결과라고 해석된다. 또한 사무직 종사자로 전문가와 관료를 보좌하는 표준화된 기능을 담당하는 주변중산계급의 비율은 감소하고 있고, 구중산계급의 비율은 증가하고 있다.

이러한 추세는 후발자본주의 국가의 초기 산업화 과정과 유사한 양상이라 할 수 있다. 한국사회에서 진행된 바 있는 구중산층의 양극분해 논쟁이 보여주었던 딜레마가 진광강의 분석이 보여주는 중국 구중산계급의 증가 추세와 비슷하다고 여겨진다. 앞서 박광성의 글에서 드러났던, 대도시 공업지역의 하청생산기지화, 비공식부문의 광범한 존재 등이 중국의 구중산계급의 추이와 관련되어 있을 것이라는 추정도 가능하다.

진광강은 중산계급의 정치적 태도를 분석한 결과를 제시하면서, 2000년대의 10년 동안 내생형 중산계급과 주변 중산계급이 민주주의에 대해 보수적인 태도를 보이고 있으며, 외생형 중산계급은 점차 급진적 태도에서 온건한 태도로 전환되고 있다고 보고 있다. 이러한 정치적 태도의 특성은 중국의 정치체제와 관련이 깊다는 것이 그의 해석의 요지이다. 즉 체제 유지기능을 담당하는 내생형 중산계급 뿐 아니라 외생형 중산계급조차도 그들의 성장을 결정하게 될 시장체제의 확산 여부가 국가의 정책결정에 전적으로 의존하고 있기 때문이라는 것이다. 한편으로 그의 분석에서 중국의 중산계급을 구성하는 네 집단의 경제 수준과 소비 수준은 상당한 차이를 보이고 있는 것으로 나타난다. 결국 진광강이 분석 대상으로 하는 중국의 중산계급은 단일 계급세력이라기보다는 중간적 지위를 점하는 집단들의 합으로 보인다. 이들의 사회적 지위와 경제적 수준의 차이는 내부 구성에서의 균열을 가져오게 될 하나의 계기처럼 읽히기도 한다. 또는 우리의 경험처럼, 압축 성장의 열매와 균열이 드러나게 될 어떤 시점에, 중국사회에서 중산계급의 계급적 성격에 대한 치열한 논쟁이 벌어질 것을 예고하는 것처럼 보이기도 한다.

지금까지 한국, 중국, 일본, 대만의 동아시아 4개국의 근대(성)을 비교하는 학술대회에서 전개되었던 첫 번째 토론의 글들을 소개하면서 비교 연구의 성과와 과제들을 요약하였다. 우리 연구팀에게 가족, 농촌 여성, 도시 노동자를 주제로 한 이 토론은, 우리 연구의 목표 중 하나인 동아시아 압축 근대 비교 연구의 출발이라는 의미를 지닌다. 두 차례의 토론회에는 우리 연구팀에 참여하지 않은 많은 연구자들이 참석해서 귀한 글의 발표와 토론을 맡아주었다. 그리고 참여한 많은 국내외의 연구자들이 「동아시아 개인기록연구회」(가칭)라는 모임을 구성하는데 의견을 모아주었다. 우리는 이 연구회를 빌미로 매년 한두 차례의 비교연구 토론회를 개최하기로 합의하였다. 이 모임을 통해서 우리는 '개인기록을 통한 동아시아 압축근대 비교 연구'라는 연구 목적에 한걸음 가까지 다가 설 수 있을 것으로 기대하고 있다. 마지막으로 두 차례의 토론회에 참여해 주신 4개국의 연구자들께 깊이 감사드린다.

22

차례

제3부 도시

근대가족

제1장

처첩 가족사에 나타난 남성의 욕망과 근대가족
: 창평일기(1969-1994)를 중심으로 *

이순미

1. 연구 배경 및 목적

근대가족의 성립과정은 일부일처의 제도화, 공사 이분법에 기초한 성별 역할분업과 모성의 자연화, 아동중심성, 핵가족 정상화로 요약할 수 있다(김혜경, 2006). 그리고 이러한 근대가족의 성공 여부는 섹슈얼리티의 통제에 달려 있다고 해도 과언이 아니다. 즉 성을 부부의 것으로 한정하고 재생산에 그 가치를 우선적으로 배치하며 그 외의 성은 억제하고 은폐함으로써 성을 가족화하는 것이다(가와무라 구니미쓰, 2013).

---

* 이 글은 가족과문화 제29권 2호에 실린 '처첩 가족사에 나타난 남성의 욕망과 근대가족'을 일부 수정한 것이다.

남성의 절욕과 여성에 대한 성의 통제는 근대가족의 확립을 위해 요청되었을 뿐 아니라 국민국가 건설과 경제발전이라는 근대화의 목표에도 부합하는 것이었다. 7,80년대 공업화의 급속한 진전하에서 가장 강조된 남성의 역할은 가족 부양을 책임지는 가장의 역할이었고 이에 따라 책임감, 합리성, 자제력, 결단력 등의 '부양자 윤리'가 강조되었다(조혜정, 1999). 따라서 성욕의 억제는 근대적 남성의 주체형성의 요건이라 할 수 있다. 그러나 이는 성공을 장담하기 어려운 불안정성을 내포하고 있는데 그 이유는 다음의 두 가지 때문이다.

첫째, 성의 가족화는 그동안 남성들이 가족과 무관하게 성을 향유할 수 있었던 것을 금기시함으로써 남성 욕망과 긴장관계를 형성하게 된다. 두 번째는 식민지 남성성이 서양, 일본으로부터의 타자화된 위치성 하에서 여성성의 표지와 동떨어질 수 없었듯이(심진경, 2003) 급속한 도시화와 공업화의 진전 속에서 농촌의 남성들도 도시 임금노동자와 대비되는 여성화된 지형학을 전제하고 있기 때문에, 욕망의 폭력적 분출과 과시로 자신의 실추된 남성성을 확인하기 쉽다. 따라서 남성의 욕망은 근대적 제도가 포섭하기 어려운 잉여로 남아있게 된다.

한국 근현대의 처첩에 관한 연구들에서도 여성 섹슈얼리티의 착취 및 통제와 남성성-가족-국가의 가부장적 카르텔의 공모결과임이 가시화된 것에 비해 남성 섹슈얼리티 문제는 여전히 빈 공간으로 남았다. 주로 일부일처법률혼의 확립 과정을 중심으로 한 제도사적 접근이나(정지영, 2008; 소현숙, 2015), 신문과 소설을 중심으로 한 담론분석 연구들이 주를 이루는데(김영민, 2016; 전미경, 2001; 서지영, 2011; 김경일, 2012), 이 연구들은 여성 섹슈얼리티의 착취와 통제가 굴곡진 근현대사에서 훼손된 남성성을 회복하고 개별 남성의 가부장적 권위를 중심으로 한 한국 특유의 '부계계승적 핵가족'을 확립하고자 한 국민국가 건설 프로젝트의 일환이었음을 밝히고 있다.

이 연구는 처첩을 둔 남성의 가족사적 경험을 통해 남성 섹슈얼리티를 역사구조적 상황과 개인적 환경에서 맥락화하고 탈 신화화하는 데 기여하고자 한다. 구체적으로 첩을 두어 일부일처 규범을 위반한 창평일기의 저자 최○우가 위반의 결과로 나타나는 가족 갈등에 어떤 도덕과 가치를 동원하여 대응하는지, 이 과정에서 철저하게 국가 근대화 프로젝트의 주체이고자 했던 남성이 한국 근대화가 요구하는 남성성과 자신의 욕망을 어떻게 조화시켜나갔는지를 중심으로 살펴보고자 한다. 나아가 최○우의 이러한 대응은 창평리라는 시공간적 특성을 공유한 마을 남성들의 섹슈얼리티 구조와 긴밀히 연계되어 있다고 보기 때문에 마을 남성들의 성적 욕망의 문제까지 확장하여 살펴보고자 한다.

본격적으로 논문을 전개하기에 앞서 이 연구의 방법론적 제한을 명확히 하고자 한다. 이 연구는 '일기'를 화자의 주관적 해석적 텍스트로 간주하는 서사분석방법을 채택하였다. 이는 역사적 존재로서의 개인의 삶과 정체성이 기록의 주체, 즉 화자의 해석을 통과하여 구성된, 일종의 가공의 텍스트로 일기를 위치 짓는 것이다. 이러할 때 '일기'라는 실존 기록이 갖는 특수성과 고유성이 침해될 수 있음을 부인하지는 않는다. 그러나 이 접근을 채택한 이유는 연구 목적보다는 연구 윤리 차원임을 밝히고자 한다. 일기는 개인 기록물이기 때문에 그 내용의 진위여부에 대한 의구심을 동반하며 화자의 해석이 어떤 함의를 갖는 것인지에 대한 거시적 접근이 요청되기도 한다. 그러나 본 연구의 주제가 '처첩'이라는 매우 민감한 가족사를 다루고 있고 동시에 성폭력 등 마을에서의 사건들을 분석 대상으로 하기 때문에 이의 진위 여부나 화자의 해석에서 드러나지 않은 정보나 구조들을 보충하자면 아무리 가명 처리되었다 하더라도 친족사나 마을사가 적나라하게 노출될 수밖에 없고 이는 일기 연구의 윤리적 범위를 넘어선 것이라고 판단되었기 때문이다. 따라서 이 연구의 분석결과는 최○우라는 서사적 자아의 해석적 텍스트에 대한 2차 해석이라 할 수 있다.

2. 한국 근대가족의 이념과 균열 : 성별정체성과 섹슈얼리티를 중심으로

1) 한국 근대가족의 성립과 새로운 여성상, 남성상의 확립

한국 사회에서 근대가족 '개념'은 일제강점기하에 그 이념형적 성격을 구축하였다(김혜경, 2009). 일제의 식민 지배권력은 일왕을 정점으로 하는 가족 국가의 확립을 위해 조상을 중시하는 조선의 전통 가족 이념을 '황국 이데올로기' 강요에 이용하여(김경일, 2012: 166-167) 친족중심 질서를 국가중심 질서로 포섭하고자 하였다. 일본가족법의 이에(家) 관념을 도입하여 법제화된 호주권은 '부계계승적 핵가족'과 같은, 전통적 부계직계가족 이념과 부부중심성, 아동중심성의 서구적 이념이 복합된 독특한 성격을 갖게 되었다(양현아, 2000).

한편, 1920년대 대두된 가족개량론은 전통가족(부계확대가족)을 조혼, 축첩 등의 여성억압적 구습과, 가족갈등, 개인의 나태와 의뢰심

을 조장하는 악습의 온상으로 규정하고 부부 중심의 소가족을 이상
시하였다. 이에 따라 자유연애에 기초한 결혼이라는 근대적 결혼관과
서로 공동(共同)할 수 있는 이상적 처와의 결합을 위해 강제결혼으로
맺어진 구여성과의 이혼을 옹호하는 주장들이 제기되었다(김경일,
2012; 조혜정, 1999). 여기에서 구여성은 남편의 '노예'일 뿐으로 가
축과 다름없는 '가축적 처'라 지칭되며 교육받은 신여성은 서로 공동
할 수 있는 '인간적 처'로 지칭되기도 하였다(김경일, 2012). 이렇듯
자유결혼과 근대적 부부관계에의 지향은 남녀동등론에 기반을 두고
있으나 나혜석을 필두로 한 신여성들의 여성해방론과 달리 지배적 남
녀동등론은 민족자강이나 식민지 계몽담론 내에서 구성되었다. 즉 근
대화를 통한 조선민족의 자강을 위해 혹은 '문명한 국가' 건설을 위해
민족과 나라의 일꾼인 '남편'을 잘 내조하고 '남아'를 잘 기를 것을 강
조하는 현모양처주의에 집중해 있었던 것이다(김영민, 2016). 전통적
'부덕(婦德)'은 집안이나 가문 전체를 대상으로 한 역할 수행의 의미
를 담고 있기 때문에 자궁권력, 즉 여성이 안채의 주인으로서 그리고
명분사회를 뒷받침하는 주요 행위자로서 공식적, 비공식적 인정과 지
위를 가질 수 있었지만(조혜정, 1999), 현모양처주의는 여성의 영역
과 역할을 핵가족 내로 제한하고 한 남성(남편)의 직접적인 지배하에
놓이도록 만들었다. 이로써 남성의 보호와 여성의 의존이 이상적 남
녀관계로 제시되고 순종과 복종이 '여성다움'의 규범이 되게 되었다.

　그러나 현실 가족은 징용으로, 전장으로, 그리고 사회운동, 노동, 교
육 때문에 부재한 남성(남편)을 대신해서 어머니를 중심으로 가족이
유지되는 모중심적 성격이 강했다. 따라서 현모양처의 여성상 이념과
달리 생존이 과제였던 엄혹한 시기에 가족을 유지하고자 고군분투한

'억센 부인'이 대다수 여성의 모습이었고, 이는 한국전쟁과 피난살이에서도 지속되었다(조혜정, 1999).

60년대 이후 본격적인 공업화 과정을 거치면서 핵가족화가 보편화되고 현모양처주의가 확고히 뿌리를 내리게 되었다. 경제발전을 위해 전체 사회를 개량하고자 한 박정희 체제의 근대화 프로젝트는 가족근대화를 전면에 내세우며 핵가족의 긍정성을 정당화하였다(김혜경, 2009). 국가 주도 가족계획 사업과 소자녀 규범, 핵가족 단위의 호주권을 강화한 가족법 개정 등의 국가권력에 의한 가족근대화와 연애결혼의 보편화와 성역할 분업의 정착 등의 사회문화적 변동이 핵가족 보편화를 추동한 동력이 되었다.

따라서 이 시기에 요구된 남성의 역할은 '부양자'로서 근면성실하게 노동하는 존재였고, 여성은 가정에 머물면서 가장의 피로를 풀어주고 알뜰하게 살림하여 가정경제를 일으키는 정서적, 소비적 존재로 규정되었다. 그러면서도 적당히 즐기며 살기를 원하는 소비적 경향에 물들지 않고 부양자 규범(남)과 정서위로자 규범(여)을 체화하도록 국민정신 개조 운동, 주점이나 도박, 유흥 등에 대한 물리적 단속 등 사회 각 영역에서 다양한 기제와 방식으로 성역할이 통제되었다. 박정희 체제는 이 과정에서 재구성된 '전통'을 민족 고유의 문화와 정체성으로 확립하였다. 이에 따라 부계 계승과 효의 원리, 경제적 부양능력으로 축소된 부권, 현모양처 규범이 한민족의 전통으로 박제화되었다. 근대가족에서 아버지란 학문적 스승이자 직업적 선배이기도 했던 유교적 가부장과는 달리 자상함이나 인자함과 같은 부성적 자질들보다 경제적 성공과 부양능력만 강조되었다. 또한 공적영역에서의 성취가 남성다움과 결부되면서 이를 위해 부정(매음, 외도, 협작 등)도 행할 수 있는 것이 남성답다고 여겨지고 그 대가는 부인과 자녀들이 응당 감당해야 할 몫으로 남게 되었다(강애경, 2014).

'억센 부인'이라는 현실의 여성들과 일부 엘리트 여성을 중심으로 이념형적으로 추구되었던 현모양처는 60년대 이후 '고분고분한 아내', '순종적이며 귀엽고 사랑스러운, 약한 여성상'으로 대체되었다(조혜정, 1999). 그러나 여전히 현실의 가정생활은 도시와 농촌을 막론하고 경제적 궁핍화 속에서 일상의 생존에 쫓기는 것이었으며 정서적 가정생활과 부부애 중심의 핵가족은 도시 중산층 편이가 존재하였다(김혜경, 2014). 특히 농촌의 이상적 여성 역할은 생산자로서의 역할이 가장 강력했는데, 가정빈곤과 마을발전을 위해 일하는 '노동하는 여성규범'이 강조되고 칭송되었다(김혜경, 2009).

반면, 남성들은 식민지 지배권력과 전쟁의 엄혹함 하에서 죽거나 도피하거나 좌절하는 등 '수동적이고 나약한 혹은 부재한' 남성에서 '책임감 있고 합리적이며 자제력과 결단력이 있고 여성보호적 태도와 성취지향적 태도'를 가진 남성으로 전환되었다.

그러나 강인하고 지배적인 남성상이 강조될수록 급격한 도시화와 공업자본주의의 진전하에서 도시 남성과 자본가로부터 타자화된 농촌 남성과 하층 노동계급 남성들은 자신의 남성다움을 또 다른 타자인 여성에 대한 폭력과 지배를 통해 과시하게 된다. 이를 '마치스모machismo'(Michaelson and Goldschmidt, 1971; 조혜정, 1999에서 재인용)라고 하는데, 이 말의 발생지인 라틴 아메리카의 마치스모 현상은 농촌 남성들에게 흔히 나타나는 것으로 '남성'에 대한 이미지는 남아있으나 그것이 실현되지 못하기 때문에 생기는 불안과 초조감에 정복적인 성행위나 폭력 행위를 통해 자신의 남성다움을 과시, 과장하게 되었다는 것이다.

도농 간, 계층 간, 이념과 현실가족의 차이 등 한국 가족의 이러한 비동시성의 동시성이야말로 압축적 근대화의 전형성을 보여주는 지표라 할 수 있겠다.

2) 근현대의 축첩 : 성의 가족화와 남성 욕망의 이중적 존재방식

근대초기의 가족근대화론에서 계몽의 대상은 축첩, 조혼, 재가금지 등 대부분 종래의 성 풍속에 대한 것으로 이것들은 악습으로 다루어졌다(홍인숙, 2009). 이처럼 성이 사회 전면에 부각된 것은 자유연애와 자유결혼이 예찬되면서 성이 위생이나 건강 차원이 아니라 사회, 가족, 가정 내 윤리문제가 되었음을 의미한다. 근대가족의 등장으로 개인의 섹슈얼리티는 핵가족이라는 고립적 공간 내에서 남성 가장의 직접적인 통제하에 놓이게 되었다. 가족 내 성만을 정상시하는 성의 가족화 규범 하에서 부부는 부와 모로써의 자기 역할에 충실한 가운데 성욕이 역할을 압도하지 않도록 억제에 힘써야 했다. 특히 부인-어머니는 성애 대신 모성애를 키워야 했으며 확실한 부계혈통의 유지를 위해 순결, 정조를 지킬 것이 강하게 요구되었다. 아들과 딸의 섹슈얼리티도 가족 밖으로 흘러넘치지 않도록 은폐되고 억제되었다. 섹슈얼리티의 관리와 감시 체제로서의 근대가족을 가와무라 구니미쓰는 '性가족(성의 공동체)'이라 명명하였다(가와무라 구니미쓰, 2013). 그러나 억제와 자제라는 성가족의 윤리는 오히려 섹슈얼리티 문제로 근대가족을 불안정하게 만드는 모순을 내장하고 있다. 남편은 육아와 가사에 전념하는 부인에게 더 이상 매력을 느끼지 못하지만 가족 밖 성의 향유가 금기시됨으로써 남성의 욕망과 긴장관계에 놓여 있을 수밖에 없다.

근대가족에서 남성 욕망의 이중적 실현이 광범위하게 수용된 데에 는 남성의 욕망을 문제시하지 않는 가부장 차원의 공모가 있었기 때 문이다. 근대 초기의 축첩 비판론에서 비판의 대상은 첩을 둔 남성 개 개인의 도덕성, 첩이 된 여성의 사치와 비도덕성, 구습을 고집하는 본 처의 허물이었으며, 축첩의 관습을 유지하고 방조하는 남성의 욕망 과 축첩 현상을 둘러싼 사회경제적 조건 자체는 문제시되지 않았다 (김경일, 2012; 김영민, 2016; 전미경, 2001; 홍인숙, 2009). 이러한 담론 구조는 첩을 둔 남성의 욕망이나 제도는 비가시화하고, 처나 첩 이 된 여성들에게 사회적 혐오를 집중시키며 '전근대성'과 '불법성'의 표지를 여성들에게 부여하게 된다(홍인숙, 2009). 그 일례로 축첩폐 지론이 학대받고 차별받는 첩과 그 자식들의 인권의 시각에서 제기 된 경우에도 첩은 '불생산자로 기생물이며 가정평화의 파괴자'로 명 명되었다(동아일보, 1932년 7월 19일 사설, '축첩을 폐지하라'; 김경 일, 2012에서 재인용). 또는 남자의 재력을 보고 간다는 점에서 '부르 주아 배금종'으로 평가되기도 하였다. 여기에서 나아가, 인간은 모두 동등하지만 첩은 예외로 그들은 천한 신분으로 대우받아 마땅할 뿐 만 아니라 인류사회에서 축출되어야 하며, 계몽의 대상조차 될 수 없 다고 강하게 비난되었다(제국신문, 1898년 11월 7일 논설; 김영민, 2016: 238에서 재인용).

그러나 현실은 빈곤과 근대가족의 이상을 실현할 수 없는 조선의 환경 때문에 첩이 되는 여성이 많았다. '봉건적' 혼인 관계가 남아있 는 현실 속에서 사랑에 기반을 둔 결혼에의 이상은 역설적으로 여성이 '첩'이 되는 상황을 초래하였다(정지영, 2008). 이렇게 호색이나 금전을 위한 관계가 아니라 애정이나 구습, 불행에 의해 첩이 된 여성들은 '제2부인'으로 호명되기도 하였다. '제2부인'은 연애결혼과 신식 소가정에의 욕망이 실현되기 어려운 현실 조건에서 새로운 부부관계를 만들기 위한 신여성들의 행위성의 측면에서 해석되기도 하지만(정지영, 2006), 舊첩과 마찬가지로 법적으로 아무 지위를 갖지 못하는 첩을 '제2부인'으로 일컫는 것은 남성의 축첩 행위가 부도덕한 것이 아니라 전통과 인습의 피해 때문이므로 관용해야 한다는 동정여론을 반영한 것이며, 첩을 미화한 것에 불과하다고 비판되기도 하였다(김경일, 2012).

일부일처 규범을 일탈한 남성의 욕망이 야기한 가족의 불안정화를 봉합하기 위해 조선조에서는 여성에게 투기금지라는 윤리의식을 내면화시켜 첩으로 인한 가족갈등이 덕을 갖추지 못한 부인의 탓으로 돌리고, 나아가 가계계승이라는 미명하에 축첩을 합리화하기도 하였다(김경미, 2003; 전미경, 2001). 근대 초기에는 '제2부인'이라는 호칭을 통해 연애결혼의 실패와 그에 따른 축첩을 여성의 육욕과 물질적 욕망의 탓으로 돌리고 남성 스스로는 구습의 피해자로 자처하며 면죄부를 부여하였다(서지영, 2011). 또한 가부장적 가족 유지를 위해 舊처도 유지하면서 부부애와 욕망을 위해 신여성과 연애하고 살림을 차리는 자신들의 이중성을 정당화하였다(정지영, 2006). 축첩이 남성에서 비롯된 것이 아니라 여성에서 비롯된 것이라는 남성 지식인들의 자기기만적 주장은 선첩(가부장과 정실의 권위에 순종) 대 악첩(호시탐탐 정실의 위치를 노리며 분쟁을 일삼음)이라는 첩의 재현으로 대변되기도 하였다(홍인숙, 2009).

이런 방식으로 남성의 축첩이나 외도를 폭넓게 허용해 온 남성중심적 성담론은 6,70년대 일부일처법률혼의 현실화 과정에서 법적 일관성을 상실하고 부계주의와 가부장적 가치들이 공식적으로 승인되는 배경이 되었다. 1953년 간통쌍벌죄의 제정으로 축첩이 형사처벌의 대상이 되었으나, '신형법 실시 이전부터 지속되어 온 축첩 행위에 대해서는 간통쌍벌죄로 고소할 수 없다'는 제한을 둔 것이 그 대표적 예다(소현숙, 2015).

6,70년대 근대화시기에 '첩'은 이전보다 훨씬 계급적 현상이 되었는데, 빈곤한 여성이 가장 많이 참여했던 '남의집살이'는 고용관계와 유사가족 관계의 경계에 놓여있는 경우가 많았다. 식모살이, 애보기, 수양딸, 첩살이 등과 같은 형태들이 중첩된 것이 '남의집살이'였기 때문이다(정승화, 2015). 하층 가족의 삶은 신분적, 경제적 착취와 억압 속에서 재생산적 기반이 안정되지 못하여 혼인과 가족구성이 생존 요구와 삶의 전략에 따라 구성되는 경향이 강하기 때문에(이효재, 1990), 공식/비공식, 정상/비정상, 노동/가족 경험의 이분법적 구도로는 설명되기 어렵다. 따라서 하층 가족의 경험에서 나타나는 첩의 존재양상과 일부일처의 불안정화는 한국 근대가족의 특성을 보다 입체적으로 조명하는 렌즈가 될 수 있다.

근대가족의 확립 과정에서 나타난 부권과 경제력, 남성성의 결합은 부계가족의 온전한 건설을 통해 훼손된 민족국가의 재건을 도모하려는 국가주의 서사 하에서 작동하는 것이었다(허윤, 2013). 식민지 지배권력과 전쟁의 엄혹함 하에서 남성들은 죽거나 도피하거나 좌절하는 등 수동적이고 나약한 혹은 부재한 남성들이었다. 애초부터 거세된 남성성의 세계였던 근대 초기 조선에서 '부계가족'의 건설은 훼손된 민족국가를 재건하는 상상적 준거로 작동하였으며, 이는 국민을 강인한 군인으로 훈육하여 자본주의에 기반한 개발국가에 적합한 주체로 만들고자 했던 박정희 체제의 생체정치로 더욱 급진화되었다. 개발독재의 국민만들기는 남성을 재주체화하는 과정으로 여성을 배제한 남성동성사회를 욕망하는 것이었다. 남성은 강인한 노동자/군인/가장으로 '국민'이 되었으나 여성은 생산/재생산 영역에서 기여가 컸음에도 불구하고 한편에서는 현모양처로 가정 안에 유폐되거나 첩, 창녀, 하녀, 호스티스, 양공주 등 국가와 남성을 타락시키는 불온한, 그래서 제거되어야 할 존재가 되었다(권은선, 2013). 여성은 근대 민족-국가 체제 속에서 남성성 회복의 수단으로 존재할 뿐 주체로서는 봉인되어왔다.

3. 연구자료 개관[1]: 창평일기 저자 최○우의 인물됨과 가족사

현재 출판된 창평일기는 월파유고와 창평일기 본편의 두 가지 일기로 구성되어 있다. 창평일기 본편은 국가에 의한 근대적 동원이 본격화되고 있던 1969년부터 불의의 교통사고로 세상을 떠나기 하루 전인 1994년 6월 17일까지 약 26년간의 생활이 기록되어 있다. 월파유고는 최○우가 추후 회고록을 집필하기 위해 창평일기를 쓰기 이전의 삶들을 기억나는 대로 정리해 놓은 것으로 5세가 되던 1927년부터

---

1) 이 부분은 창평일기 해제본인 『창평일기 1』과 『창평일기 3』에서 발췌한 것임.

1970년까지의 삶의 기록이 담겨있다.

최○우는 일제강점기인 1923년에 전북 임실군 신평면 창평리에서 태어나 이후 70여년의 생애를 창평리에서 보낸 인물이다. 일기의 내용은 가족사와 문중행사 및 친족관계, 마을주민들과의 일상적 관계와 마을 행사, 지역사회의 동향과 자신의 활동범위, 선거나 새마을운동 등을 포함한 국가 시책이나 사안, 농사일, 가계경제 및 공식/비공식 금융관계에 이르기까지가 망라되어 있다.

1) 사회적 지위와 인물됨

최○우는 목표를 세우고 그를 위해 근면성실하게 노력하면 잘 살게 된다는 국가 근대화 이념을 구현하듯 새해 첫날 일기를 쓰기 전에 일기장 내지에 지난해의 중요 사건이나 소득-지출을 결산하고 새해 소망과 목표를 기록하였다. 최○우의 일기쓰기는 한국 근대화에서 권장되었던 모범적 국민의 면모를 보여주는 것이다.

최○우는 농사일 외에도 1946년부터 정미업을 시작하여 유동자산을 축적하였다. 또한 국가에서 권장하는 농촌 소득사업에 앞장서면서 하루도 쉬지 않고 일을 하는 등 국가 개발의 이익을 자신의 개인적 소득으로 연결시키기 위한 노력을 아끼지 않았고, 마을의 자산가이자 유력자로서의 지위를 갖게 되었다. 직계 제사뿐 아니라 친족 애경사와 제사, 시제 등에 빠지지 않고 참석하는 등 친족관계를 적극적으로 주도해감으로써 집안 내에서뿐만 아니라 마을에서도 영향력 있는 지위를 가지고 있었다. 사회적으로도 1949년~1965년의 17년간 마을이장을 역임했으며, 이후 각종 공식, 비공식 직책을 맡아서 한국 근대화

과정에서 마을의 중심세력으로 활약하였다.

최○우는 자신의 권력과 권위를 행사하는 데 주저하지 않았다. 각종 분쟁이나 조정의 발생 시 중개자로서 역할을 하였고, 마을 주민들에게도 자녀에게 하듯 훈계를 수시로 하였는데, 일기의 곳곳에 가족원과 마을주민들에 대한 권위적 언사와 폭력을 통한 처벌의 기록이 존재하였다. 다음의 기록은 이러한 인물됨을 단적으로 보여주는 사례이다.

> "만고에 여자가 바람을 피우면 배급을 떼겠다고 으름장도 놓았다. 그래도 몇은 말을 듣지 않았다. 이장인 나를 (연애 대상으로) 욕심을 내고 했지만 불응해 버렸다. 그해 칠월인데 어머니께서 말씀하시길 순창댁(마을주민)께서 우리 집에 오셔서 몇 차례 자식인 진영한테 못 당할 짓을 당했다면서, 밥도 많이 굶고.... 부모를 그럴 수 있나 하고... 김진영을 호출해서 때리지는 않았지만 말로 무수한 봉변을 주고 '네 처도 데려오라' 하여 대중 앞에서 다짐을 받았다."(월파유고 153쪽)[2]

2) 가족사

최○우는 본인도 후처 소생으로 5세에 부친이 병으로 사망한 후 집안의 보호를 받지 못한 채 제대로 배우지도 못하고 일제강점기 치하의 소년기를 혹독한 가난 속에서 보냈다. 부친의 사망 후 최○우와 동

---

2) 일기의 원문은 한자와 사투리가 혼재되어 있고 맞춤법에 맞지 않는 어휘도 많아서 가독력을 높이기 위해 정제된 한글로 변환하여 인용한다. ( )안은 문맥의 이해를 돕기 위해 연구자가 기입한 것이다.

생, 모친은 따로 나와 살면서 끼니를 연명하기 어려울 정도였다고 회
고하였다. 최○우는 일기에서 이복형과 숙부 등이 어머니의 그 동안
의 보살핌에 대한 보상을 하지 않고 오히려 괄시했다고 원망과 불만
을 표하고 있다. 회고록인 월파유고의 가장 많은 분량이 이복형과 아
버지 형제들에 대한 원망과 불만이 차지하고 있다. 그럼에도 불구하
고 최○우는 이복형과 자주 왕래하며 살았는데, 이복형네 가족을 '大
宇'라 표현하며 떠받들었고, 아버지의 첫째 부인의 제사도 79년까지
자신이 지내고 부친의 제사도 이복형 사후에 장조카가 아닌 자신이
가져왔다. 이렇듯 최○우가 부계가족 위계질서를 스스로 적극적으로
실현하고 친족관계에도 적극 참여한 것은 서자인 자신이 가족원으로
인정받기 위한 것이었다. 자신의 타자성을 극복하기 위해 더 처절하
게 지배체제에 순응했던 것으로 보인다.

　최○우는 두 명의 부인에게서 11명의 자녀를 두었다. 첫 번째 부인
은 같은 지역 출신으로 1943년 11월에 결혼을 하여 4남 2녀를 낳았
고, 1946년에 순천 출신인 두 번째 부인과 결합하여 4남 1녀를 낳았
다. 회고록은 '월파유고'에도 혼인에 이르기까지의 과정에 대한 언급
은 없다. 다만 1946년 9월부터 창평리에서 방앗간을 운영하게 되는
경위가 순천에서 만난 두 번째 부인의 외숙이 발동기 기술자였던 것
으로부터 비롯된다고 기록되어 있다. 둘째 부인과 자녀들은 인근 가
옥에서 따로 살았다.

"나의 정미업 시작은 1946년 9월부터다. 1946년 3월에 성강 모(둘
째 부인)를 순천 광양에 만났는데 그의 외숙이 발동기 기술자이고 일
본서 지내다 한국 교향으로 되돌아왔다. 자연히 상면했지만 온순하고

친절했다. 그때에 (나는) 실업(자였)다. 1946년 8월이었다. 성강 모의 덕으로 3.5마력짜리 발동기 1대를 순천서 우리 집으로 매입해왔다. 마당에다 설치하여 시운전해보니 잘 돌아갔다."(월파유고 187-188쪽)

최○우는 1976년 1월 1일에 일기의 내지에 가족사항을 모두 기록해 놓았는데, 부인 둘은 결혼 순서대로 적고, 자녀들은 어머니와 상관없이 아들들을 먼저 출생순서대로 적고 그 다음에 딸들을 출생 순서대로 적었다. 적서구분보다 남녀 구분을 더 중요하게 생각함을 보여준다.

〈표 1〉 1976년 1월 1일 일기에 기록된 최○우의 가족사항

관계	생년월일	나이	이름(학력, 직업)	최○우와 관계
호주	1923.8.22	54	최진우	본인
처	1925.8.8	52	김순례	첫째 부인
처	1925.3.15	52	이숙자	둘째 부인
장남	1948.2.14	29	성효(고졸, 공무원)	첫째 부인 자
차남	1948.10.20	29	성강(고졸, 실업)	둘째 부인 자
삼남	1952.11.18	25	성동(고졸, 군인)	첫째 부인 자
사남	1957.8.6	22	성락(고졸, 농업)	첫째 부인 자
오남	1958.1.16	20	성걸(중졸, 공원)	둘째 부인 자
육남	1960.2.25	17	성봉(고 재학)	둘째 부인 자
칠남	1962.8.11	15	성신(중 재학)	둘째 부인 자
팔남	1967.9.10	10	성윤(소학교 재학)	첫째 부인 자
장녀	1952.4.28	25	성원(고졸, 공무원)	둘째 부인 자
차녀	1957.2.26	20	성영(고 재학)	첫째 부인 자
삼녀	1960.7.18	17	성옥(중 재학)	첫째 부인 자

최○우는 자녀 모두를 전주에 유학시키고, 학원을 보내고 방학동안 서울로 과외공부를 보낼 정도로 자녀 교육에 열성적이었으나 자녀들은 학업에 성과를 내지 못하고 폭행, 가출 등을 일삼기도 하고 심지어 폭력, 절도사건 등에 연루되어 감옥에 다녀오기도 하였다.

최○우는 사회적으로는 성공한 인물로 보일지 모르나 가족사적으로는 매우 불행하였다. 장년기에는 자녀들의 일탈과 범죄행위, 부모에의 경제적 의존 등으로 고생을 하였고 채무도 상당하였다. 죽기 전에 채무를 청산하여 자녀에게는 빚을 넘겨주지 않겠다는 굳은 결심을 여러 번 하였으나 끝내 채무를 청산하지 못하였다. 농가경영을 삼남 성동에게 양도한 노년기에는 생활비를 자녀에게 의존할 수밖에 없었으나 자녀들이 이를 잘 챙겨주지 않는 것과 그에 대한 불만, 경제적 곤란에 대한 기록이 대부분을 차지하고 있었다. 돈이 없어 애경사 참석이나 병원 출입을 못한 기록이 많이 발견되었다. 자녀들은 부친인 최○우를 멀리하였고, 부인들도 자녀들의 전주 유학생활 바라지를 위해 일찍부터 최○우와 분거 생활을 하면서 부부애를 키우지 못하였다. 최○우의 가족발전 전략은 자녀들의 성공과 성취를 통해 가족 전체의 상승을 꾀하는, 한국 근대가족의 전형적 형태였다. 그러나 이러한 전략은 친밀성의 희생을 대가로 한 것이었기 때문에 노년에 최○우는 부인들에게도 자녀들에게도 사랑받지 못하는 외로운 존재가 되었다.

4. 창평일기의 처첩 가족사에 나타난 근대 가족의 균열과 봉합

1) 허물 많은 본처, 애정결혼 첩 : 남성 욕망의 비가시화

노년에 첫째 부인이 병이 나기 전까지 일기에 등장한 부인은 대부분 두 번째 부인이었다. 자녀 문제나 노동 등 일상을 공유한 흔적들이 종종 기록되어 있고, '사랑'이라는 단어도 두세 번 등장하였다. 둘째 부인이 병이 났을 때는 안타까운 심정을 기록하기도 하였다. 그러나 첫 부인이 등장하는 경우는 대부분 부인의 허물을 지적하는 것이었다. 남편에 복종하지 않으며, 배우지 못한 무식함과 거친 언사로 자녀 교육 차원에서도 부적절한 존재로 기록되어 있다. 부인 둘에 대한 태도 차이에서 알 수 있듯이 자신의 축첩에 대한 최○우의 태도는 근대 초기 남성 지식인들의 축첩비판론의 논리구조와 매우 흡사하다.

> "그러나 1부1처가 원칙인데 처세와 예의와 도덕적 실 인간적인 체면에서 본처 박대 못하고 부득이 첩을 얻게 되었다. 그러나 처에게 승낙받고 행동했으니 (본처의) 원은 '나만 이혼 아니하면 매사에 복종하겠다' 해서 형수씨도 입회 하에 체결했다....(본처가) 이제 과오를 불평하는 것을 보면 전조가 1년을 말해도 못다 할 지경이다. 한심한 마음 금치 못하겠다." (1970.3.28.)
>
> "늙어갈수록 정이 떨어지고 ... 사법 인도적인 면에서 이혼을 못 했으면 자기 부족점이나 이해해서 못된 구습을 버리면 되겠는데 항상 잘못한 구습을 상례로 하니 ..." (1970.9.29.)

"소시에 작별하자고 했으나 끝내 동거하겠다고 해서 인도적인 면에서 동거한 바 말년까지도 마음에 안 맞다. 언어가 나쁘고 처세도 나쁘고 아이 지도방침도 부족. 인사성도 없고 근 50세가 된 家母로써 한심스럽고 좋은 청춘시절 무정하게 보낸 과거가 후회난다." (1972.3.11.)

"이 모두가 자기 책임도 있는데 호주 남편이 무슨 행동 취한다 해도 아무런 이유를 못 달게 된 자기의 처사도 생각지 않고 있는 점 대단히 섭섭하다. 초혼 시에 피차 뜻이 없으니 헤어지자 해도 불응했고 차후에 무슨 짓을 해도 아무런 이의 없겠다고 한 자가 이제 자청 항의하는 것을 보며 가소로웠다. 예의 학식 상식이 만분 일이라도 있다면 또 원." (1976.3.4.)

최○우는 자신이 일부일처에 종사하지 못하고 첩을 얻게 된 것이 첫째, 본처가 허물이 많고, 둘째, 연애결혼이 아니라서 애정이 없으며, 셋째, 본처가 이혼을 하지 않는 대신 첩을 들일 것을 허용했으며 복종하겠다고 약속을 했고, 넷째, 이러한 본처의 요청을 '체면과 예의, 도덕, 인도적 차원'에서 수용한 것이라 주장하고 있다. 최○우는 자신의 축첩을 본처의 탓으로 돌리며 자신의 욕망을 정당화한다. 또한 스스로를 애정 없는 전통결혼의 피해자로 규정하고 첩은 '사랑하는 사람(1969.9.26.), (1977.6.7.)'이라 표현하며 근대 가족의 부부 애정주의를 환기시킨다.

그러나 이러한 주장의 타당성이 의심스러운 대목들이 존재한다. 최○우가 둘째 부인과 결합한 시점은 본처와 혼인한지 2년 4개월밖에 안 된 시점이었다. 또한 본처가 허물 많은 여성인 것으로 묘사하고 있으나 마을 주민들의 평가는 최○우의 평가와 상반된다. 최○우의 본

처가 매우 따뜻하고 정리가 많고 사리가 분명한 사람이라는 것이다[3]. 이러한 정황을 종합해보면, 모든 이들이 공감할만한 본처의 허물이 없는 상황에서 혼인한 지 얼마 지나지 않아 첩 때문에 이혼을 강행하는 것은 지역사회와 친족 내에서 쉽게 승인받지 못할 행동이었을 것이다. 최○우는 마을과 지역, 친족 내에서 영향력 있는 지위를 구축하기 위해 많은 노력을 기울인 인물이다. 따라서 자신의 사회적 지위와 명성에 누가 될 이혼을, 설혹 본처가 동의하였다 하더라도 강행했을 리 만무하다. 이혼을 하지 않은 것이 '체면과 예의, 도덕' 차원에서였다는 점이 이를 반증해준다.

최○우가 자신의 축첩을 정당화하려고 본처를 깎아내리거나 본처의 탓으로 돌리는 것은 일종의 자기기만의 과정이라 할 수 있다. 어떤 문제의 책임을 외부로 전가함으로써 일관되고 명확한 주체를 확립하려는 이러한 심리적 구조를 심진경(2003)은 '잘못된 투사'라 정의한다. 이는 호르크하이머와 아도르노의 '잘못된 투사' 개념(호르크하이머 아도르노, 2001; 심진경, 2003, 91에서 재인용)을 젠더 관계에 적용한 것인데, '잘못된 투사'는 남성 주체의 확립을 가능하게 하는 중요한 심리적 메커니즘이다. '잘못된 투사'란 자신의 것이면서 자신의 것이라고 인정하고 싶지 않은 주체의 충동들을 객체의 탓으로 돌리는 것을 의미한다. 즉 그럴듯한 제물을 외부에 만드는 것이다. 제대로 된 의식적 투사에서는 주체가 객체로부터 받은 것을 이성의 반성작용을 통해 객체에게 되돌려줌으로써 사물의 통일성을 만들어낸다. 그런데

---

3) 창평일기를 수집한 전북대 SSK 연구단은 일기의 해제본을 발간하기 위해 최○이의 가족과 마을주민에 대한 인터뷰를 실시하였고, 첫째 부인에 대한 마을주민들의 평가는 이 과정에서 수집된 내용이다.

잘못된 투사에서는 객체로부터 받은 것을 되돌려 줄 능력을 상실하게 됨으로써 주체가 더 이상 대상을 반성하지 않기 때문에 자기 스스로에 대해서도 반성하지 않게 되며 그에 따라 분별하는 힘을 잃어버린다. 남성 주체의 이러한 잘못된 투사 과정에서 현실 여성의 모습은 남성의 욕망에 따라 허구화되고 타자화된다(심진경, 2003: 90-91).

최○우는 제사 장보기를 위해 전주에 갔다가 역전에서 만담꾼으로부터 들은 민담을 장문에 걸쳐 일기에 재현하였다. 그 내용을 요약하면 다음과 같다.

> "가난한 이병구가 11첩을 두고도 자녀가 없는 부자 노정승의 씨내리 역할을 하여 6명의 첩에게 6명의 자녀를 두게 되었으나 노정승이 이병구를 살해할 것을 감지한 6명의 첩들이 '노정승은 남이고 실제 아이들 6형제의 부친은 따로 있으니'라면서 남편인 노정승을 배신하고 이병구를 구하여 많은 재물과 함께 이병구의 본가로 가 본처와 모두 함께 단란하게 지낸다." (1969.9.3. 일기요약)

최○우가 욕망했던 이상적 부부생활은 애정결혼을 통한 일부일처의 부부생활이 아니라 (구운몽)처럼 혹은 위의 민담처럼 여러 명의 처첩이 한명의 남성을 애정하며 서로서로 우애있게 지내는 것이 아니었을까. '허물 많은 본처, 애정결혼 첩' 논리구조는 축첩을 통해 여러 명의 여성과 관계되고자 한 남성의 욕망은 문제시하지 않고 정당화시킨다.

2) 애정없는 도구적 결혼관과 배우자관 : 결혼 불안정성의 근대적 특징

최○우는 애정없는 결혼 때문에 '사랑하는 사람'을 첩으로 들였으며, 부인 두 명의 눈치를 보느라 청춘시절 단란한 부부생활을 하지 못한 것이 후회막심이라고 몇 번을 한탄하였음에도[4], 정작 11명의 자녀 중 세 명을 제외하고 다 중매결혼을 시켰다. 7,80년대 농촌사회에서 연애결혼이 보편적인 것은 아니었으나 최○우의 자녀 맞선 추진은 90년대까지도 이어졌다.

자녀들의 부부생활이 순탄치 않아 갈등을 겪을 때는 헤어짐을 권유하였고 이혼을 했을 때는 이를 말리거나 아쉬워한 흔적을 발견할 수 없었다. 고용인이 가출한 부인을 찾기 위해 며칠 휴가를 달라 하자 최○우는 "그럴테면 그만 두라고 하면서 처가 그것뿐이냐 다시 얻을 수 있지 않나 하고 부모께도 말하고...(1975.8.18.)"라고 헤어질 것을 권유하였다.

이러한 일련의 기록들을 볼 때 최○우는 부부의 결합과 해체를 윤리적, 감정적 문제로 인식하지 않고 기능과 역할수행을 중심으로 인식하고 있는 것으로 보인다. '처는 다시 얻을 수 있다'라는 말에는 극

---

4) "1부2처에 동거하니 양편 뜻을 받을매 때로는 과거 청춘 시대 부부동락하게 못살고 이제 50세가 머지않아 되고 보니 후회가 막심한 본인인데..."(1970.3.28) "생각하니 과거사로 후회막심하고 후사도 걱정많으며 부부간에 잘못 만나면 종신까지 원수로 본다."(1972.1.14) "인사성도 없고 근 50세가 된 家母로서 한심스럽고 좋은 청춘시절 무정하게 보낸 과거가 후회난다."(1972.3.11) "자기의 잘못을 아는 게 인생인데 잘못해도 잘한 것으로 우기니 그러한 못 배운 사람하고 내외간이라고 지내온 것 참으로 한심지사다."(1982.1.19)

단적으로 표현하면 배우자란 필요하면 언제든 다른 사람으로 대체할 수 있는 존재라는 인식이 깔려 있다. 이는 다시금 축첩에 내재된 최○우의 이중적 욕망을 읽을 수 있게 한다. 즉 공식적 혼인으로 맺어진 배우자인 '본처'는 부계가족을 계승하고 가정경제를 일으키기 위해 필요한 존재이나 애정이나 정서적 결합이 아니므로 유사시에 다른 이로 대체가능하다. 즉 특정인이 '본처'가 되는 것이 아니라 해당 기능의 수행자로서 누군가가 '본처'로 존재하는 것이다. 그러나 애정적 결합인 '첩'은 기능수행자가 아니라 감정적 결합자이기 때문에 반드시 그 사람이어야 하므로 대체불가하다.

이러한 도구적 결혼관과 배우자관은 자녀의 맞선상대에 대한 평가에서도 잘 드러난다. 최○우는 역할과 쓸모를 기준으로 혼인 성사 여부를 결정하였는데, 특히 며느리는 노동과 부계혈통 유지를 위한 존재로 간주하여 '신체도 건강하며 보통인물'이면 흡족해했다. 그의 용법에서 '보통인물'이란 평균 이상의 미모를 의미하였다. 사위에 대해서는 '직장'만 고려되었다.

최○이 일가뿐 아니라 창평리 주민들에게서도 동거, 가출, 별거, 이혼, 간통 등 제도적 이혼은 하지 않지만 부부 관계가 불안정한 가족은 상당히 많았던 것으로 확인된다. 이는 결혼관계의 불안정화가 이미 근대가족 내에 존재했음을 보여준다. 그러나 이때의 불안정화가 애정 없는 기능적 결합이 원인이라면 오늘날의 결혼 불안정화는 애정에의 몰입이 원인이라는 차이가 있다.

제1장 처첩 가족사에 나타난 남성의 욕망과 근대가족 **49**

3) 가족통합 노력과 실패

① 가족통합 노력 : '부계' 질서 구축, '지위재생산' 역할을 통한 가장
  권의 확장

최○우는 처첩으로 인한 가족갈등을 막기 위해 무엇보다 적서차별을 하지 않는 것이 중요하다고 인식한 듯 자녀들에 대한 위계를 성별과 나이로 하였고, 교육과 취업을 위한 투자, 유산 분배를 공평하게 하고자 노력하였다. 또한 부인들의 호칭에 자녀 이름을 붙여 부인의 위치성보다 어머니 위치를 강조하였다. 때때로 최○우는 장남(첫 부인 자)에게 두 번째 부인을 당부하기도 하였다. 이러한 노력은 '부계'를 중심으로 가족 질서를 확립하여 본처와 첩을 구별짓는 기제를 약화시키고자 한 것이다.

또한 본처를 박대하고 첩을 편애하는 것으로 인식되지 않기 위해 거주지를 분리하고 경제도 분리하였다. 두 번째 부인의 집에는 매일 방문은 하나 특별한 경우(예컨대, 문제를 일으킨 자녀의 교육지도)가 아니면 밤잠은 본가에서 자는 등 양쪽 부인에 대한 공평한 왕래를 위해 노력한 것으로 보인다. 또한 지역사회의 중요한 사회조직으로 기능했던 부부동반 계모임에 참석할 때는 항상 혼자 참석하였다.

한편, 최○우는 자녀의 교육과 진로, 취업을 위한 노력을 자신이 직접 관리, 기획, 집행하였다. 모든 자녀에 대해 매년 초에 학교를 방문하여 담임, 교무과장, 교감 등을 만나 자녀를 부탁하였고, 성적을 확인하고 학교생활과 진로 상담을 위해서도 수시로 학교를 방문하였다. 또 자녀의 전학이나 상급학교 진학 서류를 꾸미고 접수하는 일, 하숙집을 찾고 살림살이를 갖추고 주인에게 자녀를 부탁하는 일, 지인이

나 지역의 유지, 관공서 등을 찾아 자녀의 취직자리를 부탁하고 필요한 서류를 갖추는 일 등 최○우는 자녀 지원 활동으로 하루가 '일시도 부족'하게 지내기를 허다하게 하였다. 최○우가 수행한 일련의 자녀 지원 활동은 근대화 과정에 광범위하게 존속되었던 공적 영역의 비공식적 경로를 활용한 것으로, 예컨대 부족한 성적으로 상급학교 진학을 하기 위해 학교장과 협상을 한다거나 지인을 통해 취업을 한다거나 하는 것이다. 그런데, 이러한 일련의 '지위재생산' 활동은 (Papanek, 1985; 조혜정, 1999: 225에서 재인용) 여성이 가정 내 정서위로자로 유폐되기 이전 시기에 마을/지역과 가족/친족을 매개하던 여성들의 사회활동이었다. 최○우는 이를 본인이 수행함으로써 부인들이 최대한 가정 밖으로 드러나지 않도록 하였다. 이를 통해 최○우는 가장권과 父權을 확장하여 부계 중심질서를 확고히 하고, 부인들을 가정 안에 제한함으로써 처첩의 존재를 사회적으로 비가시화하는 효과를 노린 것으로 해석된다.

② 가족 통합의 실패 : 개발주체 가부장의 전제적 부권 통치와 가족원의 타자화

그러나 최○우의 이러한 가족통합 전략은 실패한 것으로 평가할 수 있다.

우선, 자녀들은 최○우가 바라는 대로 성장해 주지 않았다. 학업성적은 불량하여 모든 자녀가 원하는 상급학교로 진학하지 못했고, 대학에도 한 명도 가지 못했다. 생활태도도 불량하여 매사에 불성실하고 놀기를 좋아했으며 가출, 폭력과 절도, 도박을 일삼아 사건 무마를 위해 많은 돈을 지출해야 했으며, 급기야 여러 명의 아들들이 감옥을

다녀오기도 하였다. 성인이 되어서도 변변한 직장생활을 하지 못해 최○우에게 경제적으로 의존했으며 결혼 후에도 부부생활이 원만하지 못하였다. 다음의 〈표 1〉은 최○이 자녀들이 일으킨 사건들의 내용을 기록한 것이다.

〈표 2〉 최○우 자녀들의 사건사고사

관계	이름 (어머니 구분)	관계 및 주요 부정적 생애사건
1남 (1948)	성효(1)	농고 졸업 후 군청 공무원. 부모와 합거하다가 전주로 분가. 장남, 맏며느리로서의 기본 도리를 함. 부친의 채무를 위해 마련해논 주택자금과 자신이 탈 곗돈을 부친에게 양도. 그러나 부친과 거리감이 크며 최○우조차 같이 있으면 서먹하다 표현할 정도.
2남 (1948)	성강(2)	10대부터 잦은 가출, 폭행 사건으로 소년형무소 다녀옴. 26세에 돈을 받고 공무원 대리시험을 보다 발각되어 2년6개월 집행유예 선고. 잦은 폭행을 일삼아 최○우가 소송으로 커지지 않도록 보상비와 치료비를 물어주는 일이 다반사. 동네에서 '왈패꾼'으로 정평. 결혼 후 부부갈등이 극심, 부인이 몇 차례 가출하기도. 결국 이혼, 성강은 두 딸을 모친에게 맡김. 나중에 연애 재혼. 그러나 딸들은 데려가지 않음. 큰 딸은 부친인 성강을 비롯, 최○우 일가를 죽이는 환상을 기록할 정도로 정서 피폐.
3남 (1952)	성동(1)	마땅한 일 없어 부친 농업 물려받고 내외가 최○우 부부와 동거. 알콜릭으로 잦은 폭행과 농사일 태만. 군복무 말년에 또래들과 양잠실에 침입, 양잠처녀를 성폭력, 군인이라 그 죄를 4남 성락이 대신 짐. 성동처에 대한 최○우의 불만은 매우 큼. 불임 판정 후 며느리의 모든 문제적 행동을 성동 불임 때문으로 해석하고 성적 일탈에 대한 우려를 가짐. =) 가장 문제적 아들로 평가함

4남 (1957)	성락(1)	10대부터 잦은 가출. 잦은 폭행. 19세에 형 성동의 양잠처녀 성폭력 사건 처벌을 대신 받아 특수절도죄로 6개월 형 선고. 결혼 후 불륜을 하여 두 집 살림을 하면서 본처와 자녀들을 방기. 최○우 내외가 며느리와 손자녀가 딱하여 아들의 마음을 돌리려 하나 거절. 상황 미정리 상태에서 최○우 사망
5남 (1958)	성결(2)	17세 집단폭행에 가담, 26일간 구속. 화물차 운수업. 트럭 구입비로 여러 차례 거금을 받아감
6남 (1960)	성봉(2)	10대부터 잦은 가출. 수원에서 고물상 사업. 사업자금으로 거금 받아감. 연애결혼. 성봉의 처가 살림을 잘하여 사업도 안정화. 유일하게 불만이 기록되어 있지 않은 며느리
1녀 (1952)	성원(2)	10대부터 잦은 가출과 밤에 모르는 남자와 외출을 하는 등 성적 이탈에 대한 우려를 자아냄. 연애 경험 다수. 연애결혼. 남편의 외도로 부부갈등
7남 (1962)	성신(2)	
8남 (1967)	성윤(1)	학업 불량하여 최○우가 원하는 고등학교에 진학하지 못함. 공부를 멀리하고 놀기를 일삼음
2녀 (1957)	성영(1)	
3녀 (1960)	성옥(1)	천안 야간상고 진학. 낮에 일해서 모아둔 돈, 부친의 채무 청산을 위해 제공, 언니, 오빠들의 애경사에도 큰돈을 보탬

자녀들의 이러한 문제적 행동의 원인은 단일하지 않다.

첫째, 최○우의 가부장권 행사는 지극히 폭력적이고 권위적이었으며 그 영역도 지나치게 포괄적이었다. 자녀들의 삶은 모든 영역에서 아버지인 최○우의 직접적인 지배와 통제 하에 놓여 있었고 일말의 자율성도 없었다. 여기에 최○우가 자녀 지원활동을 전담하면서 어머니들의 자녀에 대한 역할 기회가 거의 없었기 때문에 어머니들이 중재자 역할을 하지도 못한 것으로 보인다.

최○우는 부인과 자녀들에게 '지시했다, 명령했다, 신고하도록 하였다, 복종하라' 등의 말을 자연스럽게 구사하였는데, 이는 군대와 같은 강력한 위계조직에서 사용되는 말들이다. 또한 신체에 가한 폭력도 매우 과격하였다.

> "성락(4남, 첫 부인 자) 2년생(중학생)을 불러 통지표를 보자 했더니 성적이 불량. 학업중지령을 내리고 책자를 전부 부엌에 넣고 불을 댔다. 성걸(5남, 둘째부인 자), 성원(장녀, 둘째부인 자) 외 1인의 옷을 찢고 구타하며 책자 전부를 청산했더니 다시는 그러지 않고 공부 잘하겠다기에 중학생이고 어리기에 용서했다. 두고 보자."(1969.2.27)
> "성원이 왔는데 방에 들어오지 않았다. 들어오라 했다. (성원이) 못 들어가겠소 했다. 이유는 아버지가 때릴까봐요 했다.....마구 머리채를 잡고 뚜드려댔다. 코에서 피가 나왔다. 오바(외투)도 벗기고 있으니 순간에 도망쳤다."(1970.2.23)

초등학생, 중학생의 어린 자녀들조차 맞아서 피가 날 정도로 때렸다. 자녀를 때렸다는 기록은 위의 인용문 이외에도 매우 빈번하게 등장한 것으로 보아 자녀들이 거의 매일 맞고 지낸 것으로 보인다. 최○우의 강압적인 지배방식은 가장권에 권위를 부여하기보다 부친인 최○이 자체를 기피하고 멀리하게 만듦으로써 오히려 가장권의 실현을 약화시키는 역설을 낳았다. 실제로 노년에 자녀들은 부친을 배제하고 어머니를 중심으로 가족을 결집시키려 하였는데 서울에서 자리를 잡은 둘째 부인 아들들이 공모하여 최○우에게 알리지 않고 모친을 모셔가려 하다가 최○우에게 저지당한 바 있다(1991.2.22). 또한 최○

우는 자신이 자녀들에게 공경 받지 못하고 있어 불행하다고 여러 차
례 기록하고 있다.

두 번째로, 부계질서를 중심으로 하여 처첩가족이라는 '비정상성'
을 봉합하려 한 노력은 다음의 두 가지 예기치 않은 영향으로 성공하
지 못했다.

하나는 거주지와 가계 분리가 가져온 처첩의 구분이다. 최○우는
이를 통해 두 부인간의 균형을 잡을 수 있다고 생각했는지는 모르겠
으나 이는 본처가 사는 본가와 첩이 사는 별채와 같은 공간의 위계적
구분 효과를 가지며 두 모친을 중심으로 별개의 가족이 구성되게 함
으로써 지속적으로 처첩, 적서간의 구분을 상기시킨다. 게다가 최○
우를 제외하고 두 가족 간 왕래는 거의 없었기 때문에 이러한 구분은
더욱 확고했다. 둘째 부인 집에는 최○우가 상주하는 것이 아니기 때
문에 자녀들이 용돈이나 교육비를 요청하러 첫째 부인 집에 갈 때는
항상 첫째 부인과 갈등이 있었던 것으로 나타난다. 각각의 집은 배다
른 형제들에게는 금기의 공간인 것이다.

다른 하나는 친족과 지역사회의 눈과 입을 막지 못한 것이다. 일기
에는 최○우의 처첩 관계에 대한 주민들의 태도나 평가가 거의 기록
되어 있지 않다. 이는 지역의 유지인 최○이 본인에게 그러한 이야기
를 대놓고 할 사람이 없었기 때문으로 보인다. 그러나 첩과의 동거살
림으로 모친과 본처, 자녀를 방기한 마을주민의 모친이 최○우의 집
에 와서 하소연하면서 "첩 있는 자식들은 모두 죽어야 한다."고 곡성
을 놓은 것이나(1970.3.28.), 조상 제사에 당숙모가 최○우의 동생을
오지 말라고 한 것에 대해 최○우가 "첩의 자식이라 차별하는가"라고
울분을 기록한 것(1973.11.14.), 장남 성효(첫 부인 자)와 오남 성걸

(둘째 부인 자)이 처첩가족이라 맞선에서 거절당한 것(1973.11.14.), (1988.12.11.) 등을 종합하면 마을과 친족 내에서 최○이 일가가 자주 입방아에 오르내렸고 자녀들은 이러한 주변의 평가에 일상적으로 노출되어 온 것으로 보인다.

둘째 부인의 장남 성강과 부친 최○우가 극단적으로 대치했던 상황에 대한 기록을 보면 이러한 비정상성이 자녀들의 방황의 원인이었을 가능성이 크다. 성강이 22살이던 해에 최○우는 家長의 성역인 사랑방에 고이 모셔둔 모친의 삼베 몇 필이 없어졌음을 확인하고 가족들을 불러 거세게 따져 물었고 그 끝에 성강은 휘발유통을 가지고 와 '우리 식구 6인(최○우의 둘째 부인과 그 자녀들)을 이 불에 태워 죽인다'고 울부짖었다(1970.8.7.). 여기에서 '우리 식구 6인'이라는 말은 성강의 방황이 부친의 축첩에 따른 것임을 간접적으로 보여준다.

그러나 최○우는 자녀들의 방황이 개인의 성실성과 능력이 부족한 탓이라 질타해왔다. 최○우는 매년 새해 첫날 일기를 쓰기 전에 일기장 내지에 지난해의 중요 사건이나 소득-지출을 결산하고 새해 소망과 목표를 기록하는 등 '목표달성을 위해 부지런히 노력하면 잘 살게 된다'는 개발주의 서사에 충실한 인물이었다. 개발주체인 최○우의 시각에서 방황하는 자녀들은 생산성과 효율성이 부재한 나태하고 무능력하고 불순한 존재들로 규정되었다[5]. 문제의 책임을 외부에 전가

---

5) "성강(차남, 둘째부인 자)이 장래에 무슨 희망을 가졌기에 공부도 하지 않고 일도 하지 않고… 인간이라면 2, 3차 옳은 지도교육을 시키면 듣지 않고 반발만 하느냐고 나무라면서 네 또래 성공한 사람 못 보았느냐고 타일러주었다"(1969.01.13.) "매일 일과가 노는 것 뿐이니 … 차라리 군에 자원하든지 사찰로 가서 공부하든지 가출해버리든지 그렇게 못한다면 죽어라. 너는 인형만 인간형이니 짐승만도 못하며 사회에 쓸모없으니 잘 생각해 태도를 정해라 했더니 무언으로 가출했

하는 '잘못된 투사'로 본처를 타자화한 것처럼 가족갈등에서도 문제적 자녀들만 존재하지 최○우의 잘못은 그 어디에도 없다. 그가 후회하는 것은 오로지 본처와 이혼을 못해 '청춘시절 부부동락하며 지내지 못한 것'뿐이다. 그가 이렇게까지 자신의 부정과 자녀의 타자화에 당당할 수 있었던 것은 경제적 부양능력으로 가족을 "먹고 살만하게 해 주었"기 때문이다. 자녀를 질타하는 기록의 곳곳에 "부의 은공으로", "먹고 살만하게 했더니"라는 표현이 빈번하게 등장한다. 이것은 가족에서의 권위를 경제적 능력과 등치하면서 그 외 부성적 자질과 윤리적 능력의 부재는 부의 결격사유가 아니라는 인식을 보여준다.

최○우가 확립하고자 한 강력한 가부장권은 개발독재의 국가주의 욕망과 닿아있다. 박정희 정권은 국가 전체를 군대로 만들어 국가로 수렴되는 강력한 수직적 위계질서를 확립함으로써 취약한 정권의 기반을 강화하고자 하였다(권인숙, 2005). 또한 국가의 개발주의 서사 하에서 부권은 부양능력과 등치되고, 이것이 남성다움과 결부됨으로써 가족의 생계 책임 이외의 자상함이나 인자함과 같은 부성적 자질이나 도덕적 자질은 남성다움의 정의를 위해 무시해도 좋은 것이 되었다(강애경, 2014). 최○우가 자신의 욕망에 충실하지 못한 것 이외에 그 어떤 반성적 성찰도 없는 것은 경제력과 부권의 결합, 군복 입은 강인하고 호전적인 남성성을 자연화한 개발주의 논리를 내재화

다."(1969.2.24.) "성락(4남, 첫 부인 자)이 술만 먹고 퍼져 잠만 자니 한심한 마음 금할 바 없다."(1975.5.19.) "밤에 놀고 아침에 10시까지 자고 또 놀러나가고 매일 일과로 삼고 있으니 부모는 무엇을 할지 설계만 그랬지 아비 애를 태우고 있으니 차라리 객지 나가 목전에 보이지 않든가 그도 아니면 몰래 타지에서 자살행위라도 해서 사회에 치감이나 안 보였으면 부는 만족하겠고 평생 소원이겠다."(1976.7.13.)

했기 때문이다. 그러나 이렇게 확립된 부권은 얕은 토대를 갖고 있기에 최○우는 본처와 자녀들을 방패로 삼지 않으면 안 되었다. 개발주의의 노동윤리와 생산성 담론을 체화한 최○우에게 불량하고 불성실하며 건실한 삶의 목표를 갖지 못한 자녀들은 불온하며 퇴폐적인 존재로 '남성성'의 타자들일 뿐이다. 최○이 일가의 모든 분란과 갈등의 중심에 언제나 '거칠고 무식한 본처와 문제 많은 자녀들'이 있는 이유가 바로 여기에 있다.

4) 피해보상 : 가부장과 개발주의의 성폭력 묵인 카르텔

7,80년대에 창평리에서 마을의 남자들이 일으킨 성폭력 사건은 상당히 많았다. 12세 아동 강간 사건부터 최○우의 아들을 포함한 마을 청년들의 양잠처녀 집단 성폭력 사건, 유부녀 강간 사건과 강간 미수 사건, 남고생 4인의 여고생 집단 강간 사건, 집에 침입하여 자고 있는 10대 여학생을 성폭력한 사건, 간통이라 소문났으나 간통인지 성폭력인지 애매한 경우들 등이 기록되어 있다.

서로 안면식이 있고 좁은 시골 마을에서 이렇듯 마을 여성들에 대한 마을 남자들의 성범죄가 많았다는 것은 남성의 성폭력에 대한 허용도가 매우 높았고 처벌이 제대로 이루어지지 않았음을 보여준다. 여기에는 가부장적 성문화 이외에 마을 여성들조차 성범죄와 가해자를 끈질기게 문제시 못하게 하는 또 다른 묵인의 기제가 존재했기 때문인데, 그것이 바로 '피해보상'이었다[6]. 창평일기에서 성폭력 사건의

---

6) "옥정국교 교사 허씨가 금년 5월에 제자인 모 여자, 15세쯤 된 아이 외 2명 즉 3명

기록은 간략한 사건내용과 가해자 부모와 피해자 부모 사이에서 진행된 보상금액의 협상 과정이 주를 이루고 있다. 최○우는 마을의 유지로서 이를 중개하는 역할을 자주 맡았다. 피해보상은 가해자를 처벌하지 않는 대신 금전적으로 피해를 보상해 준다는 논리를 갖고 있는데, 성폭력 사건 대응에 경제 논리가 결합되면서 나타난 문제점은 다음과 같다.

첫째는, 성폭력 피해 여성이 완전히 사라진다는 것이다. 성폭력의 피해가 화폐로 측정되는 것이 가능하다 인정하더라도 피해의 정도를 결정하는 것은 그 누구도 아닌 당사자여야 한다. 그러나 여성의 성이 남성의 소유물인 가부장적 성 구조 하에서 피해 여성은 한 번도 협상 과정에 개입하지 못하고 남성 가장이 이를 대신한다. 이러할 때 보상금액은 여성이 받은 피해가 기준이 아니라 가부장들끼리의 경제적 필요의 맥락에서 결정될 가능성이 높다. 일례로 유부녀 강간 사건에서 피해자의 시부모가 천만 원을 요구했는데 "그 집이 증권 투자로 부도가 나서 사건을 확대한 듯 싶다"(1983.1.7)고 비난되거나, 남고생 4명이 여고생 1명을 집단 강간한 사건에서 가해자 부모들이 2백만 원에

에 걸쳐 욕을 보인 죄가 이제 발현되었는데 당시의 교장 정현일이가 (가해자가) 책임을 져야한다고. 1인당 80만원씩 240만원을 피해보상으로 내라 하는데 금일까지 15일간 주겠다고 했다. 약 200만원을 준다면 너무 억울하나 직장을 연속 하려면 별 수가 없다고 했다."(1976.9.26.) "석양에 한정석의 子, 최용호, 관촌 송씨 3인이 내문했다. 용건은 강간 사건의 취하금으로 삼백만 원을 준비했다며 본건을 성립시켜주시라 하여 약속하고 전번에도 삼백만 원을 요구했었다고 하더라. 그자를 보내고 석식 후에 이상훈을 동반해서 임옥상을 찾았다. 본인은 말하는데 속에는 금전을 多額으로 생각 중인 듯싶으나 이번에도 3년 고교 졸업만 시켜주시라고 하고 또 그놈들 전부를 데려오면 사과를 받고 취하하겠다고 그래서 귀가했더니 약 30분 후에 (피해자 부가) 이상훈을 보내서 육백만 원 요한다기에 그대로 최용호씨에 전했다."(1983.2.7)

합의를 봐달라고 최○우에게 중개를 요청한 것을 보면, 사건의 경중과 피해 정도는 보상금액 결정에 어떤 영향도 미치지 못함을 알 수 있다.

또한 양잠처녀들에 대한 마을 청년들의 집단 성폭력에 대해 최○우가 "어린 아이들이 술 먹고 처녀 관계로 저지른 일이니"(1975.9.2.)라고 '술'에 의한 충동적, 우발적 사건으로 치부하거나, 12세 아동 강간을 "금품을 주며 간통을 했다"(1969.3.7.)고 주민들이 이야기했다는 기록들은 남성의 성적 충동을 당연시하고 나아가 피해자가 성적 충동을 부추긴 것 아니냐고 혐의를 씌우는 전형적인 성적 이중규범 논리를 보여준다.

보상의 논리가 갖는 또 다른 결정적 문제는 돈과 교환된 '처벌'이 죄지은 당사자를 사라지게 한다는 것이다. '처벌'로 고통 받고 반성하는 주체는 성폭력 가해자인가 아니면 돈을 지불한 그의 아버지인가? 죄의 책임소재가 불분명해지는 것은 애초부터 보상이 '처벌'의 의미를 전혀 갖지 못함을 보여준다.

창평리 가부장들은 피해 여성의 고통보다는 '처벌'로 마을청년들의 장래가 망쳐질까 더 우려하며, 급기야 12세 아동을 강간하여 신체 하부에 큰 상처를 입힌 마을청년을 경찰에 잡히지 않도록 도망시키기에 이른다(1969.3.8.). 창평리 남성간의 의리와 동맹 스토리는 박정희 개발독재의 남성동성사회 건설 욕망과 닿아있다. 개발독재의 국민 만들기는 훈육, 역량강화, 정신개조, 남성 우정과 의리 신화 등을 통해 자본주의적 개발 국가에 적합한 강인한 남성주체를 만드는 것이었다(권은선, 2013). 특히나 비엘리트 남성에게 개발주체가 된다는 것은 자신의 처지를 혁신해 세속적 행복을 거머쥘 기회가 된다(김은하, 2016). 창평리 남성들이 헤게모니 남성성을 획득하기 어려운 주변부 남성들이라는 사실은 문제가 되지 않았던 것으로 보인다. 그 불가능성을 회의하기보다 오히려 가부장과 개발주의의 공모체제에 더욱 순응하면서 여성에 대한 폭력적 정복과 남성성의 과잉 분출로 자신들의 타자성을 극복하고자 한 것이다. 창평일기에서 청년들의 연애사나 결혼사보다 폭력과 성범죄 사건이 더 빈번하게 등장한 것이 이를 예증해준다.

　여성은 근대화 기획에서 남성주체 확립의 수단으로 존재할 뿐 주체였던 적은 없었다. 남성간의 유대와 동맹의식은 여성성이라는 타자성, 바로 여성의 신체와 영혼에의 축출을 통해 이루어지기 때문이다. 창평일기에는 창평리 마을여성 뿐만 아니라 최○우의 부인들 이야기도 매우 드물게 등장한다. 부인들은 최○우와 2자 관계에서만 등장할 뿐 가족을 꾸려가는 반려자도, 농가경영의 주요 노동력도, 봉제사 접빈객의 부덕 수행자도, 마을의 구성원으로도 등장하지 못하며 최○우가 겪는 사적, 공적 갈등에서 중요 주체가 아니다. 마을여성들도 소문을 옮기거나 술 먹고 놀거나 남의 남편과 염문을 흘리는 등 부정적 존재로 간간이 등장할 뿐 마을 사업이나 성범죄 등의 중요 사건에서는 존재하지 않는다.

　이런 관점에서 창평리의 빈번한 성범죄와 피해보상 논리는 여성이 배제된 남성동성사회를 욕망하는, 가부장과 개발주의의 공모체제가 만들어낸 결과로 해석할 수 있다.

5. 결론

이 연구는 한국의 근대화 시기에 처첩을 두었던 최○우의 일기를 통해 근대가족 이념이 남성의 이중적인 욕망의 승인에 어떻게 관계되는가를 분석하였다. 구체적으로 성의 가족화라는 근대가족의 섹슈얼리티 특징, 부계가족과 가부장권의 확립을 통해 민족국가를 재건하려 했던 개발주의 기획이 남성의 욕망과 맺는 긴장 관계를 분석하고 이를 어떤 식으로 처리했는가를 분석하였다.

근현대의 축첩은 일부일처법률혼이 규범적 모델로 온전히 작용하지 못하던 시기에 남성 가장이 가족의 경계를 벗어나지 않고도 성을 향유하는 가능성을 열어둠으로써 근대가족으로의 전환에 대한 남성들의 저항을 억제하는 효과를 가졌다. 이러한 점진적 근대가족으로의 전환은 전통적 가부장제와 서구의 근대가족 요소들이 한국적 맥락에서 재구성되는 과정이기도 했다. 축첩이 남성 개인의 일탈적 욕망의 행위가 아니라 가부장의 권위의 실현이라는 측면에서 허용될 수 있었던 것은 한국의 근대가족이 부부 애정과 남녀평등보다는 부부간 위계질서와 세대관계(부모-자녀)를 중심축으로 하는 특징을 갖고 있기 때문이다.

그러나 최○우의 일대기에서 위계화된 부부관계의 강조는 근대적 결혼과 가족의 불안정성을 가져오는 원인이 되고 있었다. 부계계승과 경제적 부양이라는 성역할 결합을 결혼과 배우자의 의미로 구성함으로써 배우자는 유사시에 다른 역할수행자로 대체가능한 존재가 되었다. 따라서 '애정없는 기능적 결합'은 가족 경계 내에서 첩과 간통 등 불륜적 결합을 양산하였다. 그러나 이때의 가족 경계는 여성인 두 부인들의 희생과 묵인을 대가로 유지되는 것이었다. 즉 근대가족의 균열이 남성 주체의 역량이 아니라 여성의 타자성에 의해 봉합되고 있는 것이다. 따라서 부계계승적 핵가족을 특징으로 하는 한국의 근대가족은 사적영역에서의 평등을 추구하는 부부애정주의와 애초부터 양립하기 어려운 구조를 갖고 있으며, 여성의 타자성이 지속되지 않은 한 붕괴할 위험을 안고 있는 취약한 것이다. 오늘날의 여성혐오 과잉표출은 어떤 면에서는 부계계승적 핵가족 정상화가 포기되지 않으면서 일어나는 필연적 결과이기도 하다.

최○우는 처첩가족이라는 비정상을 봉합하기 위해 '부계' 중심 가족질서를 구축하고 '지위재생산' 활동을 통해 가장권을 확장하는 것으로 가족통합을 도모하고자 하였지만 성공하지 못하였다. 그가 표방한 '가부장권'은 내용적으로는 경제적 부양능력, 수단적으로는 폭력과 권위의 행사에 집중된 것이었기에 오히려 가족갈등을 증폭시키고 최○우의 가족 내 영향력을 약화시키는 결과를 낳았다. 이는 가족 갈등의 원인을 제공한 자신에 대한 반성과 성찰이 부재했기 때문이다. 축첩이라는 도덕적 무능력, 폭력에의 의지라는 소통능력의 부재, 목표-근면성실-성취의 개발주의 서사 하에서 자녀들을 타자화하는 것은 최○우의 인식에서 가부장과 남성다움의 결격사유가 아니었다.

최○우의 이러한 인식과 행위성은 개발독재 체제의 군사주의와 개발주의 서사의 전형성을 보여주는 것이다. 전 국민을 자본주의적 개발 국가에 적합한 강인한 남성주체로 만들고자 한 개발독재의 국민 만들기는 공적 영역에서의 성취를 남성성의 윤리로 끌어올렸고, 이에 따라 경제적 능력 이외의 축첩이나 외도, 성범죄, 협작 등의 도덕적 무능력은 남성성을 훼손시키지 않는 것이 되었다. 오히려 개발주체가 되기 위한 남성간의 동맹과 의리, 타자인 여성을 더욱 타자화하는 남성성 과잉분출이 창평리라는 농촌마을 남성들의 주체화 전략으로 적극 수용되기에 이르렀다. 창평리의 수많은 성범죄는 이런 방식의 가부장과 개발주의의 공모 하에서 처벌되지 않고 묵인됨으로써 개발주의의 헤게모니 남성성을 더욱 강화하고 있었다.

참/고/문/헌

• 가와무라 구니미쓰(川村邦光). 1996.『섹슈얼리티의 근대: 일본 근대 성가족의 탄생』. 손지연 역. 2013. 논형.

• 권인숙. 2005.『대한민국은 군대다: 여성학적 시각에서 본 평화, 군사주의, 남성성』. 청년사.

• 권은선. 2013. "유신정권기의 생체정치와 젠더화된 주체 만들기."『여성문학연구』, 29: 417-444.

• 김경미. 2003. "투기, 남성 욕망의 공모."『여/성이론』, 8: 103-125.

• 김경일. 2012.『근대의 가족, 근대의 결혼』. 푸른역사.

• 김영민. 2016. "한국 근대 초기 여성담론의 생성과 변모: 근대 초기 신문을 중심으로."『대동문화연구』, 95: 223-260.

• 김은하. 2016. "예외상태로서의 박정희 시대와 남성 주체의 형성: 최인호의 초기작을 중심으로."『인문학연구』, 51: 673-700.

• 김혜경. 2006.『식민지하 근대가족의 형성과 젠더』. 창비.

　　　. 2009. "박정희 체제하 '핵가족' 담론의 변화과정과 이원구조 연구:「조선일보」를 중심으로."『사회와역사』, 82: 169-212.

　　　. 2014. "역사 속의 가족: 근대 100년의 한국 가족과 가족론." 김혜경 편.『가족과 친밀성의 사회학』. 다산출판사, pp. 94-113.

• 서지영. 2011.『역사에 사랑을 묻다』. 이숲.

• 소현숙. 2015. "1950-60년대 '가정의 재건'과 일부일처법률혼의 확산: 한국가정법률상담소의 활동을 중심으로."『역사문제연구』,

33: 97-135.

- 심진경. 2003. "은폐와 투사 : 남성 섹슈얼리티의 두 가지 존재 방식."『여/성이론』, 8: 81-102.

- 양현아. 2000. "호주제도의 젠더 정치."『한국여성학』, 16(1): 65-93.

- 이정덕 외. 2012.『창평일기 1-2』. 지식과교양.

　　　　. 2013.『창평일기 3-4』. 지식과교양.

- 전미경. 2001. "개화기 축첩제 담론분석: 신문과 신소설을 중심으로."『한국가정관리학회지』, 19(2): 67-82.

- 정지영. 2006. "1920-30년대 신여성과 '첩/제이부인': 식민지 근대 자유연애결혼의 결렬과 신여성의 행위성."『한국여성학』, 22(4): 47-84.

　　　　. 2008. "근대 일부일처제의 법제화와 '첩'의 문제: 1920-1930년대「동아일보」사건기사 분석을 중심으로."『여성과역사』, 9: 79-119.

- 정승화. 2015. "한국 근대 가족의 경계와 그림자 모성: '식모-첩살이' 경험 여성의 구술생애사를 바탕으로."『한국여성학』, 31(3): 65-102.

- 조혜정. 1999.『한국의 여성과 남성』. 문학과지성사.

- 허 윤. 2013. "1950년대 전후 남성성의 탈구축과 젠더의 비수행 Undoing."『여성문학연구』, 30: 43-71.

- 홍인숙. 2009. "'첩'의 인정투쟁: 근대계몽기 매체를 통해 본 '첩' 재현과 그 운동성."『한국고전여성문학연구』, 18: 519-554.

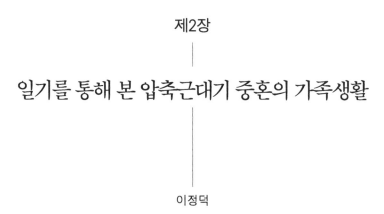

제2장

일기를 통해 본 압축근대기 중혼의 가족생활

이정덕

1. 머리말

현재 민법 810조는 중혼을 금지하여 "배우자가 있는 자는 다시 혼인하지 못한다"라고 되어 있다. 민법은 일부일처제를 결혼의 기본 원리로 삼고 있어서 한국에서 남자나 여자나 중복된 결혼을 하거나 중복된 혼인관계를 유지할 수 없다. 그러나 한국에서도 고대사회에서부터 중혼이 이루어져 왔고 1980년대까지도 중혼이 상당히 이루어져 왔다. 전통적으로 처첩제도라고 불리는 중혼은 20세기 후반까지 이어진 관행으로 우리나라 가족생활의 중요한 전통의 하나였지만 중혼의 가족생활 내용에 대한 생활민속적 접근은 이루어지지 않았다. 이글은 중혼과 관련된 가족의 생활상이 일상생활에서 어떻게 나타나는가를 일기를 통하여 구체적으로 기술하는 것을 목표로 한다.

한국에서는 유교적 가부장제에 따라 남자만이 중혼을 할 수 있었고, 또한 첫 번째 부인과 두 번째 부인은 처와 첩으로 구분하여 사회적 신분이나 역할에서 커다란 차이를 두었다. 이들을 본처와 첩이라고 부르기도 했다. 가장 대표적인 사례는 왕의 본처와 첩이다. 왕비와 후궁으로 불리는 부인들 사이에 커다란 신분적 차이가 존재하였다. 전통적인 사회에 존재하는 이러한 처첩 구분에 대한 의식 때문에 처첩과 중혼이 금지된 20세기 후반에 이르러서도 중혼이 이루어지는 경우 사회적으로 처첩을 구분하는 의식이 계속 작동하였다. 이러한 구분은 자의식과 가족관계에도 심각한 영향을 미쳐왔다. 이글의 대상인 이수호는 처와 첩을 구분하는 생각을 기록하거나 명확히 드러내지 않아 처첩이라는 말보다 중혼이라는 말을 사용하고자 한다.

이글에서는 중혼을 한 남성이 1969년까지의 생활은 회고록을 통하여, 이후의 사망한 1994년까지의 생활은 일기로 기록해놓아 압축근대기에서 중혼 관계가 가족생활에서 어떻게 나타나는가, 가족들이 어떠한 생각을 하는가를 정리하고자 한다. 이렇게 중혼결혼의 가족생활을 구체적으로 보여주는 것을 목표로 하기 때문에 압축근대화 과정에 따른 중혼 가족생활의 영향이나 남녀관계의 변화 등과 관련된 이론적인 분석은 시도하지 않을 것이다. 여러 가지 사적인 관계와 감정들이 드러나서 사생활과 인권문제와 관련되어 있기 때문에 자료의 출처나 인명이나 지역도 밝히지 않았다. 가족 구성원의 수나 지역적 상황도 드러내지 않았다. 이곳에서 나타난 모든 인명은 가명이거나 또는 ○○으로 표시하고 해당 인물의 맥락을 간단하게 [ ] 안에 제시하였다. 지명은 농촌인가 도시인가만 밝혔다.

그렇지만 사람 사이의 가족관계를 이해하기 위해 인명은 중혼을 한 남편(이수호-가명)을 중심으로 이수호, 첫째부인, 둘째부인, 첫째부인-아들, 첫째부인-딸, 둘째부인-아들, 둘째부인-딸 등으로 표시하고자 한다. 각종 자료의 출처는 이수호가 쓴 회고록 또는 일기의 날자만 표시하였다. 직접 인용하는 경우 이수호가 쓴 회고록과 일기의 내용은 쓴 그대로 옮겼다.

2. 두 번의 결혼

이수호는 1923년 농촌에서 태어났으며 학교를 졸업하고 1941년 도시에 자동차정비소에서 일하다가 20살이던 1943년 농촌으로 돌아와 결혼을 했다. 본인도 가난한 농민의 둘째부인의 큰아들로 태어나 아주 가난하게 살았다. 아버지가 일찍 돌아가서 이수호의 어머니와 그 가족은 아주 가난하게 살았다. 이수호는 둘째부인이었기 때문에 자신의 어머니와 자신이 본 가족들로부터 심하게 무시당하고 살았다고 생각한다. 1940년대의 회고록에서 "고생고생은 말로 할 수 없다... 먹을 게 없어서 쑥을 캐다 곡기 좀 너어 치가해주준 나를 [큰 어머니와 이복형이] 괄세햇다... 어머니가 結婚수바리 지다[죄다] 해주고... 其功勞는 하나도 없다면서 분통하시고 自己네의 아버지 自己네의 할아버지를 수십 년을 慕侍준 내가 終末 其換을 當하고 보니 少時 헛世上을 보내며 너네의 아버지도 三年을 病中에 수바라지 햇지만 其者들이 오늘날 이려케 괄세하고 없슨예긴다[업신여긴다]" 또는 "나의 生覺으로는... 쌀 한 말이라도 주겟지 햇는바 돈도 없다 하고 나도 食糧이 모지래겟다고 하고 居絕[拒絕]햇다... 문을 열고나오니 내 마음 어데

둘 데 없섯다. 집에 와서 어머니에 그 말삼드리고 兄弟라면서 그럴 수
있음가 하고 母子間 통곡을 햇다"고 쓰고 있다. 이복형 가족과 숙부가
어머니와 자신을 괄시하였다고 생각하여 이에 대한 불만을 회고록에
서 자주 드러내고 있다.

본인의 결혼 과정도 회고록에 두 번째 결혼은 간단하게 기록하고
있다. "一九四六年 三月에 ○○ 母를 [작은 도시]에 맛나고… 遇然
[偶然]이 相面햇지만 溫順하고 親切햇다. 그때에 [나는] 失業者였다.
一九四六年 八月이엿다. ○○의 母의 德으로 三.五馬力자리 發動機
一台[臺]를 [작은 도시]서 우리 집으로 買入해왓다. 마당에다 設置하
야 試運轉해보 보니 잘 도라갓다." 즉, 둘째부인의 도움으로 정비소를
할 수 있었고 이를 바탕으로 상당한 재산을 모으고 지역에서 유지로
서 살아갈 수 있었다.

둘째 부인에 비교하여 첫째 부인과의 결혼과정에 대해서는 언급하
고 있지 않다. 첫째 부인과 는 1943년 결혼하였고 두 번째의 부인과
는 1946년 결혼하였다. 일기에 첫째 부인의 허락을 받아 결혼하였다
고 나온다. 첫째 부인은 같은 지역의 출신으로 중매를 통하여 결혼을
하였고 둘째 부인은 업무관계로 도시에서 만나 연애를 통하여 결혼을
하였다. 일기에 두 번째 결혼은 첫째 부인의 승인을 받아 하였다고 반
복하여 기록하고 있다. 부인은 둘 다 1925년생으로 이수호보다 2살
어리다.

이러한 두 번의 결혼은 첫째 부인이 승낙한 것이기 때문에 문제
가 없다고 생각한다. 자신이 둘째 부인을 얻은 것에 대한 설명이 들
어 있다. "그러나 1夫1妻가 元則[原則]인데 處勢[處世]와 禮儀와 道
德的 實 人間的인 體面에서 本妻 박대 못하고 不得히 妾을 엇게 되엿

다. 그러나 妻에서 承諾밧고 行動햇으니 願은 나만 리혼 안니 하면 每事에 服從하겟다 해서 兄嫂氏도 立會 下에 締結햇다. 그러나 1夫 2妻에 同居하니 兩便 뜻을 바들아매 때로는 過居[過去] 靑春 時待(30歲時) 夫婦同樂하게 못살고 이제 50歲가 不遠 되고 보니 後梅[後悔]가 模深[莫甚]한 本人인데 이제 過誤를 不平한 겟을 보면 前條가 1年을 말해도 못다 할 至見[地境]이다. 寒心한 마음 禁치 못하겟다. 그러나 兩家에서 23, 4歲된 子女 둘 때문에 말 못하고 참고 보니 끝은 없다(1970.3.28.)." 자신은 첫째 부인의 승낙을 받고 둘째 부인을 두었지만 잘못된 일도 많고 후회도 많고 불평도 많지만 자식들 때문에 참고 살고 있다고 쓰고 있다.

첫 번째 부인이 생일이 두 번째 부인보다 늦지만 가족을 기록할 때는 항시 첫 번째 부인을 앞에 기록하고 있었다. 두 명의 부인에게서 총 10명이 넘는 자녀를 두었으나 이 글에서는 이들 중 중요한 자녀들만 언급하겠다.

3. 남편과 첫째 부인과 둘째 부인

중혼에 대하여 신경을 쓰고 있었고 사람들이 평판에 대해서도 신경을 썼지만 그것이 불법이라거나 심각하게 잘못된 것으로 생각한 것으로는 보이지 않는다. 다른 사람이 첩에 대하여 이야기를 하 내용을 가끔 일기에 기록하고 있는 것으로 봐서 신경을 쓰고 있는 것으로 보인다. 예를 들어 "金哲浩는 어제 日字로 面長은 사직햇고 組合長을 任命 日字을 기드린데 廉東根 前 組合長이 蓄妾者라고 道支部에 가서 말하야 任命이 느저지며 將來成[將來性]이 없다고 하드라(1979.1.14.).” 또는 “新平農協에서 電通이 왓는데 今般에도 金哲浩가 組合內申은 되엿으나 蓄妾者라고 下字[瑕疵]기 있어서 發令이 어렵게 되엿다고 하며 明日 理事會을 열기로 豫定한 것도 無期延期 되엿다고 햇다(1979.2.23.).”라고 써서 축첩자가 사회적으로 비난을 받고 있다는 점을 잘 알고 있다. 1970년 3월 28일 일기에 다음과 같이 썼다. “아침에 ○○ 집에서 ○○○ 母를 맛낫는데... 화를 내면서 첩 데리고 산 놈은 죽으야 한다면서 여편네 잘하고 子息이 잘하고 메누리가 잘하니까 [첩에게] 가서 잇다고 불평하는데 븨기여 못살겟다고 하드라... 마음이 不安한 中에 弟嫂가 왓다. 할 말을 못햇다.” 본인 스스로도 첩에 대한 말이 부정적으로 언급되면 이에 신경을 쓰고 있음을 보여준다.

본인 스스로 신분적으로 처와 첩을 구분하는 의식을 표현한 적이 일기에는 전혀 없다. 자신의 두 번째 아내를 첩으로 언급한 적이 한 번도 없고 또한 첫 번째 아내를 본처라고 쓴 적도 한 번도 없다. 둘 다 각자 큰아들 이름 다음에 모라고 쓰고 있고 일상생활에서도 둘 다 ○○모라고 불렀다. 일기에 가족 전체의 생일을 적어 넣은 적이 있는데 첫째부인 자녀와 둘째부인 자녀를 구분하지 않고 낳은 생일순서대로 남자를 적고 그 다음 딸을 생일 순서대로 기록하였다. 부인은 둘 다 1925년 출생하였다. 첫째 부인의 생일이 둘째 부인의 생일보다 더 늦지만 항시 가족 란에 첫째 부인을 둘째 부인보다 앞에 적고 있고 첫째 부인과의 집을 본가로 생각하고 있어 본 처와 첩이라는 의식을 가지고 있지는 않았지만 두 부인 사이에 정당성은 첫째 부인에 더 부여한 것으로 볼 수 있다. 첫째 부인이 생일이 늦지만 앞에 적었고 첫째 부인과의 집을 본가로 생각하였기 때문이다.

남녀 구분은 확실하게 있었다. 자신의 가족을 적을 때는 아들들을 생일 순으로 모두 적은 다음에 아들들보다 나이 많은 딸들이 있음에도 불구하고 딸들은 모두 순서의 마지막에 적었다. 아들을 우선적으로 생각하는 사고는 나타나고 있다. 일기에 특별히 딸을 차별하는 발언을 적고 있지 않지만 아들들을 월등히 많이 언급하고 있다. 전체적으로 자식들에게 첫째나 둘째 부인이 자식이어 차별한다는 생각이나 모습은 없으며 자녀들을 각각 개별적인 성품과 능력을 지적하면서 혼내거나 칭찬을 해, 모두 같은 자신의 자식이라고 생각한 것으로 보인다. 가부장적 사고방식을 가지고 있었다. 둘째 부인 큰아들의 가정생활에 대하여 "사나子息이 게집 마음대로 家政[家庭]을 끄려가니 寒心하다(1975.6.14.)"라고 불평하고 있다.

자신의 본가를 첫째 부인과 함께 지내는 집으로 생각한 점은 일기의 표현에도 많은 영향을 미치고 있다. 일기에 본가에 돌아올 때는 집에 온다고 썼고 둘째부인의 집으로 갈 때는 ○○[둘째 부인 큰 아들 이름] 집에 갔다라고 쓰고 있다. 공간적으로 첫째 부인과의 집을 중심으로 생각하고 있었다. 즉, 집에 있어서는 어느 집이 자신이 항시 머무는 本家인지, 그리고 어느 집이 방문하여 지내는 집인지를 구분하고 있었다. 물론 본가에 첫째 부인이 있었지만 남편이 자신을 부정적으로 생각하고 있는지를 잘 알고 있는 첫째 부인은 자녀가 도시에서 학교를 다닐 때 도시에 집을 얻어 그곳에서 자녀교육을 뒷바라지 하는 경우가 많아 집을 비울 때가 많은데 그때도 본가에서 머무르며 둘째부인의 ○○집에 가서 쉬거나 식사를 하는 것으로 생각하였다. 물론 집의 규모도 본가가 더 크고 둘째 부인의 집이 더 작다.

이수호는 재산과 돈은 철저히 자신이 관리하였다. 필요할 때마다 각각의 부인이나 자녀에게 주거나 필요한 곳에 쓰도록 하였다. 일기에 어떠한 이유로 얼마나 돈을 줬다는 내용이 자주 나온다. 재산에 대한 소유권도 자신의 이름으로 되어 있고 아내들도 계속 농사일이나 집안일을 하고 있지만 아내에게 소유권을 등기해주지는 않았다. 재산과 소득을 장악하여 이를 통해 가족에 대한 가장권을 행사하려고 하였다. 따라서 부인들이나 자녀들이 매번 설명을 하고 돈을 타내야 해서 여러 불만이 많았다. 자녀들은 온갖 꼼수를 동원하여 돈을 타내려 하여 이수호뿐만 아니라 자녀들의 돈에 대한 불평이나 의심이나 사건이 일기에 자주 등장하고 있다. 자식이 자신을 속여 먹는다고 자살하겠다고 표현하기도 하였다. "오늘은 秋夕節이다... 곳문을 여으니 아침에 마추워둔 5,000원이 不足. 세여 보니 3,500원을 내가고 솟대도 여전히 잠겨것다. 兒該을 召集햇다. 무르니 全部 모른다 햇다. 지금 한 번니 안니고 數次엿는데 그때는 小額[少額]이고 지금은 3,500원 多額으로 보고 生覺이 달앗다. 이쯤 되면 내는 서새비[허수아비] 家長이며 子息의 將來가 失敗一路로 보고 兒該을 召集을 再警告햇다... 現金으로 5百원券 3枚 殘金 합해서 3,500원을 가저오지 안하면 父는 自殺 又는 家出하겟다고 最終警告햇다... 妻子에 兩人을 待하고 世上이 귀찬코 子息이 돌아 먹으니 오는부터 그만 두겟다고 햇다. 단 現金 5百원券 3枚 殘金 합해서 3,500원만 주든가 그러치 못하면 利用處만 解說해주면 利解[理解]하겟다 햇다... 夕陽만 여유를 줄 터이니 그간에 해결해서 現金만니 앞에 내라 햇다. 全 家族은 묵묵히 잇섯다. 때는 왓다. 自殺은 언제든지 할 수 잇다. 死後에 후해 말고 고백만 해라 햇다. 2, 3次 권고해도 듯지 안하니 世上을 그만 두기로 判定하고...(1969.9.26.)." 물론 일기에 어떻게 해결되었는지를 쓰지 않았지만 돈이 사라지는 일이 수차례 적혀 있다. 자녀가 결혼한 후에도 이러한 일이 빈번하게 나타나고 있다. "成晩이가 妻家에 간다기에 貳仟원을 주엇든니 적다고 不應 不平해서 제의 妻만 보내면서 不安을 느기면서 내의 마암을 괴롭게 햇다. 結局은 五仟원을 주윗서도 그랫다 (9175.2.17.)."

이수호는 첫째 부인과 둘째 부인에 대하여 성격이 크게 다르다고 생각하고 있었다. 첫째 부인에 대해서는 부정적인 언급을 많이 하고 있다. "[첫째 부인] 세살 적 버르시 여든까지 간다는 말과 갖이 至今까지도 말 언어는 如前하드라. 人事 凡節도... 모른데다가 敎育 및 常석[常識]까지도 모른 사람이 兒該들 指導 敎育시키는 데 아주 不足한 사람이다. 그쯤은 理解하지만 아침 전역이면 學校 단여온 子息들 보고 써[혀]를 뺄 연 짝 자바 죽일 연... 늘거갈수록 정이 떠러지고 兒該들 버릇을 버리게 하며 내가나 머라 하면 들으가 어미를 갓잔하게 生覺한니 寒心스럽다. 少時부터 나와는 相對가 못되다... 리혼을 못 햇쓰면 自己 不足點이나 理解해서 못되 口習이 버리면 되겟는데 恒常 잘못한 口習이 常禮로 한니 親友에 未安한 감도 만타(1970.9.29.)." ".조리도 닷지 안는 말로 한니 답〃하고 내가 무슨 말하면 엉터리 업는 말을 한다(1970.9.30.)." 그렇더라도 타인들이 자신의 부인에 대해 나쁜 말을 하는 것은 싫어했다. "元字가 내의 妻에 한부로 말하고 불리하게 말햇다... 나부다고 햇다(1974.9.30.)."

첫째 부인은 남편의 이러한 생각을 알고 있기 때문에 자주 부정적인 반응을 보여준다. "白米 10叺 찟고 夕床에서 妻보고 말햇다. 누구 때문에 老年에 故生[苦生]인고 햇다. 답변은 존 연 데리다 잘 살아 햇다. 기분이 낫밧다. 子婦 妻 어더도 언어가 그럴 판이야 햇다

(1970.11.30.).""집에 온니 成美 母는 시얌에서 그릇을 탕탕 정게에서 소두방을 탕탕 광에서 문을 탕탕 하기에 마음이 업스면 하지 말고 몸 앞으면 누워 잇는데 올으니 엇지 살임을 부스야 햇다. 방에 가서 안이고[아이고]를 찻고는 어제 밤에 날더러 욕하든니 어데서 자고 와[라고 했다](1971.9.12.).""新聞紙에 싸 가지고 [온] 것이 개고기 엿다. 바로 좀 쌀마달아고 햇다. 氣分 납부게 쌀마도 저역에는 못 먹어 큰소리로... ○○ 母에 말국[국물] 좀 떠오제 햇드니 쌀마지도 안 햇는데 어데케 먹어 큰소리로... 개고기 생각은 全然히 없어지고 熱만 생기엿다(1974.7.4.).""夕食을 맞이고 있으니 ○○ 母가 말하기를 ○○[둘째부인 아들] 食事를 여기서 한다고 絕代 못한다고 해서 熱이 낫다(1976.3.4.).""아침부터 家兒들은 돈을 달아고. ○○ 母는 [하숙하는 도시] 간다고 해서 約 8,500원이 支出 되고 보니 身境질疾[神經質]이 낫다(1976.6.1.).""○○ 母보고 보리 묵그라 햇든니 나만 시킨다고 해서 그러면 나가라고 햇다(1976.6.25.)." 이러한 상황 때문에 첫째 부인은 술을 마시게 된 것으로 보인다. "심지여 成美 母는 술 먹다가 ○○[시동생]가 오면 술병을 감추기도 하고...(1975.11.25.)," "妻된 니는 時〃로 여유가 있으면 酒店만 가드라. 한두 번이 안니고 家政婦로써 아랫목에 안자서 男子出入도 못하게 한니 보기 실트라(1972.3.17.)."

그래서 남편에 복종하라고도 하지만 남편의 일방적인 주장이기 때문에 사이만 계속 멀어진다. "妻의 人象[人相]이 조치 못햇다. 雇傭人도 잇는데 큰소리도 못하고 心境이 괴로왓다. 少時에 作別하자고 했으나 끝내 同居하겟다고 해서 人道的인 面에서 同居한바 末年까지도 마음에 안 맛다. 言語가 납부고 處勢[處世]도 납부고 兒該[兒孩] 指導

方針도 不足 人事成[人事性]도 업고 近 50歲가 된 家母로써 寒心스럽고 조혼 靑春時節 無情하게 보낸 過去가 後悔난다(1972.3.11.)." "○○[첫째 부인 아들] 母에 家事에 복종하고 小慰[所謂] 男便에 從婦[從夫]하라 햇다(1972.3.22.)." 그렇다고 하더라도 아내의 생일을 위하여 동네 부인들에게 음식이나 술을 대접하기도 하고(1977.7.31.), 첫째 부인 한약을 지으러 멀리 가기도 하고(1980.4.23.), 구경을 가거나 놀러가도록 지원을 하기도 한다.

어머니나 아버지에게 싸우거나 힐난을 하거나 대드는 일도 가끔 나타난다. 첫째 부인의 한 아들도 계속 이러한 불만을 표출하고 여러 가지 사고를 일으킨다. "夕陽에 집에 온니 ○○이 놈이 술을 먹고 제 에미하고 싸웟다고 햇다. 죽일 놈이엿다(1977.1.22.)." "夕陽에 ○○ 母을 돌모리宅에서 맛나고 細詳히 말을 들엇다. 듯자 하오니 동내 男女 간에 구경군이 만히 募엿는데 이수호를 찻고 데려오라 따진다 하면서 제의 母에는 이년 저년 하면서 소재까지 햇다 하오니 들을 때 분이 충동햇다. 그때부터는 ○○[첫째 부인 아들]을 보기가 실고 정도 없어지고 징그러케 보이면서 外面만 하고 십드라(1977.1.23.)." "내의 살임을 제가 때려 부시면서 제 母를 처돌이고 이수호 좀 데려오라 따저보게 그려케 行動을 햇다니 社會的 爲身[威信]이 亡햇고 게집을 둘이나 데리고 산다는 말까지 大衆 前에 웻다고. ...父母로써 生覺하면 앞이 감"햇다(1977.1.25.)." 아들이 대중 앞에서 아버지를 욕하는 모습도 보여주고 있다.

둘째 부인의 아들들은 더 자주 그러한 모습을 보여주고 있다. 둘째 부인의 한 아들은 "휘발유 통을 가지고 와서 우리 食口 6人을 이 불에 태워 죽인다고 우협햇다. 남이 부그러서 못견디게 되엿다. 죽고 사는 것은 네의 처분이라면서 부모 앞에서 우협 협박은 不孝子息이다 햇다. 人夫는 食事 中라 未安하지만 가시라 햇다. 人夫 가신 後에는 舊麻布 6筆을 밤에 ○○이를 데리고 어머니 墓所로 갓다. 휘발유를 뿌러 墓 前에 불을 댓다. 밤 11時쯤 되엿다. 過居 어머니 生覺이 무뚝 나니 大聲통곡 하다보니 子息 兄弟도 딸아 울드라. 집에 온니 12時엿다. ○○댁이 술을 가지고 왓다. 참으시라면서 권햇다. 男女老少가 구경한 몬양인데 子息이 父母 앞에서 죽는다고 했으니 남 부그럽게 되고 남의 말은 도저히 하지 못하게 되여 이 社會에서 非人間이 되엿다고 生覺이다(1970.8.7.)." 둘째 부인의 아들은 산소에 불을 지르고 죽겠다고 난리를 피웠다.

4. 첫째 부인과 자녀

이수호의 첫째 부인에 대한 불신이 있지만 일상생활에서는 여러 가지 처가의 관계가 지속된다. 특히 처남 ○○이 자주 방문하여 자고 가기도 하고 처남에게 쌀을 주기도 한다. 두 번째 처남도 본가를 방문하기도 한다. 처남 ○○은 또한 이곳에서 농사를 돕거나, 여러 가지 일을 하면서 이수호로부터 일당을 받았다. 첫째 부인은 친가의 생일이나 잔치나 제사에 참석하러 갔고 이수호는 가끔 첫째 부인과 함께 이러한 처가의 잔치나 제례에 참석하였다. 그래서 "○○ 母는 只沙 親家에 갓다. 장母 祭祠[祭祀]일인 듯싶다(1979.2.11.)"라는 표현도 나온다. 첫째 부인의 여자동생도 자녀가 전주에 입학시험을 치러 가는 중에 들르기도 한다. 오고가는 관계가 있기는 하지만 그렇게 긴밀한 관계는 아닌 것으로 보인다. 처가에 대한 자세한 설명이나 긍정적인 기록보다는 사실 기록에 그치고 있기 때문이다. 첫째 부인과 자녀들이 있는 도시를 동반으로 방문하기도 하였다. 첫째 부인의 아들이 군대에 있으면서 중상을 입자 두 부인을 모두 대동하고 서울의 수도병원을 방문하기도 하였다.

첫째 부인의 큰 아들은 이수호가 자녀들 중에서 가장 믿고 의지하는 관계이다. 다른 아들들보다 성실하게 생활을 하고 일찍부터 공무원으로 취직하여 집안의 기둥역할을 하였기 때문이다. 1948년 출생인 큰 아들은 1969년부터 면사무소에서 근무를 하며 공무원의 생활을 평생 해왔다. 이 큰 아들의 취직을 위해서 그리고 좋은 자리로의 전근을 위해서 이수호는 노심초사 하고 또한 여러 사람들을 만나 부탁도 하고 뇌물과 청탁을 주고받기도 한다. 1970년대 전후의 농촌 공무원 생활의 모습이 잘 드러난다. 큰 아들을 중심으로 면에서 이루어지는 일들을 소상히 알 수 있었고 또한 지역의 공무원들과도 안면을 익히고 여러 가지를 청탁하거나 주고 받는 관계가 될 수 있었다. 이는 이수호가 지역유지로서 활동하는 데도 많은 도움을 주었다. 큰 며느리 또한 같은 지역의 사람이다.

큰 아들 친구들도 집을 자주 방문한다. "○○ 親友들이 5, 6名이 歲拜次 왔다고. 夕食까지 들고 各者[各自] 歸家했다(1969.2.17.)." 그렇다고 하더라도 이수호는 큰아들과도 불편한 관계가 자주 나타난다. "○○[큰아들]는 한 생원 하고 2, 3次 불으기에 ○○ 왔나 햇다. 오다기에 제 아비는 밥 먹으라 하지 안코 한 생원이 第一나 햇다. 그대사 제 어미 말 듯고 와서 食事하시요 햇다. 마음이 괴로왓다. 父子之間에 멀이 하려 한니 또 슬퍼젓다(1975.8.16.)."

전반적으로 자녀들과 좋은 관계를 유지하지 못했다. 가부장적이고 일방적이어서 자식들에게 이런 저런 농사일을 시키고 성적이 나쁘거나 행동이 마음에 들지 않으면 자주 혼을 내다보니 자식들도 방항적인 모습을 보이는 경우가 많았다. "○○ 2年生(中學生)을 불여 通信表을 보자 했드니 成績이 不良. 落第 안이면 多幸 程度. 學業中止令을 내리고 冊字[冊子]를 全部 부엌에 너코 불을 댓다... ○○은 成績 不良 學業中止令을 내리고 더 生覺하라면서 可級的[可及的] 家事에 從事하고 此後에 父母 원망은 하지 말아 부탁... 옷[교복]을 씩고[찢고] 구타하며 冊字 全部를 淸算했드니 다시는 그려지 안코 공부 잘 하겟다기에 中學生이고 어리기에 용서했다. 두고 보제(1969.2.27.)."

첫째부인의 큰아들보다 네 살 어린 둘째 아들은 좀 더 반항적인 생활을 하는 것으로 일기에 기록되고 있다. 성적도 안 좋은 편이고 진학에서도 문제가 나타나면서 계속 혼났으며 또한 점점 안좋은 행동이 늘어났다. 술집에서 접시를 부수며 난동을 부렸고(1976.2.23), 술 마시고 자전가를 타다가 사람을 쳤으며(1976.8.25.), 술을 먹고 어머니와 싸우고(1977.1.22.), 동생을 패기도 하고(1977.8.14.), 과수원에서 사과를 훔치다가 걸렸으며(1977.9.2.), 이를 처리하느라 아버지인 이수호는 걱정이 많다. "夕陽에 집에 온니 成金이 놈이 술을 먹고 제 에미하고 싸웟다고 햿다. 죽일 놈이엿다(1977.1.22.). 夕陽에 ○○ 母을 돌모리宅에서 맛나고 細詳히 말을 들엇다. 듯자 하오니 동내 男女 간에 구경군이 만히 募엿는데 이수호를 찻고 데려오라 따진다 하면서 제의 母에는 이넌 저넌 하면서 소재까지 햿다 하오니 들을 때 분이 충동햿다. 그때부터는 ○○[둘째 아들]을 보기가 실고 정도 없어지고 징그러케 보이면서 外面만 하고 십드라(1977.1.23.)." 그래서 자신도

봉변을 당할까봐 걱정한다. "萬諾에 [둘째 아들과] 갖이 잇다가 또 술 먹고 무슨 행패를 부리면서 봉변을 당할는지 압날이 두려워 絶對로 同居 不能이라고 햇다(1977.1.26.)."

이수호는 셋째 아들도 공부를 잘 하지 못해 중학생일 때 책을 부엌에 넣고 불을 질렀다(1969.2.27.). 남의 뽕잎을 싣고 와서 경찰지서에서 불겨가 조사를 받았고(1971.6.11.), 또한 과수원에 침입하다가 과수원 주인을 때리기도 해서 처리했지만 아들은 이를 아버지에게 말하지도 않았다. "主人에 갓다. 未安하다면서 爲勞[慰勞]하고 5百원식 거더 白米 2斗을 보내주웟다. 그러나 우리 ○○이는 아즉도 말하지 안햇다(1972.8.24.)." 더구나 경찰이 아들을 연행하러 오기도 하고 사람들의 이목도 두려워 많이 괴로워서 객지로 나가거나 심지어 자살을 했으면 좋겠다는 원망까지 한다. "잠실會社에 드러가서 處女들의 內衣을 짝〃 찟고 누예 똥망을 가저다 울 박에다 노왓다고 그래서 主人이 信告[申告]가 있어서 왓는데 本人을 連行케 해주시요 햇다... 金 韓 巡警에게 ○○이는 보는 대로 잡이가아라 햇다. 生覺하면 ○○이 뽕事件 **이 흉영[횡령]事件 @@(現在 立件 中) 暴行事件 다시 ○○ 住民 侵入事件 해서 警察署... 檢察廳 法院 出入이 너[무]나도 자〃햇다. 金品도 이만저만이 안니고 外人의 耳目도 두렵고 마음 괴롭다(1975.9.1.)." "*** 같은 놈하고 어울이여 놀고 술 마시고 데리고 우리 집에 와서 밥 메기고 밤에 놀고 아침에 10時까지 자고 又 놀로 나가고 매일 日課로 삼고 있으니 父母는 무엇을 할지 設計만 그랫지 ○○이는 아비 애를 태우고 있으니 차라리 客地 나가 目前에 보이지 안튼가 그도 안니면 몰에 他地에서 自殺行爲라도 해서 社會에 恥感이나 안 보이였으만 父는 滿足하겟고 平生 所願이겟다. 他人에 말 못하고

又 精神的 苦捅[苦痛]이 深하다(1976.7.13.)." 하지만 군대를 다녀와 서 1980년 결혼을 해서 아버지의 일을 물려받아서 살고 있다.

첫째 부인 가족과 둘째 부인 가족 사이에서도 일상적으로 협동을 하여 가계가 운영되지만 또한 여러 가지 미묘한 갈등이 자주 나타난 다. "집에 온니 ○○ 母가 말하기를 올봄도 ○○[둘째 부인 아들]네 食糧 對주웠으니 올 여름에도 대준야고... 여려 말 하면 又 안니 할 말 하면 더 以上 구진소리가 나간가고 햇든니 서운타고(1976.7.18.)." "夕食을 먹는데 ○○[첫재 부인 아들]는 건너집 ○○[둘째 부인 아들]에 田畓 몃 마지기를 주게 되었오 하고 무럿다. 무웟 대문에 뭇는 야 햇다. 알고 싶다 햇다(1970.3.9.)." "夕食을 맞이고 있으니 ○○ 母 가 말하기를 ○○[둘째 부인 아들] 食事를 여기서 한다고 絶代 못한 다고 해서 熱이 낫다. 이 모도[모두]가 自己 責任도 잇는데 戶主 男便 이야 무슨 行動 取한다 해도 아무런 理由을 못 단게 된 自己의 處事도 生覺치 안고 잇는 點 大端히 섭〃하다. 初婚 時에 彼此 뜻이 업으니 혀여지자 해도 不應햇고 此後에 무슨 짓을 해도 아무런 異議 없게다 고 한 者가 이제 自請 抗議한는 것을 보며 可笑로왓다(1976.3.4.)."

첫째 부인의 아들이 둘째 부인을 홀대하였다고 이수호는 훈계하기 도 한다. "귀이 생각하라 아버지가 사랑한 사람인데 그가지든 안저서 인사하는 법이 어데 잇나 햇다(1977.6.7.)." 그러한 미묘한 분위기 때 문에 둘째 부인의 아들이 행패를 부리기도 한다. "밤에 ○○[둘째부 인 아들]이가 와서 자춰하겟다고 곤로 방세 計 9,000원 要求햇다. 돈 이 없다고 햇든니 ○○ 母[첫째부인]는 너 엄마[둘째 부인] 보고 달 아[달라고] 햇다. ○○[둘째부인 아들]은 不安해서 행패한데 참앗다 (1978.9.5.)." 이러한 미묘한 분위기가 일기 곳곳에 나타나고 있다. 그

렇지만 동시에 둘째 부인의 아들이 첫째 부인을 모시고 도시의 병원으로 가기도 한다

딸들에 대해서는 언급이 매우 적다. 자녀들을 어떻게든지 교육을 잘 시키려 노력하였고, 따라서 농촌에 거주함에도 불구하고 인근의 큰 도시로 학교를 보내지만 자녀들이 좋은 성적을 거두지는 못했고 따라서 좋은 학교에 입학하지도 못했고 좋은 직장을 얻지도 못했다. 이러한 과정은 자식들이 공부를 하지 않고 일탈해서 그런 것으로만 일기에 기록되어 있고, 자신이나 부모의 교육방법이나 분위기를 성찰해서 바꿔보려는 표현은 거의 나타나지 않고 있다. 가부장제인 정체성과 인식을 가지고 일기를 써왔고 일기 내용에서도 아버지가 일방적으로 주도하는 가부장제적인 가족생활과 중혼에 따른 여러 문제점들이 드러나고 있다.

5. 둘째 부인과 자녀

둘째 부인은 상당히 먼 도시에서 연애를 해서 결혼을 했기 때문에 처가와의 관계가 별로 나타나지 않았다. 1969년 초에 처남이 와서 며칠 머물렀는데 일을 하라며 새끼를 꼬라고 했더니 처남이 기분 나빠했다고 기록되어 있다(1969.1.8.). 1주일 뒤에도 일기에 나오는데 이수호에게 잔소리 한다며 말을 함부로 하지 말라고 하자 이수호는 빨리 떠났으면 하여 쌀 한말과 여비 300원을 줘서 보냈다고 썼다(1969.1.14.). 1969년 6월에도 원래의 처가 도시에 가서 처가 관련 친척을 통해 脫麥機를 사러 갔다. 1970년에는 동서 내외가 일본에서 물

건을 둘째 부인에게 보냈고 또한 일본에서 방문하러 이곳까지 왔는데 25년만이라고 했다. 같이 서울로 올라가서 며칠간 구경하겠다고 둘째 부인이 서울로 갔다. 이때 처남을 이곳에 살게 하라고 제안이 있는 것으로 봐서 처남이 직장을 갖지 않고 놀고 있는 상황으로 보인다. 1975년에는 처남이 자식을 둘째 부인에 맡기고 갔다(1976.1.1.). 1976년에도 일본에서 처형이 방문한다고 했는데 오지 않았다. 1990년에는 처남의 임야를 처남을 믿지 못해 다른 사람의 명의로 만들었다고 나온다(1990.4.18.). 이외의 처가 이야기는 별로 나오지 않는다. 따라서 처가와의 왕래는 결혼 초기에 조금 있다고 이후에는 처남과 몇 번 왕래한 것에 불과한 것으로 보인다.

둘째 부인 자녀들에게도 학교 성정에 대해 실망을 한다. 방학을 해서 자녀들 성적을 보니 모두 미만 받았다며 어쩔 수 없는가 보다며 자신의 운수로 체념한다. "小學校 中學校 全部 學期末 放學이라 햇다. 年中 成績表을 보니 정근상장이 3枚 學績 4名이다. 不良햇는데 全員 미만 마잣드라. 生覺하니 全部가 父의 責任인 듯 又는 그도 내의 幸運으로만 理解가 간다(1970.2.24.)."

둘째 부인 큰아들은 일기에서 첫째 부인 큰아들보다 더 빈번하게 언급되고 있다. 둘째 부인 큰아들과는 관계가 일찍부터 좋은 관계가 아니었다. 학교 다닐 때도 성적이 좋지 않아 이를 노심초사하며 타이르기도 하고 고등학교를 졸업하고 나서도 놀기만 하자 자주 혼내는 모습이 나타난다. "○○이가 晝夜로 外出이 深하기에 舍郎에 呼出해서 外出을 하지 말고 집에서 공부나 하라고 타일러씀(1969.1.31.)." 그래서 집밖으로 나가지 못하게 하였지만 며칠씩 외출하여 돌아오지 않는다. "驛前에 **[사촌] 집에 들이니 ○○이 있드라. 엇지 집에 안

온야면서 여러 말은 1切 하지 안했다(1969.4.8.)." 공무원 시험도 보고, 교사시험도 보고, 간부후보생이 되려고도 하고, 교육대학도 들어가려고 노력하지만 모두 실패하고 만다. 이수호는 공부도 안했으니 이제 후회하지 않느냐고 힐난도 해본다(1970.5.5.). 그래서 농사에 종사하라고 했지만 마음대로 놀고 수박서리하고 도박하고 술마시고 며칠씩 가출하여 돌아오지 않으니 걱정만 더 쌓여 간다. "數만혼 子息의라 愛情은 統一次異(差異)은 업는데 20世 期[旣] 너문 子息이 家出을 하고 보니 父母 心思도 괴롭다(1969.4.5.)." 둘째 부인 큰 아들은 집에서도 여러 문제를 일으키고 있었다. "들의니 ○○[큰아들]이가 又 **[동생인 큰 딸]를 뚜드려 하니 도망첫다고(1970.2.24.)."

둘째 부인 큰 아들을 면에서 방위로 근무하게 되었지만 여러 문제의 연속이었다. 폭행사건을 일으켰고, 시험을 쳤으나 떨어졌고, 근무도 자주 빼먹어 중대장이 고발하겠다고 하였다. "** 집에 간니 ○○ 外 2人은 장기만 두고 있드라. 今日 支署 勤務日[인]데도 안 가고 있으면서. 나무랫다. 2, 3時이 되니 路上에서 당구를 치드라. 죽고만 싶으드라. 가슴이 드근〃햇다(1973.3.18.)." 군청과장에 부탁해 취직을 부탁했지만 다른 사람이 내정되었다. 그래서 일본의 이모에게도 이력서를 보냈다. 그래도 취직을 할 수 없었다. 취직을 한다고 돈을 가져가지만 이수호는 둘째 부인 큰 아들이 관광을 다닌다고 의심한다. 75년에 결혼을 했지만 결혼생활도 원만하지 못했다. 부부싸움을 자주 하였고, 아내가 수시로 가출하거나 처가로 갔다. 이수호가 이들 부부에게 일을 시켜도 말을 제대로 듣지 않는 경우가 부지기수다. 결국 일체 돈을 지원할 수 없다며 나가서 살라고 선언한다. "차라리 內外間에 나가서 사라보라. 이제는 食糧 도라 나무 도라 돈 도라 旅費 도라 1切

必要 업으니 네의 살임 네가 이제부터라도 해보라(1975.6.18.).” 그래
서 결국 “○○이는 간다고 하기에 잘 가라 햇든니 金 五萬원 안 주야
겟소 하기에 내 것은 못 주고 네의 條 夏곡 7叺 買上한 돈 가저가라고
42,000원 農協서 出金해다가 **驛에서 주면서 다시는 집에 오지 말고
죽어도 面談하지 말자고 말해서 보냇다(1975.8.1.).” 그렇지만 한 달
이 지나 이들이 귀가하자 “父母는 피땀 흘이며 休息도 먹도 입도 못하
고 東분西走하야 農穀을 먹게 좀 해노니 이제 다시 집을 차자온 그 人
間이 年齡도 30餘 歲인데 他의 耳目에 어긋난 듯도 업시 뻔〃스럽게
도 面目 바로 보며 온다는 것은 恥한 之事로 生覺 안니 할 수 업다. 그
러나 妻된 분이 더 不캐하다(1975.9.10.).” 그래서 이들 내외가 인사
를 와서 거절하였다. “○○內外가 오니 마음이 쩌릇하고 다시 괴로운
마음 이루 말할 수 업다. 엇지 왓나 하고 언제 또 가야 해도 말이 업다.
다시 가는 게 올를 것이다(1975.9.11.).” 결국 ○○ 처는 가방을 싸서
서울로 갔다. “절문 女子을 客地로 홀로 보낸다는 것은 생각이 잘못이
며 아마도 헤여진든 싶다. 그러나 ○○에는 무러보지도 안코 又 말하
기도 시려윗다(1975.9.15.).” 그러나 ○○에게는 경운기에 뽕을 운반
하도록 하였다(1975.9.17.). 아들이라 어떻게 할 수 없지만, 10월10일
○○이 벼를 수확하겠다니 하니 아들이 수확해서 다 서울로 가져간
다고 생각하고 거절했다. 다음날 ○○이 “農藥 먹고 죽겟다고 하면서
現品을 가저 왓는데... 의짓짠한 놈이라고 햇다(1975.10.10.).” ○○은
다시 아내를 만나는 것을 봤고(1976.5.18.), ○○은 집에 남았지만, 아
내를 만난다는 말을 들었다(1976.7.1.). 결국 “○○ 妻는 오날 生兒을
햇는데 斤量이 不足하다고 道立病院에 入院햇다고 電話가 왓다. 2週
間을 兒棺[인큐베이터]에 너 둔다고(1976.10.16.).” 결국 ○○ 妻도

집으로 들어와 살게 되었다. 그러나 결국 "메누리가 衣服을 가지고 애을 억고[업고] 어제 떠낫다고 햇다. 내 집에 드려온 後 수차에 걸처 못살겟다고 하고 말 업이 外出함이 한두 번이 안니엿다고(1977.7.9.)." 결국 "○○ 內外가 짐 싸가지고 서울로 떠낫다고 햇다(1978.4.2.)." 그런데 많은 빚을 남기고 떠났다. "○○ 母의 말에 依하면 今般 ○○이 서울로 떠난 지後 他人의 債務額이 多額으로 첫재 ○○○ 條 3萬 *** 條가 15萬 @@@ 30萬 ^^^ 9萬 xxx 5萬원으로 안다고(1978.4.4.)." 하지만 이들 부부는 수차례 마을로 내려와서 이수호에게 돈을 달라고 했지만 모두 거절당하였다. 결국 이수호는 이들을 자신의 주소에서 퇴거시켰다(1979.3.29.). 그렇지만 이수호가 서울에 갈 때면 이들 부부의 집에서 잤다(1979.4.9.). 하지만 아들이 아직도 도박을 한다는 이야기를 들었다(1980.2.1.).

둘째부인 큰딸도 여러 문제가 있었다. 여고를 다니면서 자주 며칠씩 가출을 하여 돌아오지 않았다. "집에 온니 ○○[큰딸]가 보이엿다. 實은 7日 家出한 ○○엿다. 네 어디 갓다 왓는야 햇다. 답변이 업다(1970.2.9.)." "박에 나가면서 父母가 죽지 말아 해도 죽을 테다면서 밤에 外出을 하고 들어오지 안햇다. 生覺하니 조혼 말로 해도 듯지 안코 때[려]주워도 그때뿐이오 그러하니 딱한 私情[事情]. 만화冊이나 보고 小說이나 보고 敎科書는 1切 보지도 않코 있으니 그러다 심하게 감독하면 피하야 對面을 하지 못하니 그도 또한 難點이다(1970.2.23.)." "들의니 [오빠]이가 又 [큰딸]를 뚜드려 하니 도망첫다고(1970.2.24.)."

큰딸은 1973년 10월부터 면사무소에 취직하였는데 결국 감사를 받았다. "郡 籃査係[監査係]에서 [큰딸]를 調査하기에 집으로 갈 것이라고 햇다. 夕陽에 郡에서 2人이 來訪햇다. [큰딸]에 約 2時間쯤 調書를 밧고 갓다. 아마 不遠 人事 조치를 할 듯햇다." 면장도 집을 찾아오고, 면에도 출근을 하지 않고, 결국 다른 면으로 이동을 했는데 여직원의 비행을 감사계에서 묻자 군도 부정하다고 하여 부군수가 대노하여 사표를 내라고 했다고 한다(1976.3.13.). 이수호는 딸의 구명을 위해 백방으로 노력하여 결국 딸이 다른 면으로 전보되는 것으로 해결되었다(1976.4.16.). 결국 직업경찰과 1977년11월12일 결혼하여 아기를 낳고 잘 살았다.

둘째부인의 둘째 아들도 학업에서 좋은 성적을 내지는 못했고, 퇴비에 불을 지르거나, 폭행을 하거나, 여러 가지 문제를 일으켰다. 셋째 아들도 성적이 부진하여 이수호로부터 자주 혼났다. "朝食을 하려는 中인데 品行을 支的[指摘]해서 뭇고 短點만을 무려도 대답이 없이 없섯다. 學校을 中止하든가 공부를 해보든가 2가지 中 한 가지을 澤[擇]하라 햇다. 그래도 對答 없이 朝食도 안코 변도도 갓지 안코 가방만 들[고] 나가드라(1978.6.27.)." 학교를 무단결석하여 퇴학대상이 되기도 하였고, 가출을 하기도 하였다. "[고등학교를 졸업하여] 이제부터는 내의 學費 支出은 끝이 낫다. 이제 社會人이 되였으니 네의 生計는 네가 設計해서 잘 硏究하라 햇다... 成日이는 어제 어머니 금반지을 가지고 몰애 떠낫다고 햇다(1979.2.8.)." 몇 달 후에 집에 돌아와서 근황을 설명하였다. "京畿道 五山에 있엇다면서 부로크 工場인데 月 15萬원을 받는데 食비로 3萬원 떼고 2萬원은 雜비[雜費]로 주고 10萬원은 每月 積金시켜 준다 햇다(1979.8.15.)."

6. 맺음말

　중혼에 따른 두 가족 사이에 미묘한 갈등이 일기에도 여러 가지로 드러나고 있다. 또한 이수호도 두 부인에 대해 서로 다르게 대우하면서 여러 가지 갈등을 증폭하는 현상도 나타난다. 그럼에도 불구하고 두 부인이나 가족에 노골적인 차별이 있는 것은 아니었기 때문에 서로 협동하고 도와서 가계를 운영하는 모습도 많이 나타난다. 두 부인 가족 사이의 미묘한 갈등으로 고민을 하기도 했지만 그보다 더 고민을 한 것은 자녀들의 나쁜 학업성적이나 여러 가지 사건들이었다. 성적이 좋지 못하면 매번 자녀들을 혼을 내거나 공부를 열심히 하라고 타이르는 경우가 많았다. 큰아들과 큰딸을 제외하면 공부에도 문제가 많았고 대학도 진학하지 못해 직장을 제대로 잡기도 어려웠다. 물론 공부를 잘 하지 못한 것도 가부장적인 아버지의 일방적인 강요, 두 가족 사이의 피해의식, 중혼으로 인한 아버지의 권위 약화와도 관련되어 있다. 또한 자녀들의 학습을 같이 돌봐주고 지도해주는 상황도 아니었고 농촌이고 정미소를 하다 보니 여러 가지 일을 시켜서 공부에 습관을 들이지 못하게 만드는 상황과도 관련되어 있다.

　이수호는 자녀들 문제로 끊임없이 괴로워했다. 일기에는 5명의 아들을 지명하기도 했다. "過据[過去]을 잠잣고[잠자코] 生覺해보면 ○○ ○○ ○○ ○○ ○○ 以上 5子息은 不良한 子息으로 생각코 半財産을 헛된 不良金으로 支出되엿다(1968.3.6.)." 특히 폭력 절도 상해 등의 이유로 경찰이나 검찰에 불려다니면 재판을 받아야 하는 상황을 매우 힘들게 생각하였다. "9月 9日이 生後 最高로 괴로운 日이가도 生覺이 든다. 四男 ○○이는 切盜[竊盜] 혐이로 警察署에 留置되 잇고 **이는 病院에 入院 中이고 ##이는 法院에 傷害罪로 召換[召喚]되여 잇으니 其 어는 父母도 괴로을 것은 事實이오나 有得[唯獨]히 나는 寒心한 生覺 어데다 두겟는가(1975.9.10.)." "남 부그럽고 生覺하면 ○○이 檢察에서 刑務所로 **도 檢察까지 갓고 現在 未決인데 連續해서 ##이는 特手切盜[特殊竊盜]로 몰이여 受감되여 있으니 마음 不安하기 짝이 없다(1975.10.27.)."

이 사례에서는 전반적으로 가부장제와 중혼이 부정적으로 결합되어 자녀들의 자존감과 정체성에 부정적인 영향을 미쳤고, 이러한 상황이 자녀들을 공부에 집중하기 어렵게 만들었고 자존감의 상실과 각종 사고로 이어진 것으로 보인다.

제3장

무봉임씨[霧峰林家] 가문의 여성 일기 : 양수심[楊水心]과 진령[陳岺]

리위란(李毓嵐)

1. 들어가는 말

대만사의 범주 가운데 여성사는 10~20년 전부터 커다란 주목을 받고 확장되고 있는 연구 영역이다.[1] 여교사, 산파, 간호사, 예기, 기녀,

---

1) 游鑑明, 〈日據時期公學校的臺籍女教師〉, 收於國立臺灣大學歷史學系編, 《日據時期臺灣史國際學術研討會論文集》(臺北 : 國立臺灣大學歷史學系, 1993), 頁559-633 ; 游鑑明, 〈日據時期臺灣的産婆〉, 《近代中國婦女史研究》1(1993年6月), 頁49-89 ; 游鑑明, 〈日據時期的臺籍護士〉, 《中央研究院近代史研究所集刊》23上(1994年6月), 頁369-404 ; 邱旭伶, 《臺灣藝妲風華》(臺北 : 玉山社, 1999) ; 朱德蘭, 《臺灣總督府と慰安婦》(東京 : 明石書店, 2005) ; 朱德蘭, 《臺灣慰安婦》(臺北 : 五南, 2009) ; 曾秋美, 〈臺灣媳婦仔的生活世界〉(臺北 : 玉山社, 1998) ; 楊翠, 《日據時期臺灣婦女解放運動 : 以臺灣民報爲分析場域(1920-1932)》(臺北 : 時報文化, 1993) ; 洪郁如, 《近代臺灣女性史─日本の植民統治と「新女性」の誕生》(東京 : 株式會社勁草書房, 2001).

성노예, 동양식, 부녀운동, 신여성에 관한 주제들이 모두 학자들에 의
해 다루어지고 있다. 2000년에서 2009년 사이 대만 각 대학 역사연구
소의 학위논문 중 대만여성사를 주제로 한 논문은 모두 35편으로, 이
는 1991년에서 1998년 사이의 수량과 비교했을 때 3배가량 성장한
수치이다. 또한 그 주제는 부녀 단체, 여성 글쓰기와 논술, 부녀와 정
치, 사회 참여, 여성 교육과 지식 구축, 여성 역할과 이미지 조성, 부녀
자의 생활과 종교 혼인 풍속, 부녀자의 출산과 양육 및 의료, 부녀와
법률 등의 측면을 포함하고 있다.[2] 이 밖에 여성 구술사 출판이 활발
해지면서 인터뷰 대상이 일제 강점기와 해방 후의 시기를 경험한 직
장여성, 간호, 경찰, 학술 영역에서 활동이 두드러진 여성 및 의상디
자이너 등 여러 전문가도 포함하고 있다.[3]

일반 서민 부녀자와 정치적으로 핍박 받은 유족들도 마찬가지로 주
목을 받았다. 「사라지는 대만의 어머니 [消失中的臺灣阿媽]」,[4] 「완의
마음의 이야기: 10명의 여성의 생명 고백 [阮的心內話：十位女性的
生命告白]」,[5] 「어떤 사람의 2.28을 찾아서: 정치인 과부의 이야기 [查

2) 吳雅琪,〈近十年臺灣婦女史研究評述—以臺灣地區歷史研究所學位論文爲中心
(2000-2009)〉,《近代中國婦女史研究》18(2010年12月), 頁295-318.
3) 游鑑明訪問, 吳美慧,張茂霖,黃銘明紀錄,《走過兩個時代的臺灣職業婦女訪問紀錄》
(臺北：中央研究院近代史研究所, 1994) ; 張朋園訪問, 羅久蓉紀錄,《周美玉先生訪
問紀錄》(臺北：中央研究院近代史研究所, 1993) ; 許雪姬,沈懷玉訪問, 曾金蘭紀錄,
《陳湄泉先生訪問紀錄》(臺北：中央研究院近代史研究所, 1996) ; 張朋園,楊翠華,
沈松橋訪問, 潘光哲紀錄,《任以都先生訪問紀錄》(臺北：中央研究院近代史研究所,
1993) ; 許雪姬,吳美慧,連憲生,郭月如訪問, 吳美慧紀錄,《一輩子針線,一甲子教學：
施素筠女士訪問紀錄》(臺北：中央研究院臺灣史研究所, 2014).
4) 江文瑜編, 曾秋美訪問整理,《消失中的臺灣阿媽》(臺北：玉山社, 1995).
5) 楊雅慧採訪紀錄,《阮的心內話：十位女性的生命告白》(臺北：臺北縣立文化中心,
1996).

某人的 二二八 : 政治寡婦的故事]」[6]등 구술사는 계속해서 출판되고 있으며,[7] 대만 여성사 연구를 위한 다양한 주제를 확장시켜 주고 있다. 그러나 여성이 일기의 기록 주체인 대만인 일기는 그 숫자가 미미하다.

일기연구가 최근 대만 역사학계의 주목을 받고 있다. 일기는 개인의 연속적인 생활 기록으로, 역사 연구의 일차적 사료가 된다. 기록자 개인과 그 가족에 대해 연구를 할 수 있을 뿐 아니라, 기록자의 시대와 생활과 사고를 탐구해 볼 수 있다. 일기를 쓴 사람이 지배층과 크게 달라, 집권자들의 관점과는 확연히 다른 생활과 생각을 담고 있다. 이 밖에 일기는 기록 주체가 당시의 사건을 기록한 것이기 때문에 사건 혹은 인물에 대한 기재가 비교적 직접적이며, 역사적 사실에 대해서도 진실을 반영하고 있다. 기록 주체가 주변에서 발생한 사건을 구체적으로 기록하고 있고, 이러한 기록이 날마다 계속 되어 세월의 흐름에 따라 사회의 변천의 궤적을 엿볼 수 있다.

현재 대만인이 쓴 일기는 수십 종이 발굴되었고 부분적으로는 이미 정식으로 출판, 디지털화되었으며, 혹은 현재 출판 중에 있다. 하지만 그 수량이 많다고 할 수는 없다. 또한 대부분 일기의 주체자는 남성으로, 여성일기는 양수심(1882-1957)일기, 진령(1875-1939)일기, 고자미[高慈美](1914-2004) 일기, 두번방격[杜潘芳格](1927-2016) 일기 등으로 그 숫자가 매우 미미하다. 그 중 양수심과 진령은 모두

---

6) 沈秀華著,《查某人的二二八 : 政治寡婦的故事》(臺北 : 玉山社, 1997).

7) 關於臺灣婦女的口述歷史進行概況, 可參閱劉靜貞,〈當口述歷史遇見女性〉, 收於許雪姬主編,《臺灣口述歷史的理論實務與案例》(臺北 : 臺灣口述歷史學會, 2014), 頁 227-238.

무봉 임씨 집안의 사람으로, 무봉 임씨는 일제강점기 대만의 5대 세력가 중의 하나였다. 그 재력과 영향력은 대만에서도 크게 손꼽힐 정도였고, 가족 일원인 임문찰[林文察](1828-1864)은 청나라 1860년대 대만의 의용병을 이끌고 중국 대륙의 태평군을 공격하였으며, 복건성의 육로제독 겸 수사제독에 임명되었다. 임문찰의 아들 임조동[林朝棟](1851-1904)은 청-프랑스 전쟁에서 의용병을 이끌고 프랑스 군과 대만의 기륭 사구령[基隆 獅球嶺]에서 싸웠으며, 유명전[劉銘傳]을 도와 '개산무번[開山撫番]'정책(대만 고산의 부족들에 대한 정책)과 새로운 정책들을 추진했다. 임헌당(1881-1956)은 일제 강점기 대만인 민족운동의 지도자이다. 양수심과 진령의 일기는 현재까지 유일하게 남아있는 선비[士紳]집안 출신이자 신식교육을 받아보지는 않았지만 읽고 쓸 줄 아는 여성이 남긴 일기로 그 중요성은 매우 높다고 할 수 있다.

2. 기록 주체자의 일생

1) 양수심

양수심은 장화[彰化]인으로, 장화 개척자 중 한 명인 양지신[楊志申]의 후손이다.[8] 그의 부친은 양안연[楊晏然], 모친은 곽주[郭珠]이

---

8) 楊志申祖籍福建泉州府, 原居臺灣府城東安坊, 清康熙年間後遷至彰化柴坑仔庄(今彰化市國聖里)定居, 於彰化平原北部的半線保(今彰化市,和美鎭,線西鄉)從事拓墾事業.陳宗仁,《彰化開發史》(彰化 : 彰化縣立文化中心, 1997), 頁78-79.

며, 남동생으로는 양수덕[楊樹德], 양천우[楊天佑]가 있고, 여동생으로 양수[楊秀], 양수유[楊水有], 양수우[楊水芋]가 있다.[9] 양안연 사촌 형제인 양탄연[楊坦然]은 장화의 가장[街長]인 양길신[楊吉臣]의 아버지로, 임조동 부인 양수평[楊水萍]의 아버지 양비연[楊斐然]도 역시 양씨 집안의 연(然)자 돌림이다.[10] 양수심의 출신 집안은 장화 지역의 명문으로, 무봉 임씨 집안과 종종 정략결혼을 했다. 양수심의 여동생 양수는 하조[下厝] 임자빈[林資彬]에게 시집을 갔고, 양길신의 손자 양경산[楊景山]은 임서등[林瑞騰]의 딸 임쌍전[林雙全]을 아내로 맞이했다.[11]

양수심은 가정교사로부터 교육을 받은 적이 있어 한자를 읽고 쓸 수 있었고, 교회 로마체인 백화자[白話字]를 쓸 수도 있었다. 17세 때 임헌당에게 시집가서 1901년에는 장남 반룡[攀龍](1901-1983)을, 1902년에는 차남 유룡[猶龍](1902-1955)을 낳았으며, 1906년에는 장녀 관관[關關](1906-1996)을, 1907년에는 삼남 운룡[雲龍](1907-1959)을 낳았다.

그녀의 남편 임헌당의 집은 무봉 임씨 가문의 본가이다. 그는 일제 강점기 대만의 저명한 정치가이자 사회운동가의 지도자로, '대만 문화협회' 총재와 '대만 민중당'의 고문을 역임한 바 있다. 장기적으로

---

9) 許雪姬, 〈介於傳統與現代之間的女性日記—由陳岑,楊水心 日記談起〉, 《近代中國婦女史研究》16 (2008年12月), 頁231.

10) 過去楊水萍常被認爲是楊吉臣的姊姊, 因爲1903年林朝棟過世時, 楊吉臣曾撰〈祭林朝棟文〉弔念, 文中提及「自臺灣領代後, 臣與姊丈各天其一方.」,〈祭林朝棟文〉, 《臺灣日日新報》, 1903年6月3日, 4版.但楊吉臣之父爲楊坦然, 楊水萍之父爲楊斐然, 兩人應是堂姊弟關係.

11) 李毓嵐, 〈霧峰林家的婚姻圈〉, 《臺灣文獻》62：4(2011年12月), 頁24-26.

대만의회 설립 청원운동을 추진했으며, 지방문화 계몽단체인 '무봉
일신회'를 이끌기도 하였다. 이 밖에도 전통 한문 시인이자 '력사[櫟
社]'(자발적인 시민단체)의 일원이었다. 임헌당은 1927에서 1955년
까지 모두 27권의 일기를 남겼다. 그 중 1928년과 1936년의 기록은
빠져있지만,[12] 잔여분은 2013년 11월 중앙연구원 대만사연구소에서
전권 출판되었다.

2) 진령

진령도 양수심과 마찬가지로 장화 사람이며, 부친인 진봉[陳鳳]은
일찍 세상을 떠났다. 어머니는 수절을 지켜 1923년 대만총독부가 그
녀의 절개와 효를 높이 평가하여 표창을 내리기도 했다. 그녀의 형
제 진걸부[陳傑夫]는 「대만일일신보」에서 진걸부[陳杰夫]로 불리기
도 한다. 청나라 시기 북부로 이주하여 임조동을 대신해 각종 일을 처
리했다.[13] 1904년에는 북경과 동북3성을 유람하며 세월을 보냈다.[14]
1917년 장화 시내에서 장덕의원을 열고, 공부장소로도 사용하여 북
경어를 가르치기도 했다.[15]

진령의 남편 임기당(1874-1922)는 무봉임씨 집안의 본가인 임존
국[林奠國]의 차남 임문전[林文典]의 아들이자 임헌당의 사촌형으

---

12) 許雪姬, 〈《灌園先生日記》的 史料價値〉, 收於林獻堂著, 許雪姬等編, 《灌園先生
日記(一)一九二七年》(臺北 : 中央研究院臺灣史研究所籌備處, 近代史 研究所,
2000), 頁(2)-(5).

13) 〈OO難忘〉, 《臺灣日日新報》, 1901年9月10日, 第4版.

14) 〈東省漫遊〉, 《臺灣日日新報》, 1904年3月12日, 第4版.

15) 〈習北京語〉, 《臺灣日日新報》, 1917年3月12日, 第4版.

로 본가의 5대 어르신(기당, 열당, 헌당, 징당, 계당) 중에서도 높은 서
열에 속한다. 그러나 서자 출신이라는 한계 때문에 숙부 임문흠[林文
欽]이 세상을 떠난 후 5당이 분가하며 재산을 분할할 때 그 중 1/6만
을 취득할 수 있었다.[16] 1905년 12월에는 신장[紳章-총독부가 주는
일종의 명예훈장]을 취득했다.[17] 그는 평소 말수가 적고 일을 자세히
묻지 않았다. 또한 주야로 골동품, 꽃과 새 감상을 즐겼다.[18] 지방 공
익을 위해서라면 재물을 기부하는 것을 아끼지 않았기 때문에 덕망
이 두터웠다.[19] 1922년 신장염으로 세상을 떠났다.[20] 임기당은 본래
유학자인 장사철[莊士哲](1853-1919)의 딸 장새금[莊賽金](1874-
1919)을 처로 맞이했으나 안타깝게도 후사가 없어, 훗날 다시 진령
(1875-1939) 그리고 허열[許悅](1892-1990)을 첩으로 맞이했다.

진령은 임기당과의 사이에서 괴오[魁梧](1900-1954), 진양[津梁]
(1907-1962), 송령[松齡](1910-1987), 학연[鶴年](1914-1994) 네
아들을 낳았다. 그 중 장남 괴오와 차남 양진은 어렸을 때 일본으로
유학을 갔으나 적응하지 못하고 중도에 대만으로 돌아왔다. 삼남 송
령과 사남 학연은 중학교를 마친 후 일본으로 갔고, 학연만이 일본에
서 대학까지 마치고 돌아왔다.[21] 허열은 아들 하나를 낳았지만 12세

---

16) 頂厝分家的結果, 紀堂分得六千租, 烈堂一萬兩千租, 獻堂六千租,澄堂六千租, 階堂
六千租.〈林垂凱先生訪問紀錄〉, 收於許雪姬編著, 許雪姬, 王美雪紀錄, 《霧峰林家相
關人物訪談紀錄頂厝篇》(臺中：臺中縣文化中心, 1998), 頁4-5.

17)《府報》1890(1906年1月9日), 頁3.

18)〈林紀堂氏去世〉,《臺灣日日新報》, 1922年2月15日, 第6版.

19) 鷹取田一郎,《臺灣列紳傳》(臺北：臺灣總督府, 1916), 頁196.

20)〈林紀堂氏去世〉,《臺灣日日新報》, 1922年2月15日, 第6版.

21) 許雪姬,〈介於傳統與現代之間的女性日記－由陳岑,楊水心日記談起〉, 頁229.

에 병으로 요절하였다.[22] 임기당은 아들을 매우 아꼈지만 장남 괴오가 평소 품행이 바르지 못하여 1921년 별세 전 유언을 공증으로 남겼다. 이 때 평소 재물을 낭비하고, 효도를 다하지 못했으며, 능력이 부족한 것을 이유로 하여 장남 괴오의 상속 권한을 없애고, 괴오가 받을 재산을 그 아내 양벽하[楊碧霞](양조하[楊肇嘉]의 여동생)에게 주었다.[23]

1922년 임기당 별세 후 진령은 가계를 직접 이어받아 꾸려나가게 되었는데 괴오와 진양의 태도가 불량하고 평소 낭비가 심해 근심이 떠날 날이 없었다. 그리하여 종종 술로 그 괴로움을 달래곤 했다. 1939년 진령은 65세의 나이로 생을 마감했다.[24]

3. 일기의 형식과 기본 기록내용

1) 양수심 일기

양수심은 1928년, 1930년, 1934년, 1942년에 모두 4권의 일기를 남겼고, 이는 2015년 2월 중앙연구원 대만사연구소에서 출판되었다. 1934년과 1942년의 내용은 비교적 분량이 적어 한 권으로 출판되었기 때문에 모두 3권이다.

---

22) 李毓嵐, 〈林獻堂生活中的女性〉, 《興大歷史學報》24(2012年6月), 頁80-81.
23) 〈頂厝大房林紀堂的遺言公證〉, 收於許雪姬編著, 許雪姬, 王美雪 紀錄, 《霧峰林家相關人物訪談紀錄頂厝篇》, 頁90.
24) 李毓嵐, 〈林獻堂生活中的女性〉, 頁78-80.

양수심 일기는 오사카 적선관, 박문관 등에서 출판된 '당용일기[當 用日記]'에 만년필로 기록되어 있다. 그러나 그녀는 일기를 매일 쓴 것은 아니었다. 1928년은 49일이 결여되어있고 1930년에는 33일, 1934년에는 109일, 1942년에는 총 226일이 결여되어 있다. 사용한 문자는 주로 한문과 로마 백화자이다. 로마 백화자를 사용한 이유는 '대만문화협회'가 1920년대 적극적으로 이 문자를 널리 전파했을 때 양수심이 이 문자를 익힌 뒤 일기에 활용한 것으로 볼 수 있다. 이 밖 에도 가끔 일본어 명사, 형용사를 사용하고 있고 대만식 한문과 일본 식 한문이 등장하고 있는데, 이는 당시의 시대적 특색을 반영하고 있 다고 볼 수 있다.

일기는 매일 아침부터 저녁 취침 전까지의 활동을 시간 순서에 따 라 서술하고 있는 것을 주된 내용으로 하고 있다. 주로 일상생활과 일 처리 등을 기록하고 있고, 일상생활 속에서 일어난 특별한 사건에 대 해서도 기록하고 있으며, 손님의 방문이나 외출한 내용도 기록하고 있다. 따라서 세력가 집안의 주부와 관련된 사무, 즉 제사, 명절, 성묘, 관혼상제, 친지의 왕래, 가족들의 활동을 포함한 일들을 자세히 보여 주고 있다.

4권의 일기 중에서 중요한 것은 1928년의 일기이다. 이 시기 임헌 당은 세계 여행을 시작하였고 훗날 일본에서 요양하여 양수심은 홀로 무봉에 남아있던 시기다. 이 시기의 일기를 통해 당시 임씨 집안의 사 정을 이해 할 수 있고 남편이 부재중일 때 그녀가 어떻게 집안일들을 처리했는지를 알 수 있다. 다른 해의 일기도 임헌당 일기와 서로 보완 비교하며 볼 수 있다.

그러나 양수심은 4권의 일기만을 남겨놓아 서로 연결되지 않는 부분이 있다. 만일 양수심에 대해 더 이해하고자 한다면 임헌당 일기에서 관련된 기록을 찾아 참고해 볼 수 있다. 임헌당은 일기 속에서 수심을 '내자'라고 부르고 있다. 부부가 함께 참여한 활동의 묘사가 상당히 많은 부분을 차지하고 있고 부부 두 사람의 일기를 종합해 보면 더 확실하게 양수심의 면모를 파악할 수 있다.

2) 진령 일기

진령은 일기를 쓰는 습관을 가지고 있었지만, 현재 1924년 일기 한 권만이 남아있고 그 일기마저도 124일이 결여되어 있다. 그녀는 일기 속에서 매일 일기를 쓸 수 없는 원인이 마음이 복잡하고 유유자적한 생활을 누릴 복이 없기 때문이라고 밝히고 있다.[25] 일기가 단 한 권만 남아있는 것은 그녀가 평소 일기를 태워버리는 습관이 있었기 때문이다. 1916년, 1918년, 1922년의 일기는 그녀가 직접 소각하였다.[26]

그녀는 한문 교육을 받은 경험이 있기 때문에 한문으로 일기를 기록하였고 오탈자도 적다. 문체는 문어체에 가까워 한문에 대한 기본 소양이 뛰어났음을 알 수 있다. 일기를 작성한 시기는 일제강점기이었기 때문에 문장 가운데 당시의 일본식 용어들이 많이 등장한다. 예를 들어 신용조합[信用組合] 등의 어휘가 그것이다. 그러나 그녀의 일기는 보통 한 편당 40-50자 이내로, 가장 긴 것도 100자를 넘지 않아 간단하게 그날을 기록했다.

---

25) 〈陳岺日記〉, 1924年8月本月中豫定, 未刊稿.
26) 〈陳岺日記〉, 1924年11月26日,28日, 未刊稿.

일기는 진령의 매일 아침부터 저녁 취침 전까지의 활동을 시간 순으로 묘사하고 있으며, 기상과 취침 시간의 기록이 모두 남아있다. 가끔 낮잠 시간도 기록되어 있다. 그녀는 붓으로 일기를 썼는데, 붓은 휴대와 외출이 불편했다. 그래서 여행을 떠날 경우에는 사후에 보충하여 기록하는 방식으로 일기를 작성한 것으로 추측한다.

진령일기의 1924년 기록은 임기당이 세상을 떠났던 시기이다. 이를 통해 그녀가 어떻게 미망인의 신분으로 가사일을 담당하고 하인을 부리며 자녀들을 양육했는지 엿볼 수 있다. 이밖에도 그녀는 일상생활의 모습을 일기에 기록하고 있다. 당시 진령은 무봉 임씨 본가인 용경제[蓉鏡齋]에서 살고 있지 않았다. 본가와 작은집 이외의 곳을 이포[頤圃]라고 불렀는데, 이포의 동쪽으로 2층 별장이 있었다. 그녀는 일상생활 대부분을 이곳 이포에서 보냈다.

4. 일기가 반영하고 있는 가정역할과 일상생활

1) 양수심

① 가정역할

양수심의 일상에서 주된 일은 임씨를 대신해 집안일을 하는 것이었다. 임헌당은 대만사람의 의견을 대표하는 지도자였기 때문에 종종 집을 비우기도 했고 손님들이 자주 드나들었다. 양수심은 임헌당을 대신해 친지를 대접하고 일을 처리했다. 손님들에게 주로 식사를 대접했는데 양수심이 직접 주방에서 일할 필요는 없었지만 가끔 그

가 잘하던 요리인 룬빙[潤餅]을 만들어 손님을 대접하기도 하였다.[27]
1930년 8월 8일 이시즈카 에이조[石塚英藏] 총독은 신고산[新高山]
(현 위산[玉山])에 오른 뒤 무봉임씨 집에 방문했다. 그 당시 양수심
이 직접 나와 이들을 맞이했다.[28] 이 외에도 임헌당이 해외여행을 떠
나거나 일본에서 요양할 때 장기간 집을 비웠는데 그때마다 집안의
크고 작은 일들을 양수심이 주관하여 처리하였다. 예를 들면 하인들
을 지휘하여 청소를 하거나 임헌당을 대신해 친지를 접대 하던 일, 그
리고 경찰이 대만의회에 관한 질문을 할 때도 그에 대해 대답하는 일
들을 처리하였다.[29] 때문에 그녀의 일기에서 '한가할 틈이 없다'[30]라
는 등의 기록을 찾아볼 수 있다. 필자는 그녀가 임헌당에게 가장 적합
한 현모양처라고 생각한다. 양수심이 다른 걱정거리가 없도록 뒤에서
일을 처리해 주었기 때문에 임헌당이 정치에 전념할 수 있었다.[31]

　양수심과 임헌당의 관계는 화목했다. 그녀는 일기에서 임헌당을
'주인'이라고 지칭했다. 1927년 임헌당은 세계여행을 시작했는데 그
여행기는 「대만민보」에 기재 되어있다. 양수심은 그 여행기의 가장
충실한 독자였다. 임헌당이 영국에서 치통에 시달려 병원에 실려가
진료를 받게 되었는데, 이 소식을 접한 수심은 순간 너무 놀라 눈물을

27) 楊水心著, 許雪姬等編, 《楊水心女士日記(一)一九二八年》(臺北 : 中央研究院
　　臺灣史研究所, 2014), 頁41 ; 楊水心著, 許雪姬等編, 《楊水心女士日記(三)
　　一九三四一九四二年》(臺北 : 中央研究院臺灣史研究所, 2015), 頁35.楊水心做的
　　潤餅, 內餡爲多筍切絲,肉絲,香菇, 小蝦, 再加一點水.
28) 楊水心著, 許雪姬等編, 《楊水心女士日記(二)一九三〇年》(臺北 : 中央研究院臺灣
　　史研究所, 2014), 頁358.
29) 楊水心著, 許雪姬等編, 《楊水心女士日記(一)一九二八年》, 頁14.
30) 楊水心著, 許雪姬等編, 《楊水心女士日記(一)一九二八年》, 頁13,15,16.
31) 許雪姬, 〈介於傳統與現代之間的女性日記─由陳岑,楊水心日記談起〉, 頁231.

참지 못했다. 그러나 신문에 기재된 이 소식이 이미 과거의 일이며, 헌당이 이미 회복했다는 사실을 알고 나서 마음을 놓았다고 한다.[32] 1928년 어느날 임헌당은 동경에서 쓰러졌는데 수심이 이 소식을 신문을 통해 대만에서 접한 뒤 전전긍긍하다가 사람에게 부탁해 전보를 쳐서 상세한 내용을 물어본 일이 있었다.[33] 그 후 그녀는 너무 긴장한 나머지 오른쪽 눈이 계속 떨렸고 온 몸에 닭살이 돋아났다고 한다.[34] 그리고 양수심은 직접 도쿄에 가서 임헌당을 만났는데 그 순간 희비가 교차하여 '부부가 서로 만나 깊은 정을 금치 못한다'라는 글을 일기에 기록하였다. 또한 임헌당이 직접 양수심에게 그려준 초상, 포도주를 마시며 양수심의 건강을 기원한 일 등으로 미루어 보아 임헌당이 부인을 상당히 중시했음을 살펴볼 수 있다. 그밖에도 두 사람은 취미가 서로 맞아 타이중에 가서 영화를 감상하기도 했다.[35]

　비록 양수심과 임헌당은 서로 화목했으나 임헌당이 말년에 임박정[林博正]을 보살피던 하녀 시수옥[施秀玉]을 좋아하게 되어 이 둘 사이에 아들이 하나 생긴 일이 있었다. 그 당시 양수심과 임헌당 두 사람의 사이에 큰 충돌이 일어났다. 1947년 12월 양수심은 이 사실을 알고 임헌당에게 묻자, 이에 임헌당은 그녀에게 사실대로 말할 수밖에 없었다. 양수심은 본래 시수옥을 다른 사람에게 시집보낼 계획을 하고 있었으나 임헌당에게 이를 빨리 처리하도록 요구하여 임징당[林澄堂]의 첩과 시수옥의 협조를 통해 임헌당은 약송정 사정목 육

---

32) 楊水心著, 許雪姬等編,《楊水心女士日記(一)一九二八年》, 頁72.
33) 楊水心著, 許雪姬等編,《楊水心女士日記(一)一九二八年》, 頁103-104.
34) 楊水心著, 許雪姬等編,《楊水心女士日記(一)一九二八年》, 頁132.
35) 李毓嵐,〈林獻堂生活中的女性〉, 頁66-67.

번지[若松町 四丁目 六番地]의 가옥을 구입해 시수옥에게 주고 모자가 그곳에 거처하도록 하였다. 1948년 9월 15일 쌍방은 합의에 도달하여 시수옥의 모자가 영원히 떠나고 모든 관계를 끊는다는 조건으로 시수옥은 각서를 작성하였다.[36] 이처럼 양수심은 남편의 외도에 대해 상당히 지혜롭고 명쾌하게 일을 처리하고 있으며, 일반 부녀자들과는 상당히 다른 면모를 보여주고 있다.

그 다음으로 양수심과 자녀 그리고 며느리와의 관계를 살펴보자. 그녀는 자녀의 혼인에 대해서도 매우 관심이 높았다. 그녀의 장남 임반룡은 임쌍길을 부인으로 맞이하고 싶어 하였다. 임쌍길은 방계친척 임계상[林季商]의 딸로, 반룡과 쌍길 두 사람은 친척 관계였다. 동성 혼인은 당시 금기시되었기 때문에 양수심은 그들의 혼인을 찬성하지 않았다. 그녀는 이후 정성을 다하여 신불과 조상에게 기도를 하며 임반룡이 생각을 바꾸어 돌이키기를 기대했다. 그 후 임반룡은 임쌍길과 혼인하지 않겠다고 선언했고, 이 풍파는 그렇게 끝이 나게 되었다.[37] 딸 임관관이 결혼하기 전, 사위 고천성[高天成]에게 폐와 신장에 질병이 있다는 소식을 양수심이 듣게 되었다. 이에 혼인하기 전에 고천성은 반드시 건강진단서를 제출해야만 딸과의 혼인을 허락하겠다고 나섰다. 고천성은 이에 굴복할 수밖에 없었다.[38] 또한 그 후에도 양수심은 임관관에게 4만량의 은을 지참금으로 주어야 한다고 주장

36) 李毓嵐,〈林獻堂生活中的女性〉, 頁67-68.
37) 楊水心著, 許雪姬等編,《楊水心女士日記(三)一九三四一九四二年》, 頁108 : 林獻堂著,許雪姬等編,《灌園先生日記(七)一九三四年》(臺北 : 中央研究院臺灣史研究所籌備處,近代史研究所, 2004), 頁92,94,95.
38) 林獻堂著, 許雪姬,鍾淑敏等編,《灌園先生日記(二)一九二九年》(臺北 : 中央研究院臺灣史研究所籌備處,近代史研究所, 2001), 頁16,54,63.

했다. 그러나 임헌당은 그 액수가 과도하다며 반대 하였다.[39] 결국 임
관관의 지참금은 3만냥으로 결정되었다.[40] 이는 양수심이 딸을 얼마
나 소중히 여겼는지를 보여주는 한 사건이다. 양수심과 며느리의 관계
도 원만했다. 둘째 며느리 후지이아이코[藤井愛子]는 비록 일본인이
었으나 대만에 온 후로 대만어를 배웠고 대만의 의복을 입으며 양수심
과도 잘 어울렸다.[41] 또한 매일 양수심에게 아침인사(オハヨウ)를 했
다.[42]

② 여가 생활

양수심은 좌담을 좋아해 일기 속에서 그와 가족 친지, 특히 여성 친
지들과 좌담에 관한 기록을 많이 찾아볼 수 있다.[43] 이런 활동은 그녀
의 생활 속에서 적지 않은 시간을 차지했고, 이는 우의를 다지고 정보
를 교류하는 등 다양한 목적에서 이루어졌다.

임헌당이 양수심의 활동에 대해 간섭하지 않았기 때문에 그녀는 가
족 친지와 함께 자유롭게 타이중에 가서 쇼핑, 식사, 영화감상, 친지
방문을 하였으며 종종 장화의 친정에 가기도 했다.[44] 그녀는 영화감
상 중에서도 특히 서양의 영화를 좋아했다. 종종 자막의 속도를 따라
가지 못해 매번 영화를 볼 때마다 그녀와 함께 영화를 보러 간 사람이

---

39) 楊水心著, 許雪姬等編, 《楊水心女士日記(一)一九二八年》, 頁148.

40) 林獻堂著, 許雪姬, 鍾淑敏等編, 《灌園先生日記(二)一九二九年》, 頁349.

41) 〈林博正先生訪問紀錄〉, 收於許雪姬編著, 許雪姬, 王美雪紀錄, 《霧峰林家相關人物
    訪談紀錄頂厝篇》(臺中 : 臺中縣立文化中心, 1998), 頁105.

42) 楊水心著, 許雪姬等編, 《楊水心女士日記(一)一九二八年》, 頁134.

43) 楊水心著, 許雪姬等編, 《楊水心女士日記(一)一九二八年》, 頁45, 47, 55.

44) 李毓嵐, 〈林獻堂生活中的女性〉, 頁64.

옆에서 극의 내용을 설명해 주었고 이 때문에 주위 관객의 영화감상을 방해하여 이들의 빈축을 사기도 했다.[45] 수심이 가장 좋아한 영화는 '강산미인'으로 남자 주인공은 에롤 플린(Errol Flynn)이었다. 젊고 수련한 외모에 검을 잘 다루어 그녀는 자신을 여주인공으로 상상하며 남주인공과 사랑을 나누는 낭만적인 장면을 상상하기도 했다.[46]

양수심은 여행도 좋아했다. 1943년 1월, 그녀는 셋째 아들 임운룡과 함께 손자 임박정을 데리고 대만을 일주하는 여행을 떠났다.[47] 또한 4차례나 임헌당 없이, 딸 또는 친구들과 함께 일본과 중국 여행을 떠나기도 했다. 1928년은 도쿄, 1932년은 홍콩과 하문[廈門], 1934년은 교토, 도쿄, 그리고 오사카 여행을 다녀왔는데,[48] 이는 전통 부녀자에게서 드물게 볼 수 있는 자유로운 활동이었다. 그중 1928년 그녀가 도쿄에서 68일간 거주했는데 딸 관관과 함께 백화점 쇼핑, 영화감상, 서양음식을 맛보는 등의 여가 생활을 누리기도 했다.

③ 부녀 단체 참여

---

45) 林博正, 〈楊水心女士日記序〉, 楊水心著, 許雪姬等編, 《楊水心女士日記(一)一九二八年》, 頁vi.

46) 林博正主講, 林蘭芳紀錄, 〈說我霧峰林家〉, 《臺灣文獻》57：1(2006年3月), 頁79.

47) 林獻堂著, 許雪姬等編, 《灌園先生日記(十五)一九四三年》(臺北：中央研究院臺灣史研究所, 近代史研究所, 2008), 頁4,11.

48) 楊水心著, 許雪姬等編, 《楊水心女士日記(一)一九二八年》, 頁131-173；楊水心著, 許雪姬等編, 《楊水心女士日記(三)一九三四一九四二年》, 頁328-471；林獻堂著, 許雪姬, 周婉窈等編, 《灌園先生日記(五)一九三二年》(臺北：中央研究院臺灣史研究所籌備處, 近代史研究所, 2003), 頁83,90,100,103,104；林獻堂著, 許雪姬等編, 《灌園先生日記(七)一九三四年》, 頁330,332,356,383；林獻堂著, 許雪姬等編, 《灌園先生日記(九)一九三七年》(臺北：中央研究院臺灣史研究所, 近代史研究所, 2004), 頁66,131.

양수심은 부녀단체 참여에 적극적으로 관심을 가지고 1930년 8월 '타이중부녀친목회'에 가입하였다. 이 모임은 본래 그녀에게 상무이사를 맡기기를 원하였지만, 그녀는 감히 그 직책을 받아들이지 못하고 일반 회원으로 가입하고자 하였다. 훗날 임헌당이 직접 조율하여 보통이사를 맡게 되었다.[49] 10월 7일 대회가 성립할 때 그녀는 임시의장 역할을 맡아 인사말을 준비하게 되었다. 경험이 부족하여 사전에 남편과 아들의 도움을 받아 부단히 연습하여 결국 발회식, 보고, 좌장선거, 회칙심의, 이사선거, 간담회 등의 순서를 원만하게 마칠 수 있었다.[50]

그 다음으로 1932년 '무봉일신회'에 참가하여 고문을 맡았다. 이 단체에서는 매주 정기적으로 '일요강좌'를 개최하였다. 그녀는 11차례 강단에 올라 연설을 했는데 연설의 내용은 대부분 자신의 여행 경험과 관련된 것들이었다.[51] 그 후 '무봉일신회'의 순회 연설회에도 참여하여 오조[吳厝]과 갱구[坑口] 등지에서도 연설하였다. 1932년 11월 21일 그녀는 회의에서 열린 '부녀친목회'에서 개회사를 맡기도 했다. 다음해 10월 27일에 거행된 '부녀간친회'에서는 어떻게 미신을 타파

---

49) 楊水心著, 許雪姬等編, 《楊水心女士日記(二)一九三○年》, 頁414.

50) 楊水心著, 許雪姬等編, 《楊水心女士日記(二)一九三○年》, 頁452.

51) 其講題如下：昭和 7年5月14日, 「香港旅行談」；昭和 7年12月10日, 「婦人與文化」；昭和 8年3月19日, 「男女合作」；昭和 8年10月8日, 「婦人之責任」；昭和 9年2月11日, 「機會」；昭和 9年6月10日, 「南部旅行談」；昭和9 年12月16日, 「中國旅行談」；昭和 10年1月20日, 「最近的感想」；昭和 10年5月19日, 「感情與理智」；昭和 10年8月25日, 「中西所處的地位」；昭和 11年1月12日, 「事當愼始」；霧峰一新會編, 〈一新會日曜講座演題目錄〉(霧峰：霧峰一新會, 1936), 頁 4,9,12,18,22,25,31,32,35,38,42.

할 것인지에 관한 연설을 하였다.[52]

그녀는 '애국부인회'의 일원이기도 하였다. 이에 전시에는 무봉의 각 호에서 황금을 팔라는 명을 받들고 난 후 굉장히 분주한 나날을 보내기도 했다.[53] 1942년 1월 이 단체에서 개최한 회의에서 연설을 하였는데, 그 주제는 '전쟁태세와 부인의 자각'이라는 제목이었다.[54] 이와 성격이 비슷한 '국방부인회'가 타이중에서 개회할 때도 수심은 그 자리에 출석했다.[55] 1942년 '애국부인회', '국방부인회' 등 부녀단체가 합병하여 '대일본부인회'가 탄생했는데, 타이중에 지부가 성립되며 양수심은 고문으로 추천되었다.[56] 이밖에 양수심은 타이중 주지사 모리타[森田郡介]의 부인 정강[靜江]과 무봉국민학교 교장 오오와키[大脇正臣]의 부인 등 일본 관료 부인들과 평소에도 의례적인 왕래를 하곤 했다.[57]

④ 임헌당과 보낸 말년시절

1949년 9월, 임헌당은 어지럼증 치료를 위해 일본으로 갔다. 그리고 1956년 타국에서 객사하기까지 대만에 돌아오지 않았다. 부부는

52) 李毓嵐,〈林獻堂生活中的女性〉, 頁65-66.
53) 林獻堂著,許雪姬等編,《灌園先生日記(十)一九三八年》(臺北 : 中央研究院臺灣史研究所,近代史研究所, 2004), 頁220.
54) 林獻堂著,許雪姬等編,《灌園先生日記(十四)一九四二年》(臺北 : 中央研究院臺灣史研究所,近代史研究所, 2007), 頁17.
55) 林獻堂著,許雪姬等編,《灌園先生日記(十二)一九四○年》(臺北 : 中央研究院臺灣史研究所,近代史研究所, 2006), 頁324.
56) 林獻堂著,許雪姬等編,《灌園先生日記(十四)一九四二年》, 頁237.
57) 楊水心著, 許雪姬等編,《楊水心女士日記(三)一九三四一九四二年》, 頁520,525,546.

이 시기에 떨어져 있었다. 1955년 6월 18일 양수심과 딸 양관관은 일
본으로 건너가 임헌당을 문병했다. 부부 두 사람이 만났을 때 양수심
은 눈물을 멈출 수 없었다.[58] 이 후 양수심은 몇 개월을 임헌당과 함
께 머물렀다. 부부는 마지막 시간을 함께 보냈다. 양수심은 임헌당과
신주쿠극장 등에서 영화를 보고 백화점에 가서 쇼핑을 했다.[59] 이세
탄, 미쓰코시, 토요고, 다이마루 등 모두 그녀가 방문한 곳으로[60] 그녀
는 이곳에서 평범하고 작은 행복을 누렸다. 예상치 못하게 7월 17일
차남 임유룡의 유고를 접한 양수심과 임헌당은 매우 슬퍼했다.[61] 하
지만 19일 양수심은 여전히 임관관과 다카시마야, 마쓰사카야, 이세
탄 등 백화점에서 쇼핑을 했고 요코하마 해변에서 더위를 식혔다. 그
녀가 이후 일본에 오지 않을 것이라 말했기 때문에 그녀는 반드시 이
시간을 잘 보내야 했다.[62] 이를 통해 양수심은 매우 대범하고 강한 여
성이라는 것을 알 수 있다. 비록 아들의 유고에 슬퍼하기는 했지만 아
들이 세상을 떠났다는 사실은 변할 수 없었다. 이에 그녀는 시간을 붙
잡고 후회를 남길 수 없었다. 특히 그녀가 백화점에서 구입한 것들은
자신이 필요로 하는 물건들이었다. 일반 가정주부와는 달리 남편과
아이들을 물건을 주로 구입하는 일은 하지 않았다. 비록 가족을 사랑
하긴 했지만 가족 때문에 자아를 잃을 수는 없었다. 그리고 21일 수심

---

58) 林獻堂著, 許雪姬等編, 《灌園先生日記(廿七)一九五五年》(臺北 : 中央研究院臺灣
    史研究所, 近代史研究所, 2013), 頁303.
59) 林獻堂著, 許雪姬等編, 《灌園先生日記(廿七)一九五五年》, 頁308,310,317,336.
60) 林獻堂著, 許雪姬等編, 《灌園先生日記(廿七)一九五五年》, 頁310,317,337.
61) 林獻堂著, 許雪姬等編, 《灌園先生日記(廿七)一九五五年》, 頁344.
62) 林獻堂著, 許雪姬等編, 《灌園先生日記(廿七)一九五五年》, 頁347,349.

은 대만으로 돌아갔다.[63]

1956년, 일본으로부터 임헌당이 위급하다는 소식을 접하고 양수심은 곧바로 9월 2일 일본으로 떠났으며, 8일 임헌당은 병으로 세상을 떠났다.[64] 화장 후 21일 양수심과 가족은 유골을 가지고 대만으로 돌아왔다. 그리고 개남[開南]의 상공대례당[商工大禮堂]에서 장례를 거행하였다.[65] 그 다음 해 양수심도 병으로 세상을 떠났다.

2) 진령

① 가계 주관

진령의 생활의 중심은 가계를 주관하는 것이었다. 그녀는 매일 남녀 하인들을 지휘해야 했다. 그리고 금전 관리 역시 반드시 필요한 일이었다. 일기 기록에 따르면 집안의 지출은 대출을 받아 유지가 되었는데 그녀는 종종 신용기관에서 대출을 받았고,[66] 심지어 반드시 돈을 빌려야만 소득세를 납부할 수 있는 일도 있었다.[67] 어떻게 돈을 갚아야 할지 그녀는 매일 밤 전전긍긍했다.[68] 금전을 관리하기 위해 진령의 일기에는 장부식의 글이 많은 부분을 차지하고 있다.[69] 당일 어떠한 지출이 있었는지, 예를 들어 아들의 학비, 신발 구입, 과자 구입

---

63) 林獻堂著, 許雪姬等編, 《灌園先生日記(廿七)一九五五年》, 頁351.

64) 〈臺耆宿林獻堂 病逝東瀛〉, 《聯合報》, 1956年9月10日, 3版.

65) 〈宿望永昭 林獻堂靈骨 昨空運返臺 友好擧行隆重祭禮 陳副總統曾往致祭〉, 《聯合報》, 1956年9月22日, 3版.

66) 〈陳岺日記〉, 1924年1月19日, 28日, 2月25日, 未刊稿.

67) 〈陳岺日記〉, 1924年3月31日, 未刊稿.

68) 〈陳岺日記〉, 1924年3月24日, 10月1日, 未刊稿.

69) 〈陳岺日記〉, 1924年11月4日, 未刊稿.

등의 일상 지출과 차대금, 신용조합으로부터 빌린 돈 등등이 기록되어 있다.[70] 심지어 '가난한 부인이 금 1원을 구걸한다'라고까지 기록되어 있다.[71]

② 아들 교육

장남 임괴오는 종종 진령에게 돈을 요구했다. 그녀에게 임헌당을 찾아가 매월 200원의 생활비를 임괴오에게 지불하도록 요구하게 만들었다.[72] 그러나 임괴오는 여러 차례 부인과 츠치야[土屋達太郞] 변호사 등을 통해 진령에게 돈을 요구했다.[73] 심지어 부인을 심하게 때리기도 하였다.[74] 그 후 진령은 괴오에게 2만원을 주고 이후 재산으로 갈등을 일으키지 않기를 바랐다. 1929년 4월 임괴오는 부인 몫의 재산을 얻기 위해 부인이 동거의 의무를 이행하지 않았다는 구실로 하여 이혼을 요구하였고, 양씨가 낳은 딸을 친딸로 인정하지 않았다.[75] 1931년 7월 임괴오는 법원에 그 모친이 자신의 재산을 탈취했다고 소송했는데, 진령은 이로 인해 검찰관의 심문을 받아야 했고, 자신이 구속될 것을 염려하게 되었다. 그 후 검찰관은 진령을 설득해 재산을 나누어 임괴오에게 주고 생활을 구제해 줄 것을 권했으나 그녀는 단호히 거절했다. 그녀는 임괴오가 재산을 낭비하는 것을 원치 않았기 때

---

70) 〈陳岑日記〉, 1924年8月30日, 未刊稿.

71) 〈陳岑日記〉, 1924年10月21日, 未刊稿.

72) 〈陳岑日記〉, 1924年1月7日, 28日, 未刊稿.

73) 〈陳岑日記〉, 1924年1月6日, 9月29日, 未刊稿.

74) 〈陳岑日記〉, 1924年3月11日, 12日, 未刊稿.

75) 林獻堂著, 許雪姬, 鍾淑敏等編, 《灌園先生日記(二)一九二九年》, 頁121, 122.

문이었다.[76]

임괴오가 진령에게 큰 마음의 상처를 주었기 때문에 진령은 일기를 쓸 때 임괴오의 이름을 직접 쓰지 않고, '역자[逆子]', '금수[禽獸]', '얼자[孽子]'등으로 그 이름을 대신하고 있다.[77] 아래의 기록은 진령이 임괴오에 대해 일찍이 포기했음을 드러내주고 있다. 1924년 2월 괴오는 일본인에게 고소를 당한다. 이 소식을 들은 진령은 일기에 다음과 같이 기록하고 있다. "내가 아주 기쁜 소식을 들었다. 하늘의 이치가 밝게 비추어 나를 대신해 기를 펴는구나."[78] 어느 날 임괴오 친구 홍천이 진령에게 임괴오와 말다툼을 했다고 알리는데, 그녀의 반응은 다음과 같았다. "그 아들은 감히 부모에게 불효하는 자식이다. 하물며 너에게는 어떠하겠느냐. 서로 간에 절교하면 될 것이다!"[79] 어느 날 임괴오가 집에 돌아와 진령을 불렀다. 진령은 셋째가 부른 것으로 오해하여 대답했는데 알고 보니 자신을 부른 것이 임괴오였다는 것을 깨닫고 이렇게 기록하고 있다. "진작에 그인 것을 알았다면 절대 대답하지 않았을 것을, 한스럽구나!"[80] 임헌당은 이전에 진령과 상의하여 임괴오가 자신의 잘못을 깨닫게 되면, 그를 아들로 인정할 것이냐고 묻자 진령은 "이 한은 종신토록 잊지 못할 것이오, 그가 불효자인 것을 모두가 아는데 절대 용서할 수 없습니다!"라고 대답했다.[81]

76) 林獻堂著, 許雪姬等註解,《灌園先生日記(四)一九三一年》, 頁233,234,243,291, 294.
77) 〈陳岺日記〉, 1924年2月23日, 未刊稿.
78) 〈陳岺日記〉, 1924年2月23日, 未刊稿.
79) 〈陳岺日記〉, 1924年3月28日, 未刊稿.
80) 〈陳岺日記〉, 1924年11月15日, 未刊稿.
81) 〈陳岺日記〉, 1924年11月16日, 未刊稿.

차남 임진양 역시 부잣집 도령의 습성이 몸에 배어 있었고, 일본 유학 시절 1924년 10월부터 임유룡의 일본 거주지로 옮기게 되었다.[82] 그러나 학교를 일주일간 빼먹기도 하고 흡연을 하였고,[83] 밤에는 항상 나가서 놀기를 좋아했다.[84] 숙제는 대부분 하지 않았고,[85] 매월 과도한 용돈을 요구했다.[86] 임진양이 어렸을 때부터 일본에서 유학했기 때문에 일본어는 유창했으나 대만어는 익숙하지 않았다. 이에 진령과의 대화에서 심각한 언어적 장벽이 있었다. 대만에 돌아왔을 때 진령이 그를 호되게 꾸짖을 때마다 반드시 임곤산, 임헌당, 외조카 여반석 등의 통역이 필요했고, 그래야만 아들을 훈육할 수 있어 너무 힘들었다.[87]

1929년에 이르러 진령은 임진양이 불효하고, 여자를 좋아하고, 음주를 좋아하고, 낭비가 심하며, 돈만 달라고 함을 인정하고, 상속할 재산을 미리 주어 임진양이 스스로 관리하도록 했다. 이때 두 모자 사이에 재산상의 확실한 선이 그어졌다.[88] 임양진은 자신의 몫을 받은 후 1932년 타이중 시내의 초음정[初音町 - 현재 타이중시의 대성가와 복음가 그리고 중정로의 사이]으로 가서 서양식 건물을 짓고 부인 여완여(三角存 呂씨 가문)와 함께 그 집으로 이사 갔다.[89] 그러나 2년 후 가산을 모두 탕진했고, 부동산마저 빚으로 저당 잡혀 경매당하고

---

82) 〈陳岺日記〉, 1924年10月18日, 未刊稿.
83) 〈陳岺日記〉, 1924年10月29日, 未刊稿.
84) 〈陳岺日記〉, 1924年11月13日, 未刊稿.
85) 〈陳岺日記〉, 1924年12月16日, 未刊稿.
86) 〈陳岺日記〉, 1924年12月21日, 未刊稿.
87) 〈陳岺日記〉, 1924年8月8日, 9月3日, 未刊稿.
88) 林獻堂著, 許雪姬, 鍾淑敏等編, 《灌園先生日記(二)一九二九年》, 頁316.
89) 林獻堂著, 許雪姬, 周婉窈等編, 《灌園先生日記(五)一九三二年》, 頁114, 120.

말았다.[90] 1935년 임양진은 무봉으로 돌아와 어머니와 동생에 의지해 생활할 수밖에 없었다.[91]

장남과 차남을 거울삼아 1933년 진령은 유언을 공증하여 남긴다. 자신의 명의로 된 토지는 재단법인을 설립해 자손을 구휼하고, 재산과 빚은 임송령과 임학연이 계승하는 것으로 하였으며, 임괴오와 임진양은 재산을 상속받지 못하도록 조치했다.

③ 일상생활

가사업무의 분주함 때문에 진령은 사교활동을 할 수 없었다. 평일에는 남편의 집 혹은 어머니의 집에서 친척과 왕래하였다. 임헌당은 당시 무봉 임씨 집안의 가장 큰 어른이었는데 진령에게는 항상 '미망인의 신[未亡人の神様]' 이라는 칭호가 따라다녔다. 그녀는 아들의 교육에 관하여 항시 임헌당에게 도움을 청했다.[92] 임헌당과 함께 제사나 가문의 일들을 논의하였고 금전의 사용문제도 논의하였다.[93] 진령은 가족들이 모이는 것에는 흥미가 없었다. 임헌당은 양수심과 결혼 25주년인 은혼식을 맞이하여 여러 차례 사람을 파견하여 그녀에게 연회에 참석하도록 권했으나 그녀는 참석하지 않았고 대신 예물과 금전을 보내 축하했다.[94]

음식과 관련하여 진령은 자기나 가족을 요리를 하기도 했지만,[95] 보통 살림을 직접 하지는 않았으며, 보통 하인들이 그녀를 도와 밥을 하거나 또는 회식이 있을 때면 요리사를 부르기도 했다.[96]

종교활동으로 진령은 매일 아침 일어나 세수하고 난 후 아침식사 때마다 배두선경[拜斗宣經] 의식(북두에 기원을 하며 경을 읊는 의식)을 행했다. 또한 천지신명의 제일에 맞추어 제사를 지내고, 음력 1월 9일 천신에게도 제사를 지냈다. 원소절[元宵節]에는 공지[公地]에 가서 3관대제[三官大帝](도교의 천관(天官), 지관(地官), 수관(水官)으로 사람의 선악을 다스림)와 조상에게 제사를 지냈고, 마조[媽祖](남중국해 연안에서 숭배되는 항해를 관장하는 여신)의 탄신일이나 7월 1일 귀신문의 열릴 때도 제사를 지냈다. 이때 희생제물을 준비하여 하인들을 시켜 대돌요[大突寮]의 보제음광[普濟陰光](도교사원)에 가져가게 하고 집안의 뜰에서도 제사를 지냈다. 칠석이 되면 저녁에 쌍성[雙星]에게 제사지냈다. 이러한 활동을 통해 그녀가 제사에 매우 열심이었음을 알 수 있다. 임괴오로 인해 속상할 때 배두선경 의식 후, 점괘를 뽑았다. 1924년 10월 28일에는 '내가 배두선경을 마친 후 두 개의 점괘를 뽑았는데 모두 중평으로 신계/기임[辛癸 / 己壬]이 나왔다. 그 불효자식이 언제 득보[잘못한 만큼 벌을 받는다는 의미로 사용하였음]하게 될지 물었다'라고 기록했다. 때로는 돈을 사용하기도 했는데, 1원을 사원에서 천공로[天公爐]를 만드는데 기부하기도 하고, 6원을 지불하여 염불을 하도록 하기도 했다.[97]

---

95) 〈陳岺日記〉, 1924年3月5日, 11月15日, 12月21日, 未刊稿.
96) 〈陳岺日記〉, 1924年8月17日, 未刊稿.
97) 〈陳岺日記〉, 1924年2月12日, 未刊稿.

진령이 비록 전통 민간신앙을 숭배했지만, 기독교에 대해서도 배척하지 않았다. 임기당 생전에 어떤 사람이 집에 와서 기독교에 대해 이야기했다.[98] 그녀의 삼남 임송령이 타이난에서 장로교회 중학을 다니고 있었을 때 임송령은 집에 왔을 때 그녀에게 성경을 들려주었고 이에 진령은 느낀 바가 있었다.[99]

여가 활동에 있어서는 신문읽기와 소설읽기, 마장, 외출 등으로 시간을 보냈다. 그녀는 일기에 '아침식사 후 신문을 읽었다', '일이 없어 신문을 읽었다', '무료하여 신문을 읽었다' 등을 항시 기록했다.[100] 대만신문을 읽는 것 외에도 그녀는 임계당에게 상해신문을 빌려 보기도 했다.[101] 그녀도 역시 소설읽기를 좋아했는데 '청나라 비사'를 읽으며 한가로이 시간을 보내기도 하고,[102] 심지어 한번은 소설을 읽고자 하는 마음이 너무 다급하여 계속 읽다가 두통에 시달리고 눈이 침침해져 잠시 쉬어야 하는 일이 벌어지고 했었다.[103] 그녀는 마작을 하는 것도 좋아했는데, 일기에서 마작을 '수담[手談]'으로 표현하기도 하였고, 조카 등과 밤늦은 시간까지 '수담'을 나누기도 했다.[104]

1924년 9월, 그녀는 계속 유학을 이어가기 위해 배를 타고 일본으로 떠나는 차남 임진양을 기륭에서 배웅한 일이 있었다. 그때 진령은 배웅도 할 겸 그녀의 두 아들을 데리고 타이페이를 여행한 적이 있다.

---

98) 〈林紀堂日記〉, 1915年 3月 31日, 未刊稿.
99) 〈陳岺日記〉, 1924年 3月 26日, 未刊稿.
100) 〈陳岺日記〉, 1924年 2月 8日, 3月 11日, 5月 25日, 未刊稿.
101) 〈陳岺日記〉, 1924年 8月 20日, 未刊稿.
102) 〈陳岺日記〉, 1924年 8月 11日, 未刊稿.
103) 〈陳岺日記〉, 1924年 12月 4日, 未刊稿.
104) 〈陳岺日記〉, 1924年 1月 2日, 未刊稿.

17일 먼저 맹갑팔궤시[艋舺八卦市](타이베이의 한 지역)를 유람하였다. 18일 아침 그녀는 아들과 함께 3인용 인력거를 타고 용산사(艋舺 지역의 사원)에 갔다. 그리고 나서 총독화원(식물원)에 가서 각종 화초들을 둘러보았다. 그녀는 이러한 화초들을 실제로 처음 보았다. 뒤이어 박물관에 가서 대만에서 제일인 서양식 3층 건물에 들어가서 진열된 유물들을 관람하였다. 여관으로 돌아온 후 강산루[江山樓] 요리 4가지를 배불리 먹은 후, 차[汽動車]를 타고 원산각 명승지로 갔다. 그 후 다시 베이터우(北投)에서 온천을 즐겼다. 이는 그녀의 평범한 생활 가운데 매우 얻기 힘든 여행 경험이었다.

5. 결론

현재 이미 출판되었거나 출토된 대만인 일기 중 여성일기의 수량은 극히 드물다. 때문에 양수심과 진령일기는 광범위한 주목을 받고 있다. 이 두 사람은 모두 무봉 임씨 집안의 사람으로, 신식교육을 받아본 적 없으나 읽고 쓸 수 있었던 극히 보기 드문 사례로서 대표성을 지니고 있다. 두 사람의 일기는 모두 중문으로 기록되어 있다(양수심 일기는 일부분 로마 백화자로 기록되어 있다.). 아쉽게도 많은 부분이 빠져있고 매일 매일 쓴 것도 아니다. 양수심 일기는 2015년 2월 중앙연구원 대만사연구소에서 출판되었고, 진령 일기도 올해 상반기에 출판될 예정이다.

양수심과 진령은 모두 선비 집안 출신으로 두 사람의 성격, 처지, 가족에서의 지위가 모두 달라 일기 속에서의 생활모습에서도 큰 차이를 보이고 있다. 양수심은 임헌당의 정실부인으로 무봉임씨 집안의 여주인으로 살았고 또한 당시 대만 중부지역의 여성 지도자였다. 그의 혼인 생활은 대체로 원만했고 자녀들도 훌륭히 자랐다. 때문에 시종 유쾌한 감정을 유지할 수 있었고 다채로운 여가 활동을 누릴 수도 있었다. 또한 부녀 단체에도 참여하여 전체적으로 밝고 명랑한 자유로운 기질을 드러내고 있다. 진령은 임기당의 첩으로 측실의 신분을 벗어나지 못하여 정실부인이 되지 못했다. 예법을 중시하는 대가족에서 첩과 정실의 지위는 큰 차이가 있었다. 임기당의 생전, 진령과의 사이는 화목한 편은 아니었다.[105] 임기당이 남긴 두 권의 일기를 통해 보면 진령과 관련된 기록은 두 편 뿐이다. 또한 진령이 임기당이 무례하다고 원망하고 있기도 하다. 임기당이 세상을 떠난 후 그녀는 집안일을 관리해야 했다. 그러나 집안의 경제 사정은 풍족한 편이 아니어서 진령은 매일 돈을 빌려야 했고, 설상가상으로 장남과 차남의 품행이 바르지 못해 그녀는 더욱 근심걱정이 많았다. 그러한 상황에서 진령은 거의 사교생활을 하지 않았고 일상에서도 가족과만 왕래했다.

일제 강점기 시기 선비 가정의 부녀는 사회에서 매우 중요한 위치를 차지했다. 그러나 과거 주부의 기록이 부족해서 신여성, 직업여성과 마찬가지로 주목받지 못했다. 오늘날 양수심, 진령 일기의 출현으로 우리들은 대가족에서 주부의 생활과 역할에 대해 더 많은 내용을 이해할 수 있게 되었다. 그러한 의미에서 이 두 일기의 중요성은 매우 높다고 할 수 있다.

---

105) 〈林紀堂日記〉, 1915年 1月 7日, 4月 1日, 未刊稿.

제

2

부

농촌여성

제4장

근대화 과정 속 일본 농촌 여성의 표상과 주체성: 농촌 생활개선보급사업(生活改善普及事業)에서 나타난 여성 글쓰기 분석 *

이와시마 후미(岩島史)

1. 서론

촌락 혹은 농촌 여성에 대한 관심이 높아진 것은 서구 촌락 연구의 경우 1980년대부터이며(Sireni, 2015), 일본의 경우 1990년대부터이다(秋津元輝, 2007). 촌락 혹은 농촌 여성에 대한 초기 연구들은 여성이 농촌 노동에 어떤 보이지 않는 공헌을 해왔는가와 더불어(Sachs, 1996), 농촌의 가족 및 촌락사회에서 그들이 처하는 억압적 상황에 대해 밝히고 있다 (Brandth, 2002). 1980년대 말에는 성차에 기인한 불평등한 관계를 강조하기 위해 "젠더"라는 개념이 서구의 농촌 연구

* 전북대학교에서 열린 2017년 1월의 토론회에서 도움을 받은 이송순 교수와 이순미 교수에게 깊은 감사의 뜻을 표하고자 한다. 본고는 JSPS Kakenhi Grant Number 14J11245에 의해 지원되었다.

에 도입된다. 이는 또한 젠더에 기인하는 정체성이나 제도 혹은 가치가 불평등한 젠더 정체성을 어떻게 재생산하고 있는가의 문제로 관심이 옮겨간 것을 보여준다(Bock, 2006). 촌락 여성의 지위는 사회적으로 구성되고 맥락 속에서 조정된 것으로 재개념화되었다. 이러한 개념틀에서, 여성은 단순한 피해자가 아닌 불평등한 젠더 관계의 (재)생산에 기여하는 행위자로서 간주되기 시작했다(Bock, 2006). 하지만 대부분의 기존 연구는 촌락의 미디어나 정책 그리고 개발계획 속에서 촌락 여성들이 어떻게 다루어지는지를 분석하고 있다 (Shortall, 2002). 이러한 연구들은 미디어가 촌락 여성을 농촌과 가족의 필요성을 위해 봉사하는 존재로 표상하는 경향이 있다는 점을 시사하고 있다 (Sireni, 2015). 촌락 여성을 능동적이고 지식을 가진 존재, 그들의 삶을 만들고 여성성과 정체성을 구성하는 존재로 간주하는 연구는 소수에 불과하다(Oldrup, 1999; Bennette, 2005; Kietavainen, 2015; Sireni, 2015). 후자의 연구들의 경우, 여전히 특정한 사회문화적 문맥 속에서 지배적인 담론을 분석하고 있음에도 불구하고, 촌락 여성이 "농촌 여성"이라는 동질적 집단을 만들지 않는다는 점을 시사하고 있다(Sireni, 2015).

농촌 여성이 자신들의 삶을 만들고 정체성을 구성하는 능동적 행위자라는 이러한 이해를 바탕으로, 본 연구는 농촌 여성들이 농촌정책 속에 나타나는 자신들의 표상에 어떻게 반응하고 또 어떻게 스스로의 젠더 정체성과 불평등한 젠더 관계를 (재)구성하는 과정에 참여하는지를 살펴본다.

최근 일본에서는 농촌 여성이 쇠퇴하는 농업과 농촌 지역을 구하는 능동적 행위자로서 (지역 공동체의 재활성화 및/또는 지역 여성사업가) 사회적 혹은 학술적인 주목을 받고 있다. 전후 일본의 농촌 혹은 농촌 여성에 대한 지배적 담론은 과거 봉건적 농촌 가족 속에서 억압 받던 여성들이 생활개선보급사업(生活改善普及事業) 및 농협 부인회 등 농촌의 민주화 정책에 의해 성공적으로 역량을 키웠다고(empowerment) 말한다(藤井和佐, 2011; 靏理惠子, 2007). 본 연구는 촌락 여성이 역량을 키웠다는 이러한 "성공담"을 해체하고자 한다. 이를 통해 촌락 여성이 이러한 표상을 만드는데 어떻게 참여했는지, 그리고 그러한 성공담에서 미화된 것과 다른 주체적 위치가 있었는지를 모색하기 위한 것이다.

기존연구들은 농촌 여성의 젠더 정체성의 구성이 전통적 농촌에서의 노동 분배와 강한 연관성을 갖고 있다고 지적한 바 있다(Oldrup, 1999; Henderson & Hoggart, 2003; Sireni, 2008). 따라서 본 연구 또한 여성이 책임을 지는 일의 종류, 그리고 여성들이 어떻게 자신들이 종사하는 일의 영역을 어떻게 지배적인 담론과 비교하며 묘사하는지에 초점을 맞췄다.

2. 자료의 정돈

1) 촌락 부인회 및 수기들

촌락 여성의 역량강화(empowerment) 성공담을 비판적으로 논하기 위해, 본 연구는 1950년대 및 1960년대의 농촌 생활개선보급사업에 참가한 농촌 여성들이 쓴 수필을 분석한다. 이 수필을 쓴 사람들은 지역 부인회의 멤버들이었다. 생활개선보급사업은 농촌 생활을 개선하기 위한 목적 아래 지역 부인회들이 부엌 개조, 음식 조리, 공동부엌 운영 그리고 가계부 작성 등 여러 활동에 참여하도록 장려했다. 부인회는 누구나 자유롭게 가입할 수 있는 조직이었으며 대부분 회비를 걷지 않았다. 1950년에 900개의 부인회가 있었는데 부인회가 가장 활동적이었던 1970년에는 16,000개로 증가했다(生活改善普及事業, 1965: 1972).

생활개선보급사업의 이념을 전파하는 데 이바지한 부인회는 오늘날 여성의 기업가적 활동의 기반이 되었다고 평가되며(岩崎由美子·宮城道子, 2001; 霸理惠子, 2007), 지역 여성의 "해결사"로서의 정치적 이미지를 만들었다. 부인회의 멤버들은 생활개선보급사업의 최신 지식을 접할 수 있었다. 이는 부인회의 멤버들이 지역 사회에서 지역 혹은 농촌 여성이라는 새로운 주체성의 자리를 차지할 수 있었음을 의미한다.

여기서 연구 대상이 된 수필들은 여성들이 자신들의 경험을 나누도록 생활개선보급사업이 매년 개최한 대회를 위해 쓰여졌다. 본 연구가 대상으로 하는 것은 1953년의 첫 대회부터 20년 동안 작성된 총 325개의 글이다. 이 글의 저자들은 지역 부인회가 활발하게 활동한 현들에서 각각 선발되었다. 또한 이 글들은 생활개선보급사업에 종사하는 사람들의 지도 아래 쓰인 것이다. 따라서 이 글들은 생활개선보급사업이 역량강화를 이룬 지역 여성과 그들의 개선된 농촌 생활을 어떻게 그려냈는지 보여주는 사례로 볼 수 있다.

2) 촌락 생활개선보급사업

농촌 생활개선보급사업은 2차세계대전 후에 시행된 농촌 민주화 사업 중 하나였다. 농촌 사회를 민주화하고 일본 여성을 해방한다는 목표 아래 시행된 미군 점령정책 중의 하나였던 농촌 생활개선보급 사업은 특별히 농촌 여성을 대상으로 하고 있었으며 "개선된 농촌 생활"과 "개선된 여성의 사회적 지위"라는 목적을 홍보했다. 농촌 생활개선보급사업은 농업 보급사업의 일부분이었다. 농업 보급사업은 성인 남성을 대상으로 하는 농업 보급사업, 성인 여성을 대상으로 하는 생활개선보급사업, 그리고 농가 청년을 대상으로 한 청년회 활동이라는 세 부분으로 이루어져 있었다. 1948년에 시작된 생활개선보급사업은 농림성(Ministry of Agriculture)이 처음으로 농업 생산이 아니라 여성과 농촌 생활을 대상으로 시행한 정책이었다. 이 정책을 만들었던 부서의 관료는 중상류층 가정 출신으로 미국에서 교육을 받고 처음으로 농림성의 고위관료가 된 사람이었다(市田(岩田)知子, 1995).

본 연구는 공식적으로 농촌 여성의 역량강화 사업이 시작된 1950년대와 1960년대를 집중적으로 살펴본다. 이는 일본에서 고도성장 및 농업의 근대화가 시작한 시기이기도 하다. 1950년대 및 1960년대 보급사업의 지배적인 담론은 미국 젠더 분업의 강한 영향을 받은 농촌 여성이 "개선된 생활"의 주인이 되도록 역량을 강화해야 한다는 것이었다. 이러한 이념을 실천하기 위해 농림성은 교육을 받은 젊은 여성을 보급원으로 훈련시켰다. 그들은 대부분 농촌 가정에서 태어난 여성이었다(市田(岩田)知子, 1995a). 보급원의 채용시험을 보기 위해서는 고등학교 학력 및 가정학을 배우거나 가르친 경험을 가지고 있어야 했다. 이는 지주계급 등 비교적 높은 계급 출신의 여성만이 시험을 볼 수 있었음을 의미한다(市田(岩田)知子, 1995a). 이는 그 자체로 농촌 여성의 새로운 생활을 표상하였으며 그럼으로써, 보급사업은 전후 일본 농촌 여성의 해방과 농촌의 민주화를 상징하는 사업의 하나가 되었다.

3. 1950년대 및 1960년대 일본의 농촌 여성

전후 일본의 70년의 역사에서, 농업에 대한 여성의 공헌도가 가장 높았던 시기는 1960년대였다. 농업의 근대화 이전에 농촌 여성은 남자와 동등하게 일을 했으며, 가내 노동은 부가적인 일이었다(熊谷苑子, 1998). 그러나 가족 재산을 남성에게 물려주는 전통적인 가족 제도 속에서, 여성, 특히 젊은 며느리의 경우는 노동력으로만 인식되었다. 그들은 어떻게 일할 것인지, 어떻게 아이를 돌볼 것인지, 혹은 무엇을 살 것인지 등의 결정 과정에 전혀 참여할 수 없었다.

1960년대 일본 경제가 성장함에 따라, 농업 생산은 하락했다. 다수의 남성 농민들이 농업이 아닌 일에서 수입을 얻기 시작하면서, 농촌 여성은 가족 내에서 중심적 농업 노동자가 되었으며, 그들 중 일부는 농업 생산에 관한 결정 과정에 관여하게 되었다. 이와 동시에 1950년대 후반에는 가정에 있는 여성의 수가 많아지면서, 주부로서의 여성이라는 이데올로기가 도시 가정에 퍼졌다. 이러한 현상을 일본에서는 "전후 가족체제"라고 부른다(落合惠美子, 1994).

1961년, 생활개선보급사업을 포함한 모든 농업정책에 관한 농업 기본법이 시행된다. 이 획기적인 법의 목적은 농업과 공업 사이의 벌어지는 수입 격차, 산업화에 의한 급속도의 경제성장 그리고 농업의 집약화의 문제를 바로잡는 것이었다. 농촌 여성들이 하고 있는 소규모 농업은 산업화된 농장으로 대체될 것으로 기대되었다. 1961년 이후에는 도시와 농촌 지역 사이에 존재하는 생활수준의 격차를 좁히기 위해 생활개선보급사업이 전개되었다. 보급사업이 마을 규모에서 강조한 것은 아이 돌봄과 가족의 건강에 대한 여성의 역할이었다(주부 이데올로기)(岩島史, 2012, 2016). 1960년대 후반에는 농촌 여성들이 농사 이외의 직업을 갖기 시작했으며, 농업 기계화가 이루어지면서 남성들이 "주말 농부"가 되는 경우 또한 많아졌다(熊谷苑子, 1995).

4. 일본 농락 여성의 자기 표상과 주체성

분석 대상이 된 수필에서 생활개선보급사업에 참여한 촌락 여성이 어떻게 표상되는지 살펴보기 위해, 본 연구에서는 그 글 속에 담긴 글의 저자와 주요 주제, 그리고 활동들을 조사하였다. 또한 본 연구는 농촌 여성들이 자신들의 경험, 특히 분업에 대해서 어떻게 묘사하고 있는지를 살펴봤다. 그 결과 다음과 같은 농촌 여성의 세 가지 주체적 위치가 확인되었다: (1) 현대 농촌 아내, (2) 농촌의 어머니, (3) 중심적 농업 종사자

1) 수필의 저자와 테마

수필의 저자 325명 중 두 명을 제외한 모두가 여성이었다. 저자들은 모두 기혼이며 아이가 있었다. 대다수는 가족 단위로 농사를 지었으며 경작 면적은 일본의 농가의 평균 면적(1-2헥타아르)보다 작았다. 다른 가족 구성원들이 농업 이외의 일에 종사하는 경우는 있었지만 대다수의 여성들은 그렇지 않았다.

수필에 가장 많이 나타나는 이야기는 아이들을 키우는 여성들이 어떻게 하면 살림살이와 생활방식을 개선시킬 수 있을 것인가 라는 문제였다. 또한 그들은 자신들이 생활 속에서 어떤 문제들을 마주치고 어떻게 그 문제들을 극복하려고 했는지에 대해서도 말하고 있다. 이들 수필들에서 언급되는 주된 문제나 활동은 1950년대와 1960년대 사이에 차이를 보인다. 1950년대에 작성된 수필 중 33퍼센트는 음식 섭취의 개선에 대해 이야기하고 있는데, 이는 당시 생활개선보급사업이 장려했던 활동과 일치한다. 1960년대에는 새로운 테마가 등장하였으며 그것이 더 큰 의미를 가지게 되었다. 그것은 "주부의 역할"이나 "주부에 의한 농사", 혹은 "교육과 육아", "성공" 등의 테마 이다. 이는 1960년대 생활개선보급사업이 자유 주제로 글을 모은 것이 아니라 매년 특정한 테마를 정해서 수필을 응모 받았다는 사실을 반영하고 있다.

2) "농촌 여성" 표상하기

아래의 〈표 1〉은 매년 여성의 일(근대적 농부의 아내, 농촌 어머니,

혹은 중심적 농업 종사자)을 묘사한 수필의 숫자와 비율을 나타낸 것
이다. 1950년대 초부터 1960년대 중반까지 지배적이었던 "가사노동
은 나의 일"이라는 담론은 근대적 농부의 아내라는 위치를 잘 보여준
다. "농사의 긍정적 가치"와 "돌봄 노동의 책임"을 둘러싼 담론이 중
요하게 부상한 것은 1960년대 초이며 이는 농촌 어머니, 그리고 중심
적 농업종사자라는 농촌 여성의 위치와 연결되어 있었다. 1960년대
에는 비록 근대적 농부의 아내라는 표상이 지속되고 있었음에도 불구
하고, 농촌의 어머니와 같은 다른 위치들이 수필 속에서 지배적이었
고 때로는 다른 위치들과 겹쳐지기도 했다.

① 근대적 농부의 아내

수필의 저자들은 자신들의 농촌생활을 묘사하는 데 있어서, 남성들
과 같은 정도의 농업노동을 수행하는 동시에 집안일이 가중되는 것을
아무런 문제의식 없이 받아들이고 있다. 요리, 세탁, 물을 긷고 옮기
는 일 뿐만 아니라 야채를 재배하고 파는 것 같은 일부의 농업노동까
지도 집안일로 분류되었으며, 이는 오직 여성들이 수행하는 부가적인
과업이었다. 부인회 활동 경험을 통해 그들은 여성들이 경험하는 혹
독한 피로감을 문제 삼기 시작했다. 이 수필들에서 저자들은 자주 과
거 농촌의 가정을 어둡고, 더럽고, 전근대적이며, 낡고, 봉건적이라고
언급하고 있으며, 과중한 노동과 자신들의 남편과 시부모에게 종속된
생활로 특징 지우고 있다. 그들은 이러한 상황에서 탈출하여 "남편이
시키는 대로 조용하게 하루 종일 일에 매달려야 했던" "이전의 농촌
아내들"보다 세련되고 역량을 갖추고 싶은 욕망을 묘사하고 있다(미
와 야에코, 1962: 31). 한편 그들이 획득한, 혹은 획득하기 위해 노력

하는 새로운 농촌 생활은 과학적 사고, 이성, 계획적인 생활, 여가생활 등 몇 가지 공통의 요소를 갖고 있다. 저자들은 특히 부엌이 자신들의 장소, 그들의 미래를 위한 중요한 지지대라고 말한다. 예를 들어 한 여성은 이렇게 쓰고 있다.

> 부엌은 우리가 일을 하는 장소이며 우리의 삶과 경제에 대단히 중요한 곳이다. 건강하고 행복한 가정을 꾸리기 위해, 우리는 어떻게 우리가 갖고 있는 재료를 이용해 영양이 풍부한 음식을 만들 것인가를 언제나 생각한다.(미야케 히로코, 1954: 31)

여기서 나는 이런 종류의 담론을 1950년대 생활개선보급사업의 기대에 부응하는(이와시마, 2012) "근대적 농부의 아내"라고 부르고자 한다. 그들은 "전근대적 과거"와 "근대적 미래", 가사일과 농사일, 그리고 종속적인 여성과 역량이 강화된 여성의 이분법을 강조했다. 농촌/촌락 여성들에게 있어 이러한 담론은 그들이 "목소리"를 가질 수 있도록 해주었다. 다른 여성들과 비교했을 때 그들은 자녀들의 교육이나 양육에 대해서는 거의 언급하지 않고 있다.

〈표 1〉 농촌 여성 수필의 연도별 주제 변화(실수, %)

발행 연도 (Year)	수필 편수	농업		가사일		돌봄 의무		비-농업
		농업 (-)	농업 (+)	가사일	공동 가사일	가족 건강 돌봄	양육 및 교육	도시에서의 노동
1(1953)	4	0(0)	0(0)	1(25)	0(0)	0(0)	0(0)	0(0)
2(1954)	8	0(0)	0(0)	1(12.5)	0(0)	2 (25)	0(0)	0(0)

3(1955)	8	0(0)	0(0)	1(12.5)	2 (25)	3(37.5)	0(0)	0(0)
4(1956)	12	1 (8.3)	0(0)	1(8.3)	0(0)	0(0)	0(0)	0(0)
5(1957)	18	13(5.6)	2(11.1)	1(5.6)	2(11.1)	6(33.3)	3(16.7)	1(5.6)
6(1958)	15	1(6.7)	0(0)	4(26.7)	1(6.7)	3(20)	0(0)	0(0)
7(1959)	17	2(11.8)	1(5.9)	4(23.5)	1(5.9)	2(11.8)	1(5.9)	0(0)
8(1960)	18	2(11.1)	0(0)	7(38.9)	3(16.7)	3(16.7)	2(11.1)	0(0)
9(1961)	20	1(5)	0(0)	6(30)	1(5)	3(15)	0(0)	0(0)
10(1962)	27	6(22.2)	5(18.5)	8(29.6)	2(7.4)	12(44.4)	1(3.7)	1(3.7)
11(1963)	16	1(6.3)	2(12.5)	7(43.8)	5(31.3)	7(43.8)	5(31.3)	0(0)
12(1964)	21	3(14.3)	3(14.3)	1(4.8)	8(38.1)	5(23.8)	8(38.1)	0(0)
13(1965)	17	1(5.9)	2(11.8)	4(23.5)	4(23.5)	5(29.4)	4(23.5)	1(5.9)
14(1966)	19	2(10.5)	0(0)	6(31.6)	1(5.3)	3(15.8)	9(47.4)	0(0)
15(1967)	18	0(0)	3(16.7)	1(5.6)	3(16.7)	7(38.9)	5(27.8)	1(5.6)
16(1968)	16	1(6.3)	1(6.3)	2(12.5)	3(18.8)	4(25)	3(18.8)	0(0)
17(1969)	12	0(0)	2(16.7)	1(8.3)	2(16.7)	4(33.3)	1(8.3)	1(8.3)
18(1970)	20	1(5)	5(25)	5(25)	9(45)	2(10)	2(10)	0(0)
19(1971)	23	1(4.3)	4(17.4)	3(13)	7(30.4)	7(30.4)	12(52.2)	1(4.3)
20(1972)	16	0(0)	3(18.8)	2(12.5)	3(18.8)	5(31.3)	2(12.5)	5(31.3)
합계	325	24	31	66	57	83	58	11

② 농촌 어머니

1960년대에 쓰인 많은 수필들은 가족의 건강을 담당하고 자녀를 양육하는 데 있어서의 여성들의 책임을 강조하였다. "어머니상"이라고 할 수 있는 이러한 담론은 몇 가지 형태를 가진다. 한편으로 어떤 여성들은 농업에 집중하기보다 아이를 돌보고 영양가 높은 음식을 만드는 일을 높이 평가하는데, 이는 생활개선보급사업의 지배적 담론과 들어맞는다. 다른 한편 상당수의 저자들은 어머니로서의 역할, 혹은 주부로서의 역할의 보람과 같은 수준으로 밭일을 평가하고 있다. 예를 들어 한 여성은 다음과 같이 쓰고 있다.

> 엄마로서, 나는 돈으로 살 수 없는 무언가를 할 수 있다는 사실이 행복하다. 나는 농장에서 일하는 것이 자랑스럽다. 내가 집에 있는 동시에 나의 농장에 있을 수 있기 때문에, 또 아이들이 원하면 언제나 나한테 올 수 있기 때문에 이는 이상적인 일이다.(하라다 세츠코, 1962: 144)

이 그룹의 여성들은 농촌 여성에게 농사일은 이상적인 직업이라고 보고 있다. 이는 노동의 엄격한 젠더적 분업과 충돌하며 또한 생활개선보급사업과 농림성의 지배적 담론과도 불일치한다.

농촌 어머니의 이 같은 두 가지 대립하는 위치는 대부분의 수필 저자들이 농업 이외의 직업을 갖지 않았다는 사실을 반영하는 것으로 여겨지고 있지만, 실제로는 상당수의 농촌 여성이 이 시기에 농업 외부의 직업을 갖기 시작했다. 이는 농업 이외의 직업이 수입을 올려주기 때문이었다. 수필을 쓴 여성들은 그들의 농촌 생활을 도시 생활, 혹은 다른 직업들과 비교하면서, 농업을 긍정적인 직업으로 묘사함으로서 그들 자신의 선택, 혹은 자기 가정의 선택을 합리화하고 있다. 생활개선보급사업의 보급원들이 소개한 주부라는 지위가 도시적인 생활양식에 기대어 있었기 때문에, 농촌 여성은 이상적인 주부와 자신들의 생활양식을 결합시킴으로서 그들 스스로의 논리를 만들었다.

③ 농업 종사자

1960년대에는 에세이를 쓴 많은 농촌 여성들은 남편들이 농업 이

외의 직업을 가지게 됨에 따라 농촌 가정에서 주요 농업 종사자가 되었다. 그리고 그들 중 몇몇은 농업에 대한 그들의 책임을 자랑스러워했다. 이런 담론은 여성을 "가정 경영을 책임지는" 개인으로서 역량을 강화시키고자 했던 1960년대 보급사업의 기대와 상충된다. 이러한 담론은 또한 근대화 및 농업의 집약화를 기획했던 농업기본법과도 상충된다. 수필에서는 그들의 농장을 아들에게 물려주어야 하는 책임이 종종 강조되고 있다. 예를 들어 한 여성은 이렇게 쓰고 있다"

> 나는 가정의 건강을 책임지고, 교육비를 모으고, 여성의 교육을 발전시키고, 우리 삶을 즐기기 위해 열심히 일하고 충분한 수입을 얻어야 한다. …(중략)… 또 우리는 10년 후 내 일을 물려받을 며느리를 들여야 한다.(카나이 후유, 1962: 128)

이 경우, 이 여성은 "전통적 농촌 가족 이데올로기"에 종속되어 있는 것으로 보인다.

5. 결론

본고에서 분석한 수필들이, 생활개선보급사업의 표현에 따르면 "가장 역량이 강화된 여성들"에 의해 작성된 것임에도 불구하고 이들 농촌 여성들이 지닌 위치는 매우 다양한 것으로 나타난다. 분석된 수필에서 나타나는 1950년대, 1960년대의 지배적인 주체의 위치는 "근대적 농부의 아내"로부터 "농부의 어머니"라는 위치로 이동한다. 이

두 가지 주체의 위치에서 수필의 저자들은 생활개선보급사업이 만들어내는 지배적인 담론과 지배적인 (도시적) 여성성의 담론을 일부 받아들인다. 그와 동시에 그들은 지배적 담론을 그들의 실제적 생활양식을 이용해 편집하거나 극복함으로써 자신들 스스로의 (긍정적인) 농촌 표상 혹은 농촌 여성의 표상을 구성한다. 이 여성들은 제한된 공간 안에서 다양한 행위자가 되고, 또한 다양한 젠더 정체성을 수행한다.

일본 혹은 동아시아 사회에서 가정 내 주부의 이데올로기나 젠더적 규범에 따른 분업이 지배적이라는 점을 고려했을 때, 세 가지 주체의 위치 모두 가족주의를 지탱하기 위해 연결되어 있다고 생각할 수 있다. 생활개선보급사업이 미국의 젠더 규범의 강한 영향 아래 있었던 것과 대조적으로, 이 수필들에서 분석된 세 가지 주체 위치는 동아시아적 젠더 규범 혹은 동아시아의 어머니상의 몇몇 측면을 반영하고 있다. 촌락/도시 여성성, 그리고 일본/동아시아/서구의 어머니상이 어떤 유사성 및 차이를 갖고 있는지 규명하는 것은 중요한 과제이다.

수필을 쓴 모든 저자들이 아이를 가진 기혼여성이라는 점은 이성애적 농촌 가족만이 표상되었다는 점을 드러낸다. 이는 일본의 농촌 정책이 오직 "상속자들"이 있는 가정만을 겨냥하고 있으며 미혼자들, 자녀가 없는 가정, 농사일을 하지 못하지만 다른 능력이 있는 사람들, 그리고 다른 민족적 배경을 가진 사람들을 배제하고 있음을 보여주는 듯하다. 생활개선보급사업에 참여하지 않은 사람들의 경우를 분석함으로서 현재의 연구를 확장하는 것이 이후의 과제가 될 것이다.

참/고/문/헌

- Bennett, Katy. 2005. *The Identification of Farmers' Wives: Research Challenges in the Northern Fells, Cumbria, Critical Studies in Rural Gender Issues.* Ashgate Publishing Limited.

- Brandth, Berit. 2002. "Gender dentity in European amily arming: a iterature eview." *Sociologia Ruralis*, 42(3).

- Henderson, Steven and Keith Hoggart. 2003. "Ruralities and Gender Divisions of Labour in Eastern England." *Sociologia Ruralis*, 43(4): 34978.

- Kietavainen, Asta. 2014. "Narrated Agency and Identity of Settlement Farmers in the Changing Circumstances of Modern Society." *Sociologia Ruralis*, 54(1): 5770.

- Oldrup, Helene. 1999. "Women Working off the Farm: Reconstructing Gender Identity in Danish Agriculture." *Sociologia Ruralis*, 39(3): 34358.

- Sachs, Carolyne E. 1996 *Gendered Fields: Rural Women, Agriculture and Environment.* Westview Press.

- Sireni, Maarit. 2008. "Agrarian Femininity in a State of Flux: Multile Roles of Finnish Farm Women" in Morell and Bock ed. *Gender Regimes, Citizen Participation and Rural Restructuring.* JAI Press.

- Sireni, Maarit. 2015. "Reinventing Rural Femininities in the Post-Productivist Finnish Countryside." *European Countryside*, 7(1):

4256.

〈일본문헌〉

• 秋津元輝. 2007.『農村ジェンダー：女性と地域への新しいまなざし』

• 藤井和佐. 2011.『農村女性の社会学ー地域づくりの男女共同参画ー』. 昭和堂

• 市田（岩田）知子. "生活改善普及事業の理念と展開."『農業総合研究』, 49(2).

• 市田（岩田）知子. "生活改善普及事業に見るジェンダー観ー成立期から現在までー." 日本村落社会研究学会編『年報村落社会研究 第31集　家族農業経営における女性の自立』

• 岩崎由美子・宮城道子. 2001.『成功する農村女性起業：仕事・地域・自分づくり』. 家の光協会

• 岩島史. 2012. "1950ー60年代における農村女性政策の展開ー生活改良普及員のジェンダー規範に着目してー."『ジェンダー史学』, 第8号

• 岩島史. 2016. "農村女性政策によるジェンダー構築の重層性ー高度経済成長期の京都府久美浜町を事例にー."『農業史研究』, 50.

• 熊谷苑子. 1995. "家族農業経営における女性労働の役割評価とその意義."『家族農業経営における女性の自立』. 農山漁村文化協会.

• 熊谷苑子. 1998.『現代日本農村家族の生活時間ー経済成長

と家族農業経営の危機』. 学文社.

- 落合恵美子. 2001. 『21世紀家族へ 家族の戦後体制の見かた・超えかた』. ゆうひかく選書.

- 農林省振興局普及部生活改善課. 1965. 『生活改善実行グループのあゆみ』13.

_____. 1972. 『生活改善実行グループのあゆみ』20.

- 靎理恵子. 2007. 『農家女性の社会学―農の元気は女から―』. コモンズ

제5장

한국 남성 일기에 나타난 1970-80년대 농촌 여성의 생활 세계 : 『창평일기』, 『아포일기』, 『금계일기』를 사례로

진명숙

1. 시작하며

지난 2년 여 기간 동안 한국 남성이 쓴 세 일기, 『창평일기』(최○우, 1923~1994), 『아포일기』(권순덕, 1944~현재), 『금계일기』(곽상영, 1921~2000)를 읽을 기회가 생겼다.[1] '젠더'에 관심이 많았던 나는 남성이 쓴 일기임에도, '여성'이 자꾸 읽혔다. 최○우와 권순덕은 농민이었고, 곽상영은 교사였다. 그러나 이들이 생활하는 공간은 모두 농촌이었고, 부인들은 모두 농사를 짓는 여성이었다.

이 글은 세 일기에 나타난 1970~80년대 한국 농촌 여성의 생활 양

---

[1] 『창평일기』는 1권~5권까지, 『아포일기』는 1권~5권까지 모두 출간되었으며, 『금계일기』는 1970년까지만 출간되었고, 1971~2000년까지는 2017년 6월 출간예정이다.

상을 살펴본 글이다. 나는 이 시기 농촌에 태어나, 어머니와 할머니, 그리고 같은 마을의 이웃 여성들(주로 중장년)을 보고 자랐다. 최○우, 권순덕, 곽상영이 일기에 그린 '어머니', '부인(처,아내)', '딸'의 모습은 내게 무척 낯익었다. 그들의 부인도 나의 어머니처럼 시가(媤家)에 들어와 시부모를 모시고 살았다. 그리고 열심히 농사를 지으며, 살림과 육아를 도맡았다. 그들의 딸도 나처럼 도시 상급학교로 진학하며, 독립된 생활을 시작했다. 근대화가 한참 진행되는 1970-80년대는 농촌과 도시가 서로 바쁘게 마주하는 가운데, 농촌의 가족과 여성의 삶에 크고 작은 영향을 미치고 있었다. 이 글은 내게는 무척 낯익은 당대 농촌 여성의 풍경을, 낯선 시선으로 들여다본 작업이다. 낯선 시선을 통해서라야, 낯익은 젠더의 모습과 여성 젠더에 드리운 가부장제의 장막도 보이기 때문이다.

이 글을 쓰는 데 활용한 일기의 저자를 간략하게 소개하겠다. 『창평일기』의 최○우는 47세가 되던 1969년부터 일기를 썼다. 아버지를 일찍 여의고, 편모슬하에서 가난하고 혹독한 어린 시절을 보냈다. 1946년 경 처가의 도움을 받아 방앗간(정미소)을 운영하기 시작했다. 방앗간을 운영하며 벌어들인 돈으로 상당한 규모의 토지를 매입하여 농사를 짓고, 경제적으로 안정된 생계를 영위했다. 이러한 경제적 능력을 바탕으로 마을 내 사회적 지위를 확보하고, 오랫동안 지역 유지로 활동하였다. 최○우 가계의 주요 수입원은 방앗간, 쌀·보리농사, 양잠 등이다. 방앗간과 농사는 주로 가족노동에 의해 이루어졌지만, 매년 한 명의 고용인을 두어 일을 부렸다. 누에철에는 젊은 여성노동력 3~4명을 동원하기도 했다. 최○우는 80년대 함께 사는 셋째 아들에게 방앗간 운영을 맡기고 방앗간 경영에서 물러났다. 최○우는 부인

2명을 두었고, 본처에게서 4남 2녀를, 첩에게서 4남 1녀를 낳았다.[2] 그는 자녀 교육에 대한 열망이 강했다. 자녀들을 모두 도시인 전주로 보내어 교육시켰고, 자녀 학교를 자주 방문하여 교육열을 내비쳤다. 자녀 성적이 좋지 못하거나, 행실이 나쁠 때는 혹독하게 훈계함으로써 권위적인 아버지 모습을 보였다. 그는 1972년 첫 아들을 시작으로, 1992년까지 총 9명의 자녀를 결혼시켰으며, 1975년에 손주가 태어나면서 할아버지가 된다. 노년기에는 건강을 자주 염려하면서 병원에 자주 출입하였다. 그러다 갑자기 교통사고로 세상을 뜬다.

최○우와 『창평일기』	권순덕과 『아포일기』	곽상영과 『금계일기』

〈그림 1〉 세 남성의 일기

『아포일기』의 권순덕은 1969년, 26세부터 일기를 쓰기 시작했다. 그는 오로지 '성공'만을 위해 앞만 보고 달렸다. 그에게 성공이란 빈

---

2) 최○우가 왜 첩을 얻었는지에 대해서는 알 수 없다. 다만 일기에 '일부일처가 원칙이지만 본처를 내치지 못하고 부득이 첩을 얻게 되었다. 그러나 이혼을 원치 않은 처가 매사에 복종하겠다면서, 첩을 얻는 것을 승낙하여 이뤄진 것이다'(70.3.28)라는 내용을 확인할 수 있다. 일부일처제인 근대가족 규범을 어길 수밖에 없던 이유를 자기 나름대로 합리화하는 내용이다.

농에서 중농으로 성장하는 것이었다. 권순덕은 상속받은 논 한 단지 (600평)와 소작 땅을 부쳐가며 아내와 함께 한평생 농사를 짓는다. 농사 외에도 국수 빼주는 사업을 하거나, 대구, 구미 등 공사 현장에 나가 막노동을 하거나, 자전거포를 운영하거나, 공장에 다니거나 하면서 틈틈이 돈이 되는 일을 찾아 가산을 쌓아간다. 20~50대의 권순덕의 생애는 지독한 자기착취적 노동의 연속이었다. 그는 소작 규모를 넓혀갔고, 복숭아, 자두 등 과수뿐만 아니라 다양한 작물을 재배하였으며, 농업 기계화를 시도하는 등 농업경영자로서의 삶을 이어나갔고, 50대에 이르러서는 상당한 규모의 토지를 소유한 중농으로 성장하였다. 권순덕 생애의 한 축이 '노동'이라면, 다른 한 축은 '가족', 특히 '자녀'에게 향해 있다. 1남 2녀를 둔 그는 '교육'만이 자녀들을 성공시키는 지름길이라 여기며, 자녀들 학업에 엄청난 신경을 쏟아 붓는다. 그는 자신이 배우지 못한 한(恨)을 자녀 대에는 이루게 하려는 욕망이 강했고, 자식들이 공부를 잘 해서 자기처럼 땀 흘리지 않고, 보다 편안한 삶을 살아가길 원했다. 그래서 끊임없이 자녀들에게 공부할 것을 강요했다. 비록 권순덕이 바라는 대로 자녀들이 공부를 잘하지는 못했으나, 그는 자녀 셋을 모두 전문대학에라도 보내어 졸업시킨다. 그리고 1998년에는 큰 딸을 결혼시켜, 이듬해 할아버지가 된다. 권순덕은 자녀들을 모두 결혼과 함께 분가시킨 후, 고향 마을에서 아내와 함께 단출하게 생활하고 있다. 몸이 너무 고되어, 2016년부터는 소작을 부치고 있다. 몇 년 전 중병의 위기를 무사히 넘기고, 지금은 취미생활을 하며 안정적인 노후를 보내고 있다.

『금계일기』의 곽상영은 최○우와 비슷한 세대로, 1937년부터 2000년 사망할 때까지 일기를 썼다. 그는 46년간(1941-1987) 교직에 몸

담았다. 『금계일기』의 상당 부분도 학교 이야기로 채워져 있다. 하지만 그는 농촌에서 태어나 교사가 되기 전까지 금계리 농촌에서 생활했고, 모든 교직 생활을 농촌 벽지에서 보냈으며, 그의 아내는 학교 사택과 금계리에서 농사짓는 생활을 주로 하였다는 점에서 『금계일기』의 배경도 농촌이라 할 수 있다. 곽상영은 가난한 소작농의 아들로 태어났다. 그는 교사의 꿈을 접을 수 없어 늦은 나이에 학업을 시작했다. 보통학교를 졸업하고, 교원3종 시험에 합격하여 교사가 된다. 그는 교사로서의 능력을 인정받으며, 교사 생활 8년 만에 교감으로 승진하였고, 다시 8년 후인 1957년 교장이 된다. 1987년 은퇴할 때까지 30년간 교장직을 수행하였다. 그는 5남 5녀 10남매를 두었고, 죽은 아우의 여식과 어린 남동생까지 무려 12명의 교육을 책임졌다. 1960년대까지 일기는 온통 자녀들의 학비를 마련하느라 고군분투하는 내용이 수없이 기록되어 있다. 가난한 소작농인데다, 박봉의 월급으로, 입에 풀칠하는 것조차 어려웠던 시대였기 때문이다. 1960년대 후반이 되어서야 큰 애들이 졸업과 함께 직장생활을 하면서 숨통이 조금씩 트이기 시작했고, 교장으로 은퇴하는 시점에는 안정적인 생활을 누렸다. 자녀들은 상급학교에 진학하면서, 청주시 자취집에서 생활하였다. 10명 중 두 딸만 제외하고, 모두 대학을 졸업했다. 7명은 아버지의 영향을 받아 교대나 사대를 졸업했다. 은퇴 후 사회 활동을 하면서 아내와 함께 금계를 오가며 농사를 짓던 중, 아내는 1996년에, 곽상영은 2000년에 암으로 세상을 떠나게 된다.

〈표 1〉 세 남성의 생애 및 일기 개관

일기	최○우	권순덕	곽상영
생몰	1923~1994	1944~현재	1921~2000
직업	농업	농업	교사/반농업
고향	전라북도 임실군 창평리	경상북도 김천시 아포읍	충청북도 청주시 옥산면 금계리
자녀	8남3녀	1남2녀	5남5녀
주요 소득원	방앗간 운영, 벼·보리농사, 양잠	과수농사, 공사판 노동, 자전거수리점	교사, 농업
농사 규모	방앗간 경영으로 중농으로 성장	소농에서 점차 중농으로 성장	부모가 거주하는 금계 본가에서 소작 약 16마지기
일기 시작시기/ 당시나이	1969년/47세	1969년/26세	1937년/17세
일기 주요 내용	농사, 가족, 돈 거래, 마을 일, 문중 일, 방앗간, 생업 및 경제활동, 공적 행사	농사, 가족	교사업무, 사회활동, 자녀 등 가족

　남성의 일기에서 여성 젠더를 읽는다는 것은 쉽지 않은 일이다. 일기 저자인 남성의 어머니, 아내, 딸의 시선과 인식이 거의 드러나 있지 않기 때문이다. 하지만 젠더는 일상의 영역에 얼마든지 녹아들어 있으므로 이 안에서 여성 젠더의 모습을 들춰내는 작업은 충분히 가능하다.

　나는 이 세 일기를 통해 1970-80년대 한국 농촌 내 여성 젠더의 일상과 젠더 규범을 도출할 것이다. 물론 이 당시 한국의 모든 농촌이 균질한 상태에 놓여 있었던 것은 아니다. 주요 재배 작물에 따라, 도시와 인접해 있는 정도에 따라, 그리고 양반 마을 등 유교적 전통이 강하게 남아있는 정도에 따라 농촌 여성의 생활 세계도 조금씩 다를 것이다. 또한 같은 여성이라 하더라도 농가인지, 비농가인지에 따라, 중농인지, 빈농인지에 따라, 노년인지, 중년인지에 따라 경험의 차이도 클 것이다.

하지만 인간은 대부분 그 시대가 요구하는 남성과 여성으로 성별화(젠더화)되고, 젠더화된 일상 속에서 살아가므로, 이 세 일기에는 젠더화된 최○우, 권순덕, 곽상영과 그의 아내들의 모습이 담겨있기 마련이다. 그리고 이들은 한국 역사의 한 지점에서, 때로는 정태적인 모습으로, 때로는 동태적인 모습으로 일기를 읽는 독자에게 비춰질 것이다. 그런 점에서 세 남성이 쓴 사적(私的) 자료는 한국 농촌의 여성 젠더의 정태적이면서도 동태적인 생활상을 부분적으로나마 밝혀줄 사적(史的) 자료가 될 것이다.

2. 가까운 시댁, 먼 친정, 그리고 '시집살이'

한국 전통 사회에서 결혼이란 남자 집에서 여자를 새로운 가족 구성원으로 받아들이는 것이었다. 그래서 결혼의 전통적인 거주 규정은 부거제(patrilocal residence)이다. 1970~80년대 농촌 사회를 구성했던 가족은 주로 어떤 모습이었을까. 1960~70년대 자료에 의하면, 한국 가족의 유형 중 가장 많은 수를 차지한 것은 부부가족이었으며, 그 다음이 직계가족이고, 확대가족은 소수에 불과했다(박부진, 1981:87). 당시 한국 농촌 사회는 시부모와 함께 사는 직계 가족을 지

향하고 있었다(박부진, 1981). 비록 장남이 부모와 따로 거주하였더
라도 언젠가는 나이 든 부모를 모시게 될 것이며, 지차자(之次子)는
분가하였다 하더라도 언젠가는 자기도 아들을 낳아 며느리를 얻으면
직계가족이 될 것이다.

하지만 산업사회에 이르러 혼입(婚入) 후 시부모 본가에서 함께 살
던 부거제 관습은 많이 약화되었다. 박부진(1994:165)은 1987년 조
사한 농촌 마을에서 30~40년대 혼인한 여성과 70~80년대 혼인한 여
성의 신혼 초 거주 지역이 크게 달라졌음을 확인했다. 30~40년대 남
편의 본가에서 살림을 시작한 사람이 31명 중 29명(93.5%)이었으나,
70~80년대는 19명 중 7명(36.8%)으로 크게 줄어든 것이다. 하지만
부거제 관습이 약해지고, 부부가족이나 미혼의 자녀로만 구성된 핵가
족이 증가하였다 하더라도, 다시 말해 물리적으로 시부모와 함께 거
주하지 않는다 하더라도, 시댁의 한 가족 구성원으로서 지켜야 할 의
무는 지속되고 있다. 여성은 결혼하면서 남편 가족의 새로운 구성원
이 되는 것이기 때문에 시가에 우선하는 삶을 살아야 했다.

여성은 남편의 本家나, 또는 시부모가 사는 마을 내에 살면서 '시집
살이'를 경험하게 된다. 시집살이는 말 그대로 '시집에 사는 것'이지
만, '시부모나 시댁 식구로부터 겪는 어려움'으로 비유되고 있다. 고
부갈등도 시집살이의 하나이다. 한국 가족관계 중 가장 지배적인 관
계선은 부자관계이며, 최하위 단위에 위치한 사람이 '며느리'이다. 결
혼 후 심리적, 육체적 어려움을 겪고 지내다, 자신의 유일한 혈연자이
자 가계를 이어갈 아들을 얻은 여성은 그 때에야 심리적 위안과 함께
시가에서의 자신의 지위를 굳히게 된다. 그런데 아들이 성장하여 결
혼을 하게 되면 자신이 구축해 놓은 영역에 다시 새로운 비혈연자가

들어오면서, 고부간에 묘한 긴장이 발생한다. 이 과정에서 시어머니가 된 사람은 자신이 겪었던 어려움을 자신의 며느리에게 겪게 함으로써 고부간의 갈등은 세대를 거듭하면서 쉽게 없어지지 않는다(박부진, 1981: 89).

세 일기의 저자인 최○우, 권순덕, 곽상영의 부인 또는 며느리의 일상을 들여다보겠다. 이 세 남성의 부인들은 모두 부거제 관습을 따라, 남편이 사는 마을로 시집 와서, 시부모를 모시거나, 시가에 편입된 일상을 살았다. 먼저, 최○우의 며느리를 살펴보자. 최○우가 일기를 쓰던 시점은 그의 나이 47세로 양친이 모두 돌아가신 상태여서, 부인이 시부모와 함께 살면서 어떤 일상을 겪었는지는 알 수 없다. 다만 그의 며느리를 통해 유추해볼 수 있다.

최○우는 1974년 장남을 시작으로 1994년까지 여덟 명의 아들을 여의면서, 며느리들을 맞는다. 최○우는 방앗간을 물려받은 셋째 아들과 함께 기거했다. 셋째 며느리가 부거제 관행을 따라 임실 창평리로 시집 온 것이다. 셋째 며느리는 시아버지인 최○우로 인해 불편한 때가 많았을 것으로 추정된다. 왜냐하면 일기에 최○우가 며느리 살림이나 행동거지에 마뜩잖은 마음을 토로한 적이 여러 번 있기 때문이다. 어느 날 부엌에 가보니 찬밥이 두 통이나 있는 모습에서(82.5.21), 저녁에 밥을 새로 하여 주지 않고, 아침에 지은 밥을 내오는 모습에서(83.6.7), 아침에 기상하여 가족들 식사 준비보다는 돼지밥부터 챙기고, 전날 저녁에 지은 밥을 내오는 모습에서(83.10.9), 밥 먹은 후 시아버지가 물을 마시고 있는데, 상을 가지고 나가버리는 모습에서(89.8.7) 불편한 심기를 드러내고, 때로는 꾸중도 했다.

그는 며느리의 행동거지가 신경 쓰이는 날들이 많았다. 최○우는 셋째 며느리가 팔짱을 끼고 마루 난간에 쪼그리고 앉아 있거나 아니면, 마루에 배를 깔고 엎드려 라디오를 듣는 모습이(80.8.12), 길가에 이웃을 만나면 앉았다 일어났다 하면서 쓸데없는 잡담을 하는 모습이(82.7.12) 눈에 거슬렸다. 어느 날 아들이 인부를 데리고 나무를 하러 가는 길에 무슨 일인지는 모르겠으나 며느리가 아들에게 불평하는 것을 보았던 모양이다. 이를 본 최○우는 상식과 예의가 부족하다고 평가한다(81.11.28). 특히 며느리가 술을 마시거나, 이웃 남자와 대화를 나누는 것을 그냥 보아 넘기지 않았다.

하루는 최○우가 동네 술집에 들렀다. 술집 마루에 앉아있으니, 방 안에서 둘째 며느리의 목소리가 들렸다. 웃음소리도 들리는데, 귀에 많이 거슬렸다. 그는 술자리를 파하고 둘째 며느리가 머무르고 있는 둘째 부인의 집으로 갔다. 그리고 며느리에게 "메누라 앞집 술집이 일가집이야 친척집이야 술집에서 노는 것 보기 실타"고 말했다(77.8.6). 최○우는 한 집에 기거하는 셋째 며느리에게도 비슷한 불만을 표출했다. 그는 한 마을에 사는 남자와 같이 있는 며느리 모습이 무척 거슬렸다. 며느리가 친정 가는 길에 동네 남자와 동행하는 모습이라든지(82.10.12), 동네 남자와 손을 치며 인사하는 모습(87.5.22)이 못마땅했다. 어느 날에는 방앗간 앞에서 동네 남자와 오랫동안 이야기를 나누는 장면을 그냥 넘어갈 수 없어, 며느리에게 그 남자와 무슨 얘기를 나눴느냐고 추궁하기도 했다(88.7.22). 일기에는 시아버지의 이러한 꾸지람에 둘째, 셋째 며느리가 어떤 표정을 지었는지, 어떤 대답을 하였는지는 기록되어 있지 않다. 그러나 시아버지로부터 이 소리를 듣고, 며느리들이 어떤 기분이었을지는 추정할 수 있다. 특히 며느리의 친정 외출도 눈엣가시 중 하나이다. 그는 큰며느리가 친정아버지의 진갑을 맞아 친정에 가는 걸 두고 일기에 '자자히 가는 편'이라고 썼고(1974.11.16.), 농번기에 일손을 도우러 오지는 않고, 친정에만 다니는 큰 며느리 때문에 마음이 괴롭다고 썼다(1987.6.13.).

권순덕 부인 이윤심도 1973년 부거제 관습을 따라 아포읍으로 시집을 왔다. 이윤심이 혼입하던 당시 식구는 아버지, 어머니, 시숙과 형님, 권순덕 부부, 시동생 셋, 조카 셋 등 총 12명으로 대식구였다. 권순덕은 형네와 1년 여 함께 살았고, 분가 후에도 10여

▲ 1972년 결혼한 부인 이윤심은 남편의 본가로 혼입한 후 1년 여 동안 함께 시가 식구들과 살다 분가하였다. 그러나 분가한 집은 시숙네와 한 마을이었기 때문에 시가에 편입된 일상을 살았다.(사진 제공 권순덕)

년 공동으로 농사를 지었다. 이윤심은 큰며느리인 형님을 도와 며느리로서의 역할을 수행해 나갔다. 비록 1년 후 분가하였으나, 가족의 일원으로서 시숙이나 시동생 집에 의무를 다했다.

이윤심은 결혼 후에도 친정의 대소사에 되도록 참여하기 위해 애를 썼고, 친정의 농사를 돕는 등 친정과 교류하며 지냈다. 하지만 친정행은 점점 줄어들 수밖에 없었다. 이윤심은 결혼한 그 해, 가까운 거리에 있는 친정에 세 차례 가서 머물렀다. 권순덕은 친정에 간 부인이 빨리 돌아오기를 바랐고, 돌아오지 않는 부인 때문에 함께 사는 형수에게 미안해했다(72.7.12.). 형수 혼자서 집안일, 식사 준비를 해야 했

기 때문이다. 이윤심은 1973년 설을 마지막으로 친정에서 며칠씩 자고 오는 일은 없었다. 아무래도 아이를 출산하면서 친정에 오고 가는 게 쉽지 않았을 것으로 보인다. 분가 후에도 시댁이 같은 마을이었기 때문에 시댁에 편입된 일상을 살았다. 시부모의 제사나 추석, 설 등 명절에 이윤심이 빠진다는 것은 상상할 수조차 없는 일이었다. 반면, 친정 부모의 제사나 생일, 명절에 친정에 가지 못하는 날이 많았다. 이윤심은 시어머니 제사 준비 때문에 친정아버지 생일에 가지 못했다.[3] 이윤심은 시댁의 모든 대소사 의례에 빠짐없이 참석했으나, 권순덕이 처가에 가지 않은 날은 많았다. 그녀는 남편에게 함께 갈 것을 제안한 적도 있으나, 입고 갈 옷이 없다는 이유로(88.2.20), 또는 동네사람들과 돼지고기를 먹기로 했다는 이유로(98.1.30) 가지 않았다. 권순덕이 처가와 사이가 나빴기 때문이 아니다. 권순덕은 기본적으로 처가 의례에 반드시 가야 한다는 생각을 갖고 있지 않은 것으로 보인다. 이윤심으로서는 명절이나 시부모 제사에 빠지는 것은 있을 수 없는 반면, 권순덕이 처가 의례에 빠지는 것은 얼마든지 있을 수 있는 일이었다.

세 남성의 일기 중 시집살이에 대한 내용이 비교적 많이 기록된 일기는 『창평일기』이다. 곽상영 부인 김유순은 1936년 남편 집으로 혼입한 후, 시부모와 함께 10여 년을 살고 1945년 분가하였다. 그녀는 시부모와 함께 사는 10여 년 동안 자녀 셋을 낳았는데, 같은 시기에 그녀의 시어머니도 셋을 낳았다. 그녀와 시어머니는 서로 주거니 받

---

3) 시아버지 제삿날이 친정아버지 생일의 다음 날이기 때문에 친정에 다녀와도 충분했을 텐데, 친정에 갈 경우 형님 혼자서 제사 음식을 장만해야 했으므로 이윤심으로서는 부담이 되었던 듯하다.

거니 하면서 임신과 출산을 반복했던 것이다. 시어머니로서는 당신의 젖먹이가 계속 태어나는 마당에, 비슷한 시기에 태어나는 손주들에게까지 관심을 기울일 여력이 없었을 것이다. 특히 시어머니도 애를 낳고 일을 하는데, 며느리인 김유순이 산후조리 한답시고 농사와 살림을 뒷전으로 할 수도 없었을 것이다. 또한 김유순에게는 그녀의 자식들과 함께 자라나는 시동생들까지도 돌봐야 하는 의무가 있었을 것이다. 특히 김유순이 10여 년을 본가에서 사는 동안 남편 곽상영은 사택에서 홀로 거주하였다. 남편은 학교 형편 때문에 자주 다녀가지 못했다. 이러한 상황에서 김유순은 남편 없는 시댁에 살면서 긴장과 불안을 갖지 않을 수 없었다.

김유순과 시부모와의 긴장이 도드라진 시점은 1968년 합가 후부터이다. 곽상영은 항상 고향에 계신 양친을 그리워하고 걱정하면서, 직접 모시고 살지 못하는 안타까움을 일기에 자주 토로하였다. 그러던 중 고향 집이 신축되어 살림 공간이 넓어지고, 인근 학교인 가좌교로 발령을 받으면서 합가를 하였다(68.3.7). 다만 근무 학교가 집에서 출퇴근하기에는 먼 거리여서 혼자 사택에 기거하고, 부인과 5남은 – 나머지 자녀는 청주시 자취방에서 생활하였다 – 금계에 거주하였다. 김유순은 1945년 분가한 후에도 시댁을 자주 드나들며 본가의 농사와 살림을 도왔으나, 합가 이후부터는 분가 때와 비교할 수 없을 정도로 고단한 일상이 펼쳐졌다. 그녀는 말년에 다시 부엌데기가 된 느낌이 들어 남편에 불평을 하기도 했다(68.5.1). 그러던 어느 날 무슨 이유인지는 모르겠지만, 시부모로부터 크게 꾸지람을 듣고, 짐을 싸서 곽상영이 기거하는 사택으로 와 버린다(68.7.5). 곽상영은 다시 분가를 고민해보자고 하면서 그녀를 달래어 일단 금계로 보낸다(68.7.6). 이

후 곽상영 모친은 분가를 허락하였다. 그 날 일기에 곽상영은 '정 모는 기쁜 듯'이라고 썼다(68.8.25). 그로부터 일주일 후 사택으로 다시 살림을 옮기면서, 6개월만의 합가는 끝이 난다.

하지만 1978년 또 다시 합가가 이뤄지면서, 김유순과 시부모와의 갈등이 가장 첨예해진다. 곽상영은 점점 고향의 금계교로의 발령을 학수고대했다. 부모를 모시고 살기 위해서이다. 금계 발령이 무산될 때마다 그는 크게 낙담하며, 부모에게 죄를 짓는 심정이라고 했다(1973.9.16.). 마침내 금계교 발령을 받아 본가로 살림을 합했다(74.3.7). 그러나 이번 합가는 김유순도 더 이상 거부할 수 없는, 받아들여야 할 운명이었다. 양친이 쇠약해진데다, 남편의 간절한 바람을 저버릴 수 없기 때문이다. 예상했던 대로 시댁에서의 생활은 편치 않았다.

살림을 합친 후 긴장된 생활 때문인지 얼마 지나지 않아 복통으로 크게 고생했다(74.3.30.). 김유순과 시부모와의 긴장 관계는 꽤 오래 갔다. 그녀는 '단 하루라도 속 시원히 있고 싶다'며 청주에 다녀오기도 했다(74.6.15.). 그런데 시부모는 며느리의 외출을 달가워하지 않았다. 그녀는 외출할 일이 많았다. 청주 아이들 집에 - 당시 청주에는 4명이 자취 중이었고, 3명은 주말이면 근무하는 학교를 나와 청주로 왔다 - 수시로 양식을 대야 했고, 서울 장남 집에도 가 봐야 했으며, 시장에 볼 일도 많았고, 병원에도 가봐야 했다. 그러나 양친 눈에는 며느리가 쓸 데 없이 들락거리는 것으로 보였는지, 자주 눈치를 주었다(74.7.6; 74.10.14; 74.11.5; 74.11.10). 어느 날 위궤양이 심해 청주에서 한약을 복용하며 몸을 추스렸으나, 시부모는 이를 오해했던 모양이다. 곽상영은 청주에 가서 부인에게 양친의 오해가 풀렸다는 말을 전했다. 김유순은 이렇게 말하는 남편에게 "당신은 부모님만 알지"라고 말하며 서러움을 내비치기도 했다(75.3.9). 하루는 시아버지가 청주에 가서 늦게 귀가한 며느리에게 꾸중을 하였고(75.6.28), 다음 날에도 '온화하지 못한 분위기가 이어지자'(75.6.29), 이튿날 시부모는 또 며느리에게 크게 야단을 쳤다. 김유순은 눈물 바람을 하며 남편이 있는 학교를 찾아와 하소연을 했다(75.6.30). 점점 시부모는 취중에 꾸짖는 일들이 더 잦아졌고(75.10.3; 76.6.17; 76.6.18), 시부모와의 불편한 관계는 이듬해에도 지속되었다(76.11.13; 77.2.23). 그러던 중 시아버지가 중풍으로 몸져누웠고(77.11.10). 어머니가 대소변을 받아내며 고생을 했다. 아마도 이 때 김유순은 더욱 몸과 마음을 사리며 지내야 했을 것이다. 시아버지는 결국 이듬 해 여름에 돌아가셨고(1978.7.21.), 어머니도 그로부터 반년을 채 못 살고 돌아가셨다(1979.2.14.).

김유순에게 시댁은 청주 아이들에게 식량을 대주는 장소로서, 남편과 그녀가 기댈 수 있는 유일한 가족이었다. 그러나 그녀는 시부모로부터 크고 작은 간섭과 눈치를 받으면서, 정신적, 육체적인 스트레스에 시달렸다. 일기에는 김유순이 거의 친정에 발길을 하지 않은 것으로 나타났다. 자녀들의 증언에 의하면, 친정아버지의 재혼으로 새어머니가 들어오면서 가지 않은 것이라고 한다. 김유순은 친정으로부터의 정서적 위안조차도 얻을 수 없는 구조에 놓여 있었던 것이다. 설령 친정이 가까이 있다 하더라도, 일기 저자의 부인들이나 며느리들 역시 친정과의 교류가 잦았던 것은 아니다.

김진명(1993: 38-40)은 부거제를 원칙으로 하는 거주방식은 혼입한 여성의 출생지를 부정시하는 관념과 연결되어 있다고 했다. 김진명이 조사지에서 만난 50대 이상의 여성들은 친정에 아들이 갔다 오면 탈이 난다고 믿었다. 그래서 아들이 부정타지 않도록 얼굴에 숯검정을 칠하고, 등 뒤에는 명태를 달고 데려간다고 했다. 여기서 부정타는 주체는 손녀가 아닌 손자였다는 점에서 이러한 행위는 부계혈통 및 부거제를 강조한 가부장제에 기인한 것임을 알 수 있다.

이처럼 부계혈통과 부거제를 중시하는 가부장적 가족 제도 안에서 김유순뿐만 아니라, 권순덕의 아내, 최○우의 며느리들은 남편이 거주하던 집으로 혼입하여, 시댁에 우선하는 삶을 살아야 했다. 박부진 (1981: 99~100)은 1981년 한 농촌 마을 조사에서 주부의 대부분이 시집살이를 경험한 것으로 나타났다. 주부의 55%가 일상생활에서 시어머니의 모든 시중을 다 들어드렸고, 병환 때는 39%가 돌봐 드렸다. 산업화가 한참이던 70~80년대 농촌에 살던 기혼 여성은 과거에 시부모를 모셨거나, 아니면 한참 시부모를 모시고 있거나, 지차자로 분가하였지만, 근처에 시부모가 살고 있는 경우가 대부분이었을 것이다. 전통관습의 부거제 혼인 규정은 농촌 여성에게 상당히 '억압적'이고 '종속적'이었음을 시사한다.

3. 농사로, 농외 부업으로 고된 나날들

1970~80년대 농촌에 거주하는 대부분의 기혼 여성은 농사를 지었다. 여성은 단순히 남편 농업을 돕는 보조자가 아니라, 농촌의 모든 작물을 재배하는 데 주도적으로 관여했던 '농민'이었다. 김진명 (1993: 100~103)은 동네 할머니들과의 인터뷰를 통해 여성 농업 노

동의 변화를 일제강점기, 해방 이후, 70년대 이후로 살피고 있다. 할머니들은 일제 시기에는 베 짜기나 밭농사를 주로 하였지, 다리를 걷어 올리고 남성들과 함께 모를 심지는 않았다고 한다. 그런데 일본인들이 '공동작업'이라는 명목으로 부녀자들을 모심기에 동원함으로써 남성들이 못줄을 잡고 모를 쪄다가 논에 듬성듬성 던져 주면 여성들이 모심기를 했다고 했다. 마을 할머니들은 남녀가 함께 농사짓는 것은 '일본인들이 가르쳐 놓은 것'이라고 한다. 6.25 이후 청년층이 서울, 부산 등지로 이주해 감으로써 모심기뿐만 아니라, 김매기, 수확 등에 이르기까지 여성들의 논농사 참여가 증가했다는 것이다. 70년대 이후부터는 남녀가 공동으로 농사를 짓다가, 80년대 이후에는 논농사든, 밭농사든, 농사는 여성들의 소관이 되었고, 남성들은 심부름이나 하는 정도라고 얘기했다.

물론 지역에 따라 정도의 차이는 있겠으나 당시 한국 농촌 여성은 농업에 적극적으로 참여하였다. 이는 직장을 위해, 혹은 자녀 교육을 위해 농촌의 청장년층이 도시로 대거 빠져나가면서, 농업노동력이 절대적으로 감소했기 때문이다. 경제기획원 자료에 의하면, 군 단위 여성의 경제활동 참가율은 1960년 29.8%에서 1988년 58.3%로 증가한 반면, 남성은 76.5%에서 73.8%로 소폭 감소했다(한국여성개발원교육연수실 편집, 1990:34). 김주숙의 1976년 한 농촌 마을 조사에서도 '농사일이 전에 비해 많아졌다'고 응답한 여성은 76%나 되었다(김주숙, 1994: 82). 주로 논농사는 남편이, 밭농사는 부인이 담당했다. 하지만 논농사는 '쌀'이 전부지만, 밭농사는 그 종류가 아주 많았기에, 부인의 작업 강도는 더 클 수밖에 없었다.

세 일기의 배우자 역시 농사를 지었다. 최○우는 일기에 부인과 함께 포플러 밭 제초나, 누에 작업, 고추 따기, 피사리 등을 했다고 기록했다(79.6.9; 80.6.12; 80.8.31; 81.6.23; 82.8.12; 82.8.26; 82.9.12; 83.6.7). 하지만 최○우 부인은 주로 전주에서 학교 다니는 자녀들의 집에서 살림을 했고, 1970년대 후반 아들들의 결혼에 따라 생업 활동의 세대교체가 이루어지면서 농사에 동원된 날은 많지 않은 것으로 보인다.

▲ 권순덕의 포도밭 : 1980년대 포도농사는 권순덕 가구의 중요한 현금작물이었다. 권순덕은 색맹이었기 때문에 익은 포도만 따내고 고르는 작업은 고스란히 부인의 몫이었다.

반면, 『아포일기』에는 부인의 농업노동력이 얼마나 극한의 지점에 이르렀는지 생생하게 기록되어 있다. 권순덕은 주로 부부노동에 의존해 농사를 지었다. 1995년 농사량이 56마지기 달할 정도였다(95.5.25). 현금 작물은 쌀과 함께 복숭아, 포도, 배, 사과, 자두, 수박, 딸기 등의 과수 등이었다. 그 밖에 감자, 깨, 무, 밀, 양파, 파, 배추 등의 작물을 자급자족했다. 권순덕이 공사 현장에 돈 벌러 가는 날에는 부인 혼자서 농사를 지었다. 반대로 아내가 부업을 하러 가거나, 시장, 학교, 친정에 간 날에는 권순덕 혼자 일을 했다. 이런 날에는 힘들었다거나, 지루했다거나, 짜증났다거나, 능률이 오르지 않았다며, 부인 노동의 절실함을 기록했다. 권순덕은 부인이 일을 매우 잘하는 사람이고, 부인의 농사 노동력이 매우 중요하다는 것을 인식하였다(73.1.28; 73.1.31; 73.10.15; 74.7.20; 76.2.22; 82.12.30; 83.4.9; 83.4.26; 83.5.12; 84.2.3; 84.6.27; 84.8.3; 84.8.9; 84.10.27; 84.4.29; 85.6.26; 85.9.30; 85.12.7; 85.12.12; 86.7.10; 86.10.21; 88.3.13).

권순덕 부부는 함께 일을 할 때, 일의 효율을 높이기 위해 일을 나눠서 할 때가 많았다. 예를 들면 남편이 과일나무 전지작업을 할 때, 부인은 김을 매는 식이었다. 그러나 그때그때 시급한 일들은 같이 했기 때문에 농사의 분업이 뚜렷하게 나타나지는 않았다. 특히 권순덕은 경운기 등 남성의 영역으로 간주해 온 기계 다루는 일을 부인에게 가르쳐 주었고, 부인은 동네에서 부녀자 중 유일하게 경운기를 몰 줄 아는 사람이 되었다(83.11.23; 83.12.9; 83.12.13). 또한 부인은 권순덕보다 낫질을 잘해 꼴을 베어 오는 일이 많았다(84.6.25; 84.8.26; 85.7.17; 87.7.14; 87.9.5; 87.9.14; 87.9.16; 89.9.11). 권순덕 부인은 단순히 남편 일손을 거들어주는 차원에 머무르지 않고 남편의 노동력을 대체하며 강도 높은 농사를 수행하였다.

곽상영의 부인 김유순은 남편은 교사였지만, 그녀의 직업은 농업이라고 해도 과언이 아닐 정도였다. 가장 큰 이유는 10남매를 먹여 살리기 위해서는 부지런히 농사를 지어야 했기 때문이다. 자녀들은 하나둘 아버지가 근무하는 초등학교를 졸업하고, 청주시내에 있는 상급 학교에 진학했다. 곽상영 부부는 1957년 장녀가 여고에 입학한 시기를 기점으로 청주에 작은 방을 얻어 자취를 시켰다. 이때부터 청주의 자취집은 아이들의 새로운 거처가 되었다. 김유순이 청주 아이들 자취방에 식량을 대는 일은 오랫동안 지속되었다. 1957년 시작한 자취는 1986년 끝이 났으니 말이다. 곽상영 부부는 금계 본가에서 재배하는 농작물을 청주 자취방에 공급했다. 주로 김유순이 청주에 오갔으나, 남편이나 시부모가 다녀온 날도 많았다. 하지만 금계 농작물만으로는 부족했으므로, 사택에 딸린 땅 한 뙈기도 놀리지 않고 부지런히 가꾸었다. 심지어 그녀는 사택 울안에서 돼지를 키워 팔기도 했다(66.2.12; 67.10.9.). 그녀는 남편이 근무지를 옮길 때마다 곧바로 밭을 일궜다. 갑작스런 발령으로 남편이 근무지를 옮길 때에도 이전 사택에서 재배한 작물을 가져왔다(71.7.21). 그녀는 거의 모든 종류의 작물을 재배했다. 무, 배추, 상추, 아욱, 쑥갓, 시금치, 감자, 고구마, 오미자, 땅콩, 팥, 참깨, 들깨, 토마토, 고추, 옥수수, 당근, 도라지, 토란, 결명자, 고들빼기, 마늘, 호박 등 재배한 작물이 무수히 많다. 특히 감자, 고구마는 부족한 식량을 대용할 수 있는 먹을거리였으므로, 김유순이 중요하게 재배하는 작물이었다.

곽상영은 '노정 모는 학교 공터에 심은 작물 수확으로 종일 바쁘다. 각종 콩이 한 말, 팥도 한 말, 고추는 약 한 가마, 고구마도 넉넉히 한 가마다. 담북장까지 빚어 맛있게 먹고 있다. 전문 농가를 앞 선다'(70.10.5), '노정 모(母)가 땀 흘린 보람으로 사택 울안에서 지은 감자가 약 2 가마나 된다'(71.7.2), '노정 모가 울 주위에 심은 두태를 거두느라고 바쁘다. 티끌 모아 태산이라더니 팥, 콩을 꽤 수확했다'(71.9.28), '노정 모가 금년 배추 농사는 처음으로 잘 되었다고 한다'(71.11.17)라면서 부인의 농사 실력을 일기에 기록해 놓기도 했다.

1974년 금계 본가로 합가한 이후부터 김유순은 농사로 더욱 고된 나날을 보내야 했다. 봄에는 파종을 하느라, 여름에는 김매기와 고추를 따느라, 가을에는 김장용 배추를 재배하고, 여러 작물의 수확과 타작을 하느라, 겨울에는 땔감을 하느라, 사계절 쉴 틈이 없었다. 1974년 당시 본가는 소작을 포함하여 20마지기 정도를 지었는데, 주로 가족 노동력에 의존하였다. 그런데 시어머니, 시아버지는 76세, 74세의 고령이었으므로, 집안 농사는 거의 김유순이 이끌어 나갔다.[4] 어느 날은 '드무샘 밭을 연일 매느라 몸이 너무 고되어 눈물이 나오기까지 했다'(1975.6.8.). 김유순은 1957년 교장의 사모님이 되었지만 사실 몸뻬[5] 하나로 생활하는 농사꾼이었다.

당시 농촌 여성은 집안 농사뿐만 아니라 품팔이나 부업에 참여하여 현금 수입을 벌어오는 일에도 참여했는데, 이는 아포일기에도 잘 나타나고 있다.[6] 이윤심은 국수빼기, 적화(摘花), 홀치기 등의 부업을 통해 가계 경제에 직접적인 기여를 하였다. 권순덕은 부인이 혼인 때 받은 절값과 친구들의 기념품비 건은 돈을 합해 국수틀 기계를 구입한다(72.7.4)[7]. 나중에는 부인의 목걸이를 팔아 전기모터를 구입하여

---

4) 물론 곽상영이 학교 근무 외에 아침, 저녁, 주말에는 농사를 도왔고, 4남이 1년 여 금계에서 지내는 동안 큰 도움이 되기는 했다.

5) 나는 2016년 2월 12일 곽상영의 다섯째 자녀이자, 딸로서는 둘째인 곽노희(현 재웅 스님)를 만나 인터뷰를 한 바 있다. 어느 날 어머니와 함께 시장을 가는데 어머니가 몸뻬뿐인 옷을 입고 시장에 가는 처량한 자신을 한탄하며 내뱉은 말을 들려주었다. 그 말은 "내가 교장 마누라면 뭐하냐. 장에 갈 옷도 없는데"라는 내용이다. 곽노희는 그 시절에 그 말을 듣고 아련한 슬픔 같은 게 느껴졌다고 한다.

6) 『금계일기』에서도 김유순이 품팔이 김매기를 하였다는 기록이 있다. 그녀는 '남편이 만류하여도 돈 때문에 수 일 전부터 품팔이 김매기를 하였다'(65.8.1).

7) 국수기계를 구입할 때만 해도 국수 빼는 작업은 동생이 할 것으로 생각되었다. 동생이 군대 가기 전까지 책임지고 하겠다고 한 것이다. 권순덕은 '만일 동생이 군대에 가 버리고, 아내 혼자서 이 일을 하게 된다면 보통 일이 아닐' 것으로 생각한다. 당시 권순덕은 객지 노동을 계획하고 있었다(1972. 6. 29). 결국 국수 빼는 작업은 아내 몫이 되었다.

일의 효율성을 높였다(73.4.14). 일기에는 국수로 벌어들인 수입이 제법 기록되어 있다. 국수 빼는 일은 1975년 중순까지 계속되었고, 이윤심이 주로 이 일을 담당했던 것으로 보인다. 심지어 그녀는 아이를 해산한 지 일주일 만에 산후조리 할 틈도 없이 국수 빼는 일을 시작한다. 권순덕은 여름 한 낮 국수 빼는 일로 땀띠가 많이 난 부인에게 미안한 마음을 갖기도 한다(73.7.16). 이윤심은 이 외에도 5월이 되면 적화[8] 품팔이로 돈을 벌어오기도 했다. 돈이 부족하던 터에 부인이 벌어온 돈은 긴요했다(81.5.27). 그리고 겨울에는 비단 끝단이 풀리지 않도록 바느질을 하는 '홀치기' 부업도 하였다. 권순덕은 농촌에서 홀치기 부업은 주부들에게 안성맞춤이라 여겼다(74.1.15).

　이처럼 농촌 여성은 농업뿐만 아니라 농외 경제 활동에 적극적으로 참여하였음에도 불구하고, 남편과 수평적인 관계를 형성하거나, 가정과 마을 내에서 여성이 경제적 지위를 획득하지는 못했다(金周淑, 1981; 윤정혜, 1984, 김영란, 1989; 한국여성개발원교육연수실 편집, 1990). 이 문제는 2000년대 전후에도 제기되고 있다(조희금, 1998; 이옥희, 2005). 부부가 함께 농업노동이라는 경제활동을 함께 수행함에도 불구하고, 경제권은 대부분 남편이 쥐고 있었다. 당시 법적으로도 호주 상속의 1순위가 직계 비속 남자이므로, 호주가 되는 아들이나 손자에게 재산 상속이 이뤄졌다. 부부의 공동노력, 공동노동에 의해 재산을 획득하였으나, 소유권은 남편에게 있었다. 물론 집안 살림살이에 들어가는 소소한 돈은 부인이 쥐고 있는 경우가 많았다. 농촌

---

8) 적화(摘花)는 열매가 한참 피는 5월, 개화수(開花數)가 너무 많을 때에 꽃망울이나 꽃을 솎아서 따주는 것을 말한다.

8개 마을을 대상으로 1976년과 1987년의 소비권 변화상을 파악한 결과 남편의 단독 역할이 약화되고, 부인의 단독역할이나 부부의 공동 역할이 강화되었다(김주숙, 1994: 361). 살림 비용을 여성이 맡는 이유는 집안일을 하고, 아이를 키우는 것이 전적으로 여성의 몫이기 때문에 남편이 살림 비용을 하나하나 챙기는 게 불편하기 때문이다.

　세 일기의 경우, 소소한 살림 비용뿐만 아니라 큰 단위의 돈까지 모두 남편이 관리하였다. 부인들은 일상생활에서 경제적 권한을 거의 갖지 않고 생활했다. 곽상영 역시 직접 가계부를 쓰고, 자녀 학비 등 집안의 모든 수입, 지출을 관리하였다. 권순덕도 결혼과 동시에 모든 돈을 관리했다. 직접 장에 가서 생활용품과 아내, 아이들 옷을 사다 줄 때도 많았다. 부인이 부업을 하여 번 돈도 권순덕이 관리했던 것으로 보인다(81.5.27;92.10.1.).[9] 남편이 돈 관리를 전적으로 담당하면서 부인은 소비권에 제한되는 위축된 일상을 살 수밖에 없다. 1990년 5월 8일 일기를 보면 이를 유추할 수 있다. 부인 이윤심은 이 날 남편에게 '할 말이 있다'고 한다. 남편이 뭐냐고 묻자, 부인은 '꾸중을 하지 않는다고 약속하면 얘기하겠다.'고 한다. 남편이 '도대체 뭐냐'고 묻자, 부인은 다시 '꾸중하지 않는다고 해야 알려줄 수 있다'고 한다. 권순덕은 '꾸중하지 않겠다'고 약속한다. 그 때서야 부인은 '동네 사람들 여행가고 남은 경비로 다들 금오산(金烏山)[10]에 갔는데, 자기는 친정어머니 생신이라 구경을 못 가서, 경비를 현금으로 돌려받았고, 그

---

9) 권순덕은 일기를 가계부로도 활용했다. 하루 일을 다 쓴 후 맨 아래 그 날의 수입과 지출을 항목별로 적어놓았다. 공공요금, 아이들 학업에 필요한 경비, 식재료나 농업 용품 구입비, 친인척 애경사 경비, 심지어 딸의 생리대와 머리고무줄 비용까지 세세하게 기록했다.
10) 경북 구미시에 있는 977m의 산.

돈으로 친정어머니 옷을 샀다'고 얘기한다. 남편의 허락을 구하지 않고 마음대로 친정어머니 옷을 산 것에 대한 미안함 때문에 이렇게 뜸을 들였던 것이다. 권순덕은 부인이 사온 '9,000원' 짜리 장모의 옷을 보고 매우 곱다고 칭찬했고, 친정어머니를 생각하는 부인의 마음씀씀이에 감탄했다(90.5.8). 이 일기는 부인이 독립적인 소비권을 갖지 못하고, 남편에 예속된 소비 활동을 하고 있음을 보여준다. 부인은 하루하루 뼈 빠지게 일한 덕택으로 재산 획득에 크게 기여했음에도, 남편은 큰 단위의 돈뿐만 아니라 소소한 살림 비용까지 경제적 권한을 쥐고 있었다. 여성의 경제적 지위는 확보되지 못한 채, 젠더불평등한 상황이 매일의 삶 속에 펼쳐지고 있었다.

4. 육아와 가사는 전적으로 여성의 몫

1970~80년대 농촌에는 아이를 맡길 복지시설이 거의 없었다. 오로지 육아는 가정 내에서 책임져야 할 문제였다. 이 시기 평균 자녀수는 4~5명이었기 때문에 임신, 출산과 유아기의 양육이 10년 이상 지속되었으므로, 아이를 낳고 돌보는 일은 여성의 중요한 문제였다. 초·중년의 기혼 여성은 농사를 병행해야 했으므로, 며느리가 아이를 낳은 시점에, 시어머니는 농사에서 은퇴하고, 아이를 돌보게 된다. 한 농촌 마을 조사에서도 시어머니와 살았기 때문에 도움이 되었다고 생각한 부분 중 가장 높은 비율을 차지한 항목이 '자녀 양육'이었다(박부진, 1981: 104).

이윤심은 1~2년 터울로 아이 셋을 낳았는데, 혼입해 들어왔을 때

▲ 아이를 안고 있는 이윤심 : 이윤심은 1~2년 터울로 아이 셋을 낳았다. 아이를 돌봐 줄 시어머니가 안 계셨기 때문에 아이들이 갓난아기 시절에는 농사보다는 육아에 힘을 쏟아야 했다. 그러나 남편은 국수 빼는 사업을 시작하면서, 해산한 지 10일 만에 일을 했다.

부터 시어머니가 돌아가시고 안 계셨기 때문에, 아이를 돌보면서 틈틈이 농사를 도왔던 것 같다. 권순덕은 유난히 자주 보채는 첫 딸 때문에 힘들어하는 부인의 일상을 여러 차례 기록했는데(73.8.7; 73.10.17; 73.11.11), 육아가 부부 공동의 몫이라고 생각하지 않았다. 부인이 권순덕에게 애를 맡기고 계모임에 참여한 어느날, 권순덕은 그 날 일기에 '무의미한 하루를 보내고 말았다'고 적고 있다(75.2.16). 그는 애를 낳고부터 '여자는 자식 키우는데 한평생을 보내게 되는 것'임을 깨닫는다(76.1.14; 80.1.9).

김유순 역시, 23년간 임신과 출산을 반복하며 10남매를 낳았으니, 그녀의 양육 과정이 얼마나 지난하였을 것인지는 어렵지 않게 상상할 수 있을 것이다. 1945년 사택으로 살림을 옮긴 김유순은 산달이 되면 금계 본가에 가서 몸을 풀었다. 1950년대는 갓 낳은 아이부터 코흘리개까지 어린 자녀들로 사택은 북적였다. 1957년 1월 어느 날 곽상영은 한 방에 가득한 자식들을 보면서 일기에 "자식들이 모두 8남매 남자 4名, 여자 4名, 공평도 하려니와 무릇무릇 잘도 커서 한방에 갓득있어 가정다운 기색이 보임은 진실로 행운한 일이다"(57.1.3)라고 뿌듯함을 담기도 했다. 김유순이 금계 시가에 볼 일이 있어 사택을 비울 때는 어린 아이들은 엄마의 부재를 실감하며 엄마을 찾기도 했다(54.1.2).

　김유순이 자녀를 키우는 데 가장 고달팠던 부분은 자녀들을 굶기지 않는 일이었을 것으로 생각된다. 김유순은 사택 울안에 갖가지 채소를 재배하여 청주 자취집에 식량을 댔다. 하지만 쌀은 금계 본가에 의존할 수밖에 없었는데, 늘 부족하여, 아이들은 굶어야 하는 때도 있었다(1966.6.26.).[11] 1970년대가 되어서야 취업한 자녀들이 생계를 조금씩 도와주면서, 밥을 굶어야 하는 궁핍함에서 서서히 벗어날 수 있었다. 1970년이 되는 해, 김유순은 두 손자를 둔 할머니가 되지만, 여전히 학업중인 자녀가 넷이나 되어, 자녀 양육은 오랫동안 이어졌다. 특히 5남인 노필은 고등학교 3학년 중반에, 누나들이 외지로 취업을 하면서 청주 자취방에 혼자 남겨졌다(1979.7.15.). 이 때부터 김유순은 이틀에 한 번 꼴로 청주를 오가며 밥을 해주느라 애를 먹었다.

　농사를 지으면서, 매일 삼시세끼를 차리는 것은 여성에게 고단한 일이었다. 권순덕과 이윤심이 어느 날 밥 문제로 다툰 내용은 농촌 여성의 고단한 일상을 고스란히 보여주고 있다. 권순덕은 일하고 돌아왔는데, 저녁이 늦어지는 게 짜증나 부인에게 '밥을 빨리 차리라'고 다그친다. 그러자 부인은 '내가 놀면서 저녁을 늦게 한 거냐.'고 항변을 했고, 말대꾸하는 부인 때문에 부아가 치민다. 이 날 일기에 권순덕은 '여자는 남편에게 고개를 숙이는 게 행복이고, 고개를 드는 것은 불행이다'고 적고 있다(86.6.14). 최○우 역시 며느리가 아침 저녁으로 새롭게 지은 밥을 내 오지 않는 것에 불만을 표했다(82.5.21; 83.6.7).

---

11) 2녀인 곽노희에 의하면, 청주의 남매들은 도시락을 싸갖고 가지 않는 날이 많았다고 했다. 한 번은 선생님이 도시락을 왜 안 싸오냐고 묻자, "저희 식구는 다 안 싸가는데요!"라고 답변했던 기억을 들려주었다.

농촌 여성은 명절, 시부모 생일, 시부모 제사, 김장을 담그는 시기가 오면 늘 분주했다. 김장은 월동 준비를 위한 집안의 중요한 행사였으므로, 세 남성 일기에 공통적으로 기록되어 있다. 또한 시부모의 생일이나 제사에는 마을 친인척과 이웃들을 초청하여 식사를 하였기 때문에, 부인들은 바쁜 며칠을 보내야 했다. 곽상영은 아버지 생신 때는 항상 곽씨 종친과 동리 사람 수십여 명을 모시고 식사를 대접했다. 어느 때는 식사하러 온 사람이 100여 명이 되었다. 이를 본 장남 노정이 허례허식 생신 잔치에 대한 불편함을 표시해 분위기가 싸늘해지기도 했다(1975.8.15.).[12] 시아버지의 생신을 그렇게 정신없이 치르고 나면, 닷새 후에는 다시 시어머니의 생신이 돌아왔다. 이 외에도 김유순은 매년 11월에 지내는 시제라든지, 치총(置塚)[13]이나 이장(移葬)을 한다든지, 시동생이나 시조카 혼례를 치른다거나 할 때 금계를 찾아 시어머니의 음식 장만을 도왔다. 본가는 농번기나 집수리, 나무 운반, 수의 제작 등 일손이 필요한 때는 품을 사서 했는데, 김유순은 이 때 새참 준비로 힘든 하루를 보냈다(75.4.14.; 75.6.9.; 76.10.4; 76.10.25; 76.11.16; 78.8.14). 이윤심도 인부를 불러 일을 할 때는 음식에 신경을 써야 했다(83.5.26; 88.5.30).

음식을 차리는 일뿐만 아니라 가축을 돌보고, 청소, 빨래 등 모든

---

12) "새벽에 기상. 안식구들 첫 새벽부터 반찬, 안주 등 마련하기에 분주. 내자(정 모)는 거의 철야 정도로 로력. 가친 생진. 조식에 금계리 안팎 약 100명 정도 회식 대접한 듯. … 거의 종일토록 래객 접대에 내자 및 자식들 애 썼을 것. 서울 아이들, 현, 상정 매, 어제 왔던 질녀 선이 출발. 출발 땐 분위기 그리 좋지 않았던 것. 특히 큰애가 허례허비의 의를 표시한 듯. 난들 모르는 배 아니나 극로량친의 처지 생각할 땐 불득이한 것. 연이나 작금 과음된 것과 음식 마련에 세심 심려 불족된 것 또는 안식구들, 자식들 과로되는 것은 항시 반성 아니할 수 없는 것. … "(75.8.15).

13) 묏자리를 미리 잡아 표적을 묻어서 무덤 모양으로 만들어 두었다가 만드는 무덤

집안일은 여성의 몫이었다. 물론 일기의 저자가 가사를 전혀 돕지 않은 것은 아니다. 특히 곽상영은 70-80년대에도 부인과 함께 채소를 다듬고, 콩 꼬투리를 까고, 떡방아를 찧고, 송편을 빚고, 곶감을 깎고, 시장에 같이 가주는 등 집안일을 자주 도왔다. 권순덕도 90년대 중후반, 부인의 농사 노동 강도가 더욱 심해지면서, 식재료 준비나 손질을 하는 데 조금씩 돕기도 했다. 하지만 농촌 여성이 농업에 쏟는 노동 강도보다 남성의 가사 노동은 매우 미약했다.

김주숙(1994:148-151)은 1980년 5개 마을 조사에서, 13세 이상 응답 여성의 94.7%가 식사준비, 집안청소, 빨래 등의 집안일을 주로 맡아 한다고 대답했다. 반면 남편의 가사보조 중 비교적 가장 많이 도와주는 일은 시장보기(29.6%)이며, 빨래를 도와주는 남편은 거의 없는 것(1.1%)으로 나타났다. 1980년 농촌진흥청 조사에서도 농번기 경영주의 가사노동은 하루 16분에 불과했다. 농한기에는 전체 노동시간 5시간 58분 중 가사노동은 2시간 26분에 이르렀다. 하지만 연료 준비 26분, 수리수선 29분, 청소 및 정돈 13분, 가족시중 10분으로, 식사준비를 위해서는 거의 시간을 할애하지 않고 있는 것으로 나타났다(농촌진흥청, 1980; 52):

김주숙(1994, 148)은 농업생산에의 여성 참여가 많아지고 있음에도 불구하고, 여성들의 가사역할이 감소되거나 변화되지 않은 점은 농촌 여성 생활의 중요한 문제라고 지적하고 있다. 세 일기의 부인들 혹은 며느리는 농업과 부업 등 경제 활동 뿐만 아니라, '생명'을 낳아 키우고, 가족과 친족과 이웃이 먹을 '생명'의 밥상을 차려내고, 집안일을 거의 도맡아 고단한 하루하루를 보냈다. 하지만 70-80년대뿐만 아니라 오늘날까지도 여성의 이러한 재생산 노동의 가치는 제대로 인정받지 못하고 있는 듯하다.

5. 사회 활동과 바깥나들이

어느 날 권순덕은 외출하고 돌아와 '이제는 어디를 가도 여자가 많이 붐비며, 여자 소리가 많이 들리므로 이제는 여성의 시대가 되었으며, 세상이 개벽된 것 같다'고 적고 있다(75.3.23.). 또 하루는 '아내가 동네 부녀자들과 놀기로 약속했다는 말을 듣고 치맛자락이 세상을 지배하는 게 아닌가 하는 마음이 들기도 한다'(83.2.23.). 일제 강점기 이전까지는 '여자가 다리를 걷어올리고 모를 심는 일은 없었다.'는 한 농촌 마을 할머니의 이야기에서 유추하듯, 남녀유별을 강요했던 조선조 유교이데올로기의 영향으로 여성은 오랫동안 활동에 제약을 받았다. 하지만 한국의 급속한 사회경제적 변화로 인해 여성의 교육 기회와 사회 진출이 증가하였고, 70~80년대 농촌 여성은 이전에 비해 바깥출입이 자유로워졌다. 물론 이것이 남성과 평등한 선상에서의 사회 활동을 의미하는 것은 아니었지만, 여성의 사회 접촉이 증가한 것은 분명한 사실이다. 농촌 여성은 자녀 교육과 관련하여 학교 자모회 활동에 참여하기도 하고, 농산물 판매와 생필품 구입을 위해 시장에 출입하기도 했으며, 마을 내 교회나 성당에 다니며 종교 활동에 참여하게 되었다. 이윤심도 교회에 잠시 다닌 바 있다. 김유순은 불교 신자가 되어 절에 자주 다녔다.[14] 그러나 세 일기에서 자모회 활동은 나타

---

14) 2녀인 노희가 출가하여(76.8.21) 비구니가 되면서, 김유순 내외는 자연스럽게 불

나지 않았다. 최○우가 자녀 학업이나 전학 문제 등을 전적으로 도맡아 처리하였다. 권순덕은 자녀 교육에 관심은 많았으나, 학교를 방문하는 등의 활동은 하지 않았다. 이윤심이 몇 차례 학교를 방문하여 담임선생님을 만난 정도였다. 그리고 김유순은 남편이 교사였던 까닭에 자녀 학교 문제는 모두 남편에게 맡겼다.

한편, 농촌 마을 내에 자발적으로 조직된 여성들의 비공식집단으로 '계(契)'를 들 수 있다. 김주숙이 1976년에 한 마을에서 조사할 당시, 계에 가입된 여성은 32.1%였다. 계 종류는 쌀계, 물건계, 돈계, 회갑계(回甲契), 상계(喪契), 친목계 등이었다. 농촌여성의 계활동은 현금저축의 경제적 요인도 있겠지만 집안 살림살이에 필요한 비싼 물건을 장만하기 위해, 이웃들과의 친목을 위해, 집단 관광을 위해 조직되었다(김주숙, 1994: 56). 세 일기에서 여성 중심의 계에 부인들이 참여한 내용은 거의 언급되어 있지 않다(『창평일기』 91.12.14.; 『아포일기』 75.2.16). 부인의 계 활동에 관심이 없어 기록하지 않았을 수도 있고, 부인이 계에 활발하게 참여하지 않아서일 수도 있다.

70~80년대 농촌 여성의 사회 활동으로 언급할 수 있는 조직은 '부녀회'이다. 부녀회는 1958년 지역개발 사업의 일환으로 시작되다, 1960년대 초에는 '재건부녀회(再建婦女會)'로, 1960년대 후반에는 '가족계획어머니회'로 전개되었다(김주숙, 1994: 56-58). 특히 농촌 여성을 부락 활동에 적극적으로 참여시킨 계기는 새마을운동의 영향이 크다. 새마을운동은 1970년 4월 22일 박 대통령의 유시(諭示) 아래, 그 해 10월부터 전국 33,000여 자연부락단위로 마을 내 환경개선

교 신자가 되었다.

작업을 시작한 것이 그 발단이다. 1972년 새마을중앙협의회를 구성하고, 새마을지도자연수원을 개설한 후, 1973년 새마을운동은 전국적인 체계화가 이루어진다. 정부는 새마을운동에서 농촌부녀의 동원을 적극 추진하였다. 초반에는 여성적, 남성적 일의 구별 없이 농로를 넓히는 일, 교량을 가설하는 일, 변소를 개량하는 일에까지 여성들이 대거 참여하기도 했다. 1973~79년 새마을운동 성공사례로 '마을을 일깨운 부녀자의 열성', '부녀협업으로 이룬 마을양묘', '억척부인들이 이끈 새마을운동', '부녀회가 이룩한 새마을공장' 등이 발표되기도 하였다. 특히 1977년 정부는 기존의 산발적인 부녀조직들을 통합하여 '새마을부녀회'로 일원화시켰다(내무부, 1973, 1980; 김주숙, 1994: 388-390에서 재인용). 한국 학계에서는 새마을 운동에 대해 '강제적 동원'인가 '자발적 참여'인가를 놓고 대립적인 시각을 보이고 있다. 어쨌든 전 국가의 사회운동 차원에서 시작된 정부의 새마을운동은 농촌여성의 사회 활동에 영향을 미친 것은 분명하다.

세 일기에도 부녀회 단어가 등장한다. 최ㅇ우는 생활개선부녀회의에 참석한 내용을 일기에 적어 놓기도 했다. 동네 25~6명의 부인들이 모여 새마을 가꾸기 용 시멘트를 부엌 개량에 쓰게 해달라는 요구였다. 최ㅇ우는 협의는 해보겠으나 장담은 할 수 없다고 대답했다(71.4.2). 금계일기의 금계리에도 부녀회가 조직되어 활동하였다. 어버이날을 맞이하여 면 체육대회를 했는데, 이 때 점심을 금계리 부녀회에서 제공했다(78.5.8). 김유순은 부녀회원으로 활동한 것으로 보인다. 아포농협 조합원 운동회에 부녀회는 일일식당을 운영했는데, 이윤심은 남편 탈곡하는 것을 도와주려고, 중도에 나왔다. 권순덕은 일기에 '우리 마을 부녀회원이 밥장사하는 차례라 집사람이 끝까지 있어야 하는데도 불구하고, 형수에게만 살짝 이야기하고 나와서 일을 도우니 정말 고맙더라'라고 적고 있다(89.10.23).

한편, 농촌여성의 바깥 활동의 하나로 '관광'을 들 수 있다. 근대화가 시작된 1960-80년대는 생존을 위한 '노동'이 중심이 되는 사회였으므로, 여가생활을 위한 문화가 정착되지 않은 상태였다. 그러나 교통이 발달하고, 경제적으로 여유가 생기면서 관광의 기회가 증가하였다(손현주, 2016: 54). 1970년대에는 정부 차원에서도 관광산업의 위상을 고양시키고, 국민관광의 중요성을 인식시키고자 노력하였다. 1970~80년대 농촌에는 농한기 때 단체 관광을 조직하여 마을 주민이 여행을 다녀오는 경우가 많았다. 관광은 마을 밖의 먼 세상을 자주 접할 수 없는 농촌 주민에게 새로운 활력과 즐거움, 근대적 경험을 제공했다. 특히 근대적 관광이 대중에게 공급되면서, 농촌여성에게도 관광의 기회가 생겨났다.

세 일기에서 창평일기와 아포일기의 부인들은 70-80년대 남편에 비해 여행을 다녀온 횟수는 매우 적다. 이윤심은 겨우 다섯 차례 정도 여행을 다녀온 것으로 나타났다. 그녀는 아이를 봐야 하는 문제로, 돈이 없다는 이유로, 차멀미를 한다는 이유로 여행을 망설이는 때가 많았는데(76.5.1; 80.5.10; 82.3.20.; 85.4.2.), 이럴 때마다 권순덕은 부인의 여행을 독려하였다. 이윤심이 다녀온 관광지는 남해대교(南海大橋), 한산도(閑山島), 북한남침용 땅굴 등으로(82.3.20; 85.4.1; 89.3.28), 자연관광, 신문물관광, 안보관광의 성격을 지니고 있었다. 『창평일기』에도 부부 동반 여행이나 부인의 여행(70.5.24; 75.5.6; 76.5.13; 88.5.3)과 며느리 내외 여행이 몇 차례 기록되어 있다(76.5.9; 86.3.17; 86.8.4; 87.4.19; 87.11.30; 88.4.28; 88.6.23). 둘째 부인 내외와 성동 내외 4인이 가족 여행을 다녀오기도 했다(89.7.26).

세 일기에서 여행을 가장 많이 다닌 이는 김유순이다. 교장이었던 남편이 학교 소풍이나 선진지 견학, 부부 동반 여행에 부인을 데리고 다니는 일이 많았기 때문이다. 그리고 취업과 결혼으로 자리를 잡은 자녀들이 어머니인 김유순에게 여행을 시켜주는 날이 증가하였기 때문이다. 물론 이는 1970년대 들어서야 가능했다. 그 전까지 곽상영 내외는 자녀들의 학비를 마련하고, 입히고 먹이는 일조차 버겁던 때였으므로, 김유순이 남편과의 공적인 여행에 참여하기란 쉽지 않았다. 특히 지출이 소요되는 사적인 여행은 꿈도 꾸지 못했다.

▲ 김유순의 제주도 여행(80.11.29) : 김유순은 회갑을 맞아 남편과 제주도 여행을 다녀왔다. 그녀는 처음으로 호텔에서 잠을 잤다.

김유순이 생전 처음 경험한 여행지는 속리산이었고, 부부가 단 둘이 여행을 한 것도 이게 처음이었다(71.10.31). 이후 김유순은 여러 경로를 통해 여행에 갈 기회가 많아졌다. 남편 학교의 직원 소풍, 교장단이나 기관장 시찰을 통해(74.10.22; 76.11.7; 77.10.1; 83.8.4; 84.12.16; 85.7.30), 남편의 친목계나 동창회를 통해 (81.5.17; 82.5.16; 85.7.7; 87.8.16; 88.5.17; 88.7.31; 88.8.8; 89.8.27; 88.10.28; 89.4.27; 89.8.27; 89.9.7; 89.10.30), 가족 여행을 통해(72.5.21; 74.6.5; 80.11.28; 87.3.29) 바깥 나들이를 했다. 주로 버스를 타고 여러 곳을 돌아다니는 일정이었다. 예를 들면 아산만-삽교천-온양온천(84.12.16), 금산 칠백의총-대둔산-마이산-송광사-관촉사(88.7.31), 천은사-뱀사골-실상사(89.8.27) 등 정해진 코스 일정에 맞춰 움직이면 되었다. 이렇게 해서 김유순은 경주, 용인, 여주, 양평, 설악산, 홍도, 아산만, 온양온천, 울릉도, 대청댐, 독립기념관, 수덕사, 대둔산, 지리산, 내장산 등 여러 지역을 돌아다닐 수 있었다. 한편, 김유순은 충북소년체전이 열릴 때 개막식에서의 마스게임 보는 것을 즐겨하여, 되도록 시간을 내어 남편과 함께 보러 가기도 했다(73.4.16; 74.9.12; 75.9.11; 79.5.27; 82.9.23).

세 일기에서 부인들의 공식적인 사회 활동은 뚜렷하게 드러나지는 않았다. 계와 부녀회 정도의 활동이 살짝 비치는 정도다. 그러나 여행을 통해 마을 밖 세상을 구경하는 기회는 점차 증가하였다. 여성은 단체나 가족 단위의 여행으로, 일상의 고단함에서 잠시 벗어나고, 남해대교나 댐 등 근대적 기술 문명을 경험하기도 했다. 그녀들은 농사로, 육아로, 가사로 과중한 노동에 시달렸지만, 계나 부인회 참여로 사회적 활동을 조금씩 넓혀갔고, 단체관광을 통해 새로운 근대적 경험을 축적하면서, 사회경제적 변화에 적응해갔다. 물론 부인들의 여행 횟수는 남편에 비하면 매우 적었다. 남편들은 마을 안팎으로 다양한 형태의 사회 활동에 참여하면서, 여행할 기회가 부인보다 많았다. 또한 세 일기에서 나타나는 여성의 여행은 여성 주체의 입장에서 기획되지 못하고, 남편과의 부부 동반이나, 마을 내 단체 여행을 통해 이뤄지고 있다. 여성의 바깥나들이는 남편의 그늘, 혹은 남편이 거주하는 마을의 그늘을 벗어나지 못한다는 한계를 지닌다.

6. 나오며

이 글은 농촌이 배경인 한국 남성 일기를 통해 70-80년대 한국 농촌 여성의 생활 세계를 재구성한 것이다. 나는 생활 세계를 네 가지로 정리하였다. 첫째, 부거제와 직계 가족에 기인한 가부장적 가족 제도 안에서 여성들이 겪은 억압과 차별적 경험을 드러냈다. 70-80년대는 외형상 핵가족이 증가하였으나, 여전히 시부모와 자녀세대의 관계를 중시하는 직계 가족 이데올로기가 강하게 남아 있었다. '출가외인'이라는 봉건적 유제 속에 여성은 남편이 사는 집으로 혼입해 들어와 시가에 헌신하는 삶을 살아야 했다. 반면 남성은 달랐다. 남성은 처가와 의무적 관계를 형성할 필요가 없었다. 그리고 정서적 관계를 유지할 수도, 그렇지 않을 수도 있었다. 이윤심은 오늘이 친정아버지 생일인데, 갈 수 없었다. 내일 밤이 시아버지의 제사이므로, 오늘 음식 장만을 해야 했기 때문이다. 남편이라도 다녀오면 좋으련만, 남편은 날씨가 좋지 않다는 핑계로 가지 않았다(72.12.18). 김유순 역시 시부모를 모시고 살면서 외출의 제약을 받고 살았다. 하루라도 맘 편히 있고 싶어 청주에 나간 적이 있으나(74.6.15), 이후 시부모의 눈치는 더욱 심해졌다. 봉건적 가부장제라는 '기울어진 운동장'에서 여성이 움직일

수 있는 운신의 폭은 매우 비좁았다.

둘째, 여성의 농업 노동을 살펴보았다. 핵가족이라는 근대가족 담론은 남성을 공적인 영역에서 경제 활동을 하는 생산의 주체로, 여성을 가정 내에 머물러 있는 소비 주체로 위계화 하였다. 하지만 70-80년대 농촌 여성은 농업 생산 활동에 적극적으로 참여하였고, 이는 세 일기에서도 목격되고 있다. 이 가운데 이윤심의 농사 강도는 남편에 버금갈 정도였다. 그녀는 남편보다 꼴을 더 잘 베었고, 경운기를 운전하였으며, 남편 없이 혼자서 일하는 날도 많았다. 권순덕도 부인의 노동력 없이는 집안 농사가 어렵다는 것을 잘 알고 있었다. 그러나 여성의 경제적 권한은 거의 없었다. 농업 부분에서 부인(여성)의 역할이 커진 것은 사실이지만, 이는 오로지 경제적 생존을 위한 것이었다. 자본주의화 과정 속에서 부족한 자원을 소가족 내 노동력을 통해 극복하기 위한 전략으로, 여기에는 근대 가족 이념이 자리해 있지 않다. 즉 개인성에 대한 존중, 독립성, 이성적/합리적 관계에 대한 믿음이 정착했다고 보기 힘들다(조옥라, 1998: 389).

셋째, 농사에서 여성의 역할이 커짐에도 불구하고, 육아와 가사는 오로지 여성이 전담했던 상황을 드러냈다. 세 일기에서 여성들은 매 끼니뿐만 아니라, 집안의 크고 작은 대소사를 준비할 때 전적으로 부엌일을 도맡았다. '조카 결혼식을 맞아 부인과 동네 아주머니들이 비오는 날 창고 안에서 검은 연기 속에 부침개를 부치느라 애를 먹는 모습을 보면서 남자들은 수월한 일과를 보낸다'는 권순덕의 어느 하루의 일기처럼(73.1.26), 여성들은 식사 준비하는 데 고단한 하루를 보낼 때가 많았다. 권순덕은 도시의 아파트를 직간접적으로 경험하는 날이 많아지면서, 구식 부엌, 손빨래 등 뒤떨어진 물질문명 때문에 농촌 여성이 고충을 겪는 것이라 보고, 아내의 고충을 덜어주기 위해 세탁기를 사고(88.7.29), 90년대 초에는 입식부엌으로 된 새 집을 짓기로 결심한다(93.12.23). 세 일기에는 농업, 양육, 가사 등 여성의 삼중노동에 대한 젠더불평등 시각과 젠더 인식이 전혀 자리 잡고 있지 않다. 남성들은 부인들에게 가전제품을 사주고, 새 집을 지어 주면서, 여성주부 역할에 더 충실하도록 가부장적 젠더 구조를 더욱 견고하게 만들었다.

넷째, 여성의 사회활동이나 여행을 통한 바깥나들이를 살펴보았다. 김주숙(1994:451-452)은 1970년대 중반 한국농촌 여성은 명백하게 세 역할을 하고 있었다고 언급했다. 첫째 역할은 종래부터 해오던 주부의 역할이고, 둘째 역할은 농업생산과 기타 경제행위를 하는 경제활동자로서의 역할이며, 셋째는 지역사회활동을 하는 시민으로서의 역할이었다. 셋째 역할에는 계, 부녀회, 자모회, 종교 활동 등이 해당되는데, 세 일기에서는 부인들의 이러한 사회 활동이 활발하지는 않았던 것으로 보인다. 다만 세 일기에서 약간의 편차는 있으나, 일상의 고단함에서 벗어나는 여행은 공통적으로 모두 추구했음을 알 수 있다. 권순덕이 직지사에 놀러온 수많은 여성들을 보고, '여자들이 이제는 너무 개벽된 세상을 살고 있다'고 느낀 것처럼(75.3.23), 여성의 바깥 활동이 잦아진 것은 분명한 사회문화적 변화라 할 수 있다. 하지만 세 일기에서 여성들의 여행은 개인적이고 주체적으로 기획되지 못하고, 남편이나 마을을 통해서 기획되었다는 점에서 여성의 여행도 가부장적 구조에 쏠려 있다고 볼 수 있다.

나는 여성에 대한 연구를 할 때마다 항상 고민에 빠진다. 여성을 한없이 가부장제의 피해자로만 그리다 보면, 여성이 갖는 주체적, 능동적, 저항적 힘을 간과하게 되지는 않을까 걱정된다. 반면 여성의 주체성을 강조하다 보면, 여성이 처한 억압적이고 종속적인 위치를 제대로 밝히지 못할까봐 걱정된다. 오늘날의 눈높이에서 1970~80년대는 농촌여성들의 '희생'이 극명하게 보이기 때문에, 이 글에서는 농촌여성을 피해자로 그린 측면이 없잖아 있다.

이 글은 70-80년대 농촌 여성에 관한 기존 연구에서 새롭게 추가되었거나, 다시 조명해볼만한 내용을 얹히지는 않았다는 점에서 획기적인 연구물은 아니다. 다만 농촌 여성에 관한 기존 연구는 대부분 사회학이나 문화인류학 내 현지조사 중심으로만 진행되어 왔다. 이런 점에서 농촌을 배경으로 쓰인 남성 개인의 기록물 속에서 여성의 보편적인 생활 세계를 독해하고자 시도했다는 점에 이 논문의 의의를 찾을 수 있겠다.

참/고/문/헌

• 김주숙. 1994. 『한국농촌의 여성과 가족韓國の農村の女性と家族』. 한울아카데미.

• 김진명. 1993. 『굴레속의 한국 여성絆の中の韓國の女性』. 집문당.

• 박부진. 1981. "韓國農村家族의 姑婦關係." 『한국문화인류학』, 13: 87-118.

     . 1994. "전환기 한국 농촌사회의 가족유형." 『한국문화인류학』, 26: 157-201.

• 손현주. 2016. "『아포일기』에 나타난 농민의 근대적 관광 경험에 대한 연구." 『비교문화연구』, 22(1): 53-87.

• 이옥희. 2005. "농촌여성의 생산 및 재생산 노동에 대한 자기 인식과 역할의 질적 접근: 상주지역을 중심으로." 『嶺南學』, 7: 249~299.

• 이정덕 외. 2012. 『창평일기 1』, 『창평일기 2』. 지식과 교양.

     . 2013. 『창평일기 3』, 『창평일기 4』. 지식과 교양.

     . 2014. 『아포일기 1』, 『아포일기 2』. 전북대 출판문화원.

     . 2015. 『아포일기 3』, 『아포일기 4』, 『아포일기 5』. 전북대 출판문화원.

     . 2016. 『금계일기 1』, 『금계일기 2』. 지식과 교양.

• 조옥라. 1998. "농민가족의 현대성과 보수성." 『한국문화인류학』, 31: 377-405.

• 조희금. 1998. "농촌여성의 경제적 지위에 관한 연구: 경북지역

농촌지도자층 농가를 중심으로."『한국가정관리학회지』, 16(4): 41-54.

• 한국여성개발원교육연수실 편집. 1990.『우리농촌과 여성』. 한국여성개발원.

• 한국농촌진흥원. 1980.『농가주부 및 경영주의 생활시간분석 보고서』.

제6장

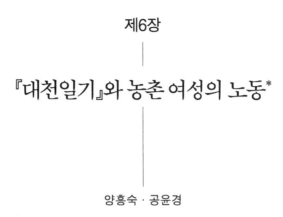

『대천일기』와 농촌 여성의 노동*

양흥숙 · 공윤경

1. 일기 속 여성의 발견

일기는 개인이 자신을 둘러싼 사회 속에서 살아가면서 적은 기록물이다. 역사학, 민속학, 인류학, 사회학, 문헌학, 언어학 등 다양한 분야에서 일기를 주목하고 있다. 개인이 체험한 바를 그때그때 기록한 것이므로 내용의 사실성과 현장성이 확보되고 개인의 구체적인 행위들이 담겨있기 때문이다. 더욱이 개인이 공동체, 지역사회 그리고 사회변동과 관련하여 상호작용하는 경험들을 찾을 수 있기 때문이다. 이것은 국가나 공식기관에서 작성된 기록에서 발견할 수 없는 것이다.

---

* 이 글은 『한국민족문화』 61(2016)에 실린 "일기를 통해 본 농촌 여성의 일상과 역할"을 요약 · 수정한 것이다.

그러므로 개인 일기는 국가나 공식 기록의 부족분을 보완하는 기록일 뿐 아니라 파편적으로 존재하면서 드러나지 않는 것들을 담은 새로운 기록으로서의 가치가 충분하다.

최근 『아포일기』, 『창평일기』, 『평택일기』 등 우리나라의 근대화 과정을 살필 수 있는 일기들이 발굴, 출판되고 있는데 모두 남성의 일기이다(신권식 · 지역문화연구소, 2007, 2008, 2009; 이정덕 외, 2012, 2013; 이정덕 외, 2014, 2015). 스스로 기록을 남기지 않은 여성들은 남성에 비해 가려진 존재일 수밖에 없다. 하지만 이 일기 속에는 일기 작성자 주변에 위치하고 있는 적지 않은 여성들에 대한 기록이 남아 있어 이 시기 여성의 존재와 생활상을 간접적으로 체험할 수 있게 해 준다. 일기에 드러나는 여성의 경험은 개별적이고 주관적인 것에 머물지 않고 다수가 겪을 수 있는 공동의 경험이 될 수 있을 것이다. 이에 본 연구는 윤희수[1]의 『대천일기』를 중심으로 일기 속 여성을 발견해 보고자 한다.

여러 권의 일기장 중에는 '農事日記'라고 쓴 별개의 일기장이 있을 정도로 『대천일기』는 농업에 대한 내용이 많다. 대천마을이 도시로 변하기 전에는 전형적인 농촌이었기 때문에 1950~1970년대의 『대천일기』는 농촌일기라고 불러도 과언이 아니다. 일기 속 여성 또한 농촌 여성으로 살아가던 이들이다.

지금까지의 연구 성과를 살펴보면 근대화시기의 농촌 여성에 대해

---

1) 윤희수는 1925년생으로 부산광역시 북구 화명동의 대천마을(자연마을)에서 태어나 살고 있다. 구포공립보통학교 졸업 후 농사일을 돕기 시작했고 광복 전후에는 동래의 일본인 농장, 철도회사에서 잠시 근무하였다. 1948년 결혼하였고 한국전쟁에 참전했다가 부상을 당했다. 1954년 부친 사망 후 집안의 농사일을 전담하게 되었다.

주목한 것이 많다. 한국 근대화와 맞물린 농촌의 구조적 변화, 가부장적인 전통의 지속과 변화, 노동자로서의 역할 등에 대한 관심들이었다. 이런 관점에서 전근대부터 진행된 가부장적 전통사회 속에서의 여성 노동, 가족이나 사회에서 여성의 지위와 역할 등에 대한 연구가 이루어졌다(한국여성개발원, 1987; 김주숙, 1990; 이영미·김주희, 1991; 김종숙·정명채, 1992; 김관수·김태헌, 1994; 김혜순, 1994; 조관일, 2000; 이옥희, 2005). 또한 1960년대~1970년대 근대화, 산업화시기에 국가와 자본에 동원되는 농촌 사회, 가족과 국가와의 관계 속에서 농촌 여성을 조망하는 연구도 있었다(최영숙, 1975; 李效再·金周淑, 1997; 이순미, 2006; 김주희, 2011). 아울러 근래 발굴되고 있는 『아포일기』, 『창평일기』, 『평택일기』 등에 근거하여 근대화와 관련된 농촌마을의 변화를 고찰한 연구 성과들도 발표되고 있다. 이러한 연구를 기반으로 농촌 여성 또한 비판적 시각에서 바라볼 필요가 있다.

이에 본 연구는 『대천일기』를 사례로 도시 주변부에 거주했던 농촌 여성의 일상을 노동을 중심으로 고찰하고자 한다. 농촌에서의 노동은 농가의 생존전략이며 여기서 여성 노동력은 생존전략의 단면을 구성하는 것이 아닌 생존전략을 가능하게 한 기제로서(김혜순, 1994: 142) 작동해왔지만 남성 중심의 노동 양태에 가려져 왔다. 여성 노동의 고찰을 통해 여성의 다양한 활동과 역할을 살펴보고, 수동적 또는 보조적 농촌 여성상의 제고를 시도하고자 한다.

2. 대천마을과『대천일기』

1) 대천마을 현황과 특성

대천마을은 부산시 북구 화명동에 있는 마을이다. 화명동은 대천마을 외에도 와석(화잠)마을, 수정마을, 용당마을 등 자연마을 명칭이 남아 있다. 대천마을 안에는 양달, 음달, 용동이란 작은 마을들이 있다. 대천마을이 있는 화명리는 1914년 양산군에서 동래군으로 행정구역이 바뀜에 따라 경상남도 동래군 구포면 관할이 되었다. 1963년 부산직할시에 편입되면서 부산직할시 부산진구 화명동으로 행정구역이 변경되었다. 그 후 1978년 부산진구에서 북구가 분리되어 북구 관할로 바뀌었다. 인구 증가로 2003년 7월 화명동은 화명1동과 2동으로, 그해 12월 화명1동은 다시 화명1동과 화명3동으로 분동되었다. 현재 대천마을은 화명2동에 해당한다(그림 1 참조).

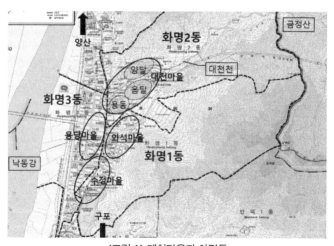

〈그림 1〉 대천마을과 화명동

대천마을은 부산광역시에 속해 있지만 일제강점기 이전에는 낙동강 유역권으로 양산군에 속해 있었다. 그래서 사람의 이동, 물류, 문화적인 면에서 최근에도 양산과는 밀접하게 관련되어 있는 마을이다. 또한 일기에는 양산 지역뿐만 아니라 낙동강 인근 지역과의 교류도 잘 드러난다. 북쪽으로는 양산, 서쪽으로는 낙동강 건너편 대저 지역과의 교류, 특히 남쪽의 구포와는 빈번한 왕래가 나타난다. 양산에는 윤희수가의 先代 묘소가 있고 양산을 비롯한 대저에는 婚脈이 형성되어 친척간의 왕래가 잦았다. 구포로는 1950~1960년대 牛車로서 빈번하게 왕래하였다. 특히 마을에는 대천천이 흐르고 마을 뒤로는 금정산이 자리하고 있어 산, 하천, 강 등이 농사나 일상생활에 많은 영향을 미치는 지리적 환경을 가지고 있었다.

또한 대천마을은 일제강점기 때부터 경상남도 지정 農村更生部落 矯風會, 振興會 등 도내 시범부락으로 지정된 바 있다. 1924년에 조직된 대천청년회의 노력이 컸다고 알려져 있다. 마을청년회 제2대 회장인 김대련은 구포읍장, 광복 이후 동래군수를 지낸 인물이므로(윤은호, 2007: 20-21) 마을과 관청과의 관계가 다른 마을과는 다르게 형성될 수 있었다. 농촌개발과 관련된 각종 사업의 시행은 광복 이후에도 이어졌다. 1961년에는 지역사회개발사업 시범마을로 지정되었고[2] 1962년에는 地域社會開發事業을 위한 융자신청을 하였다. 이후에도 示範農村 努力賞 수상, 벼 集團栽培 시범지구 評價會 실시, 應用營養示範部落 발족 등 새마을사업이 본격적으로 시행되기 이전부터 여

---

2) 1958년 11월 ICA원조자금으로 실시된 지역사회개발사업은 1961년부터 지역사회개발 5개년계획에 따라 확대되었다(『경향신문』, 1961.5.4). 대천마을은 1961년 274개 군에 시행되는 본 사업의 시범마을로 지정된 것이다.

러 유형의 농촌 근대화사업이 시범적으로 시행된 마을이었다. 대천마을은 신학문 보급, 관 또는 국가와의 관계를 형성한 마을구성원의 존재 등으로 일찍부터 국가정책에 협조적인 마을이었던 것으로 보인다.

1970년대까지만 해도 대천마을은 대부분의 주민들이 농업에 종사하는 전형적인 농촌마을이었다(공윤경, 2003: 100-101). 그런데 1970년대 중반부터 마을은 공간의 변화를 겪게 되었다. 대천마을 양달 뒷산에 고아원(1972), 양로원(1975) 그리고 음달 山꺔에 정수장(1975), 변전소(1978)가 건설되었기 때문이다. 이어 1980년대 부산시 북구에 택지개발사업이 추진됨에 따라 대천마을도 대규모 아파트가 들어서는 주거지역으로 변하기 시작했다.[3] 당시 북구는 도심에서 멀리 떨어진 농촌지역으로서 다른 구에 비하여 상대적으로 개발이 되지 않았기 때문이다. 1980년대 후반 대천마을 용동 주변이 주거지로 개발되었고 이후 1990년대 화명신도시사업이 본격적으로 추진되면서 대천마을 양달 주위에 대규모 아파트단지가 들어서게 되었다.

도시화에 의한 도시공간의 팽창으로 와석, 수정, 용당마을은 물론 논과 밭, 구릉지나 산비탈이 사라지고 대규모 아파트단지와 학교, 상업시설들이 생겨났다. 하지만 대천마을의 경우 대부분의 아파트단지가 마을 주변의 농지나 산비탈에 만들어져 아파트단지와 자연마을인 대천마을이 공존하는 형태가 되었다. 대천마을에는 현재 중노년층을 중심으로 약 2,000세대가 거주하고 있는데 비해 새로 신축된 아파트지역에는 청장년층이 주를 이루며 대천마을보다 약 2.5배 많은 5,000

---

3) 택지난, 주택 부족으로 인해 지가 상승과 부동산 투기가 심해지자 부산시는 택지 공급이 용이한 변두리 농촌지역을 택지개발지구로 지정하여 주택 건설에 필요한 택지를 공급하였다.

세대 정도가 거주하고 있다.

이처럼 마을의 공간구조와 인구 구성은 크게 변하고 있지만 마을 내부에서 공고하게 유지되고 있는 것은 오랜 내력을 가진 자연마을이라는 점과 파평 윤씨 세거지란 점이다. 1980년대 후반 마을에는 향토문화보존회가 발족하게 된다. 1970년대 중반 이후 마을의 공간과 경관이 크게 바뀜은 물론 구성원에도 변화가 생기면서 마을의 역사와 전통이 사라지는 것에 대한 마을 내부의 대응이었다. 마을 토박이나 마을에서 오랫동안 거주한 이들에게 대천마을은 오랜 삶의 터전이다. 그런데 외부에서 작동하는 다양한 힘에 의해 마을의 구체적인 장소와 의미 있는 가치가 사라져 가고 있기 때문이었다.

향토문화보존회에 의해 1990년 5월 마을회관 앞에 세워진 「大川마을 沿革碑」에는 '一九八五년부터 매립하여 택지를 만들어 놓았으니 옛 풍년가는 들을 수 없게 되었다', '그 밖에도 문전옥답은 흔적도 없이 현대식 집들이 들어서 골목은 상가로 변했으니 이제 옛 大川마을의 풍치를 그려볼 수 없어 세월을 탓할 수밖에 없다. 긴 세월이 흘러 오늘에 이르는 동안 향토문화의 요람지며 많은 인재를 길러낸 臨川齋 옛터인 이 자리에 간략하게 향리 내력을 碑에 새겨 후세에 전하고저 한다'라고 되어 있다. 沿革碑를 세우는 일들은 마을의 정체성을 확보하고 유지해 나가려는 노력이라고 할 수 있다.

또한 마을에는 마을 당산인 姑母堂이 보존되어 있으며 파평 윤씨 大川門中 재실인 金湖齋, 대천문중 내 私宗會의 재실인 追遠精舍 등 세거지를 나타내는 건물이 들어서 있다. 1971년 정수장 공사가 시작되면서 음달 뒷산 고당곡에 있었던 고모당(고당할매집)은 음달 대천천 옆으로 옮겨졌다(윤은호, 2007: 25). 그리고 大川門中 재실은 원래

용당마을에 있었으나 화명신도시 조성공사로 철거되었다. 이에 문중
에서는 대천마을 용동골에 새로운 재실을 신축하였다(부산광역시편
찬위원회, 2010: 105). 이와 같이 대천마을은 택지지구 개발, 신도시
조성 등 마을의 급격한 변화에 맞서 마을의 역사, 그리고 기억과 흔적
들을 주민들의 노력으로 전승해 오고 있다.

2) 『대천일기』소개와 특징

『대천일기』는 1954년 7월부터 기록된 일기로, 윤희수는 현재에도
일기를 쓰고 있다. 일기는 農事日記[4]라고 쓰인 일기 1권, 이와는 별도
로 보통의 일기 형식으로 1956년 5월 28일부터 기록된 일기가 있다.
農事日記를 포함한 모든 일기에는 음력과 양력은 물론, 날씨가 자세
하게 적혀있다. 오전과 오후 날씨를 구분해서 적기도 하고 때때로 바
뀌는 날씨에 대해서도 놓치지 않고 적어 놓은 노력이 보인다. 윤희수
가 농업을 주된 경제 기반으로 삼아 살았기 때문이다.[5] 일기는 지금
까지 거의 매일 쓰이고 있지만 1963년 5월 1일부터 1966년 3월 5일,
1972년 1월 1일부터 1980년 6월 30일까지의 일기를 찾을 수 없는 상
태이다. 그래서 한국 근대화사업의 절정기인 1970년대를 읽을 수 없

---

4) 1954년 7월 28일부터 1962년 8월 15일까지의 농사일기이다. 일기 뒤편에는 1954
년부터 1968년까지의 보리, 벼 수확고가 상세하게 기록되어 있다.
5) 일기 곳곳에는 농업을 하면서 사는 어려움이 나타나 있다. 1956년 가뭄 때문에 쌀
값이 너무 올라서 농촌이나 도시나 다 같이 못살겠다(1956.8.12)라든지, 가뭄으로
농민은 속이 타들어 가고 도시에서는 식수 부족을 초래하고 쌀값은 올라가는 것을
걱정하고 있다(1956.8.15). 負債로 명절을 보내야 하는 일(1962.9.13), 자녀들의
학비를 충당하기에 힘겨운 상황(1971.6.17, 10.16) 등을 적기도 하였다.

다는 것이 이 일기의 단점이다. 다만 마을에는 일기 외의 사진자료,
『華明大川 마을의 情談』과 같은 자료집 등이 남아있어 이 시기를 보
완하는 자료로 사용되고 있다.

『대천일기』는 60년 이상의 개인 기록물로, 삶터로서의 농촌을 고찰
할 수 있는 텍스트이다. 근대시설 도입과정에서 개인이 체험한 부산
근대화의 일면도 찾아 볼 수 있다. 뿐만 아니라 농촌에서의 개인 일상
생활, 同姓마을에서의 활동, 마을의 공동체적 유대관계의 전승 상황
등을 통해 부산 현대사도 조망할 수 있다. 즉, 일기가 시작되는 시기
가 한국전쟁이 끝난 지 얼마 지나지 않은 때였기 때문에 전사자 처리
과정, 낙동강이나 구포역과 가까운 지리적 여건과 교통수단의 이용
과 발달, 농촌 근대화사업, 농업 경영의 실태와 변화, 개인의 의례와
공동체 상호부조 활동 등 1950~1960년대 도시 외곽 농촌사회의 다
양한 면모를 살필 수 있다. 또한 1980~1990년대 일기에는 아파트를
비롯한 학교, 상업시설 등 신도시 조성에 따른 마을 공간구조의 변화,
농지가 택지로 변화하면서 나타나는 영농체계의 변화, 도시화 과정에
서의 마을공동체의 변화 등이 나타난다. 2000년대 이후의 일기는 윤
희수가 70대를 넘는 고령이 되면서 문중, 마을 조직의 자문 역할을 하
며 지내는 일상의 내용이 주류를 이룬다.

그런데 『대천일기』는 남성에 의해 기록되었기 때문에 일기에 투사
된 여성의 일상을 재구성하기는 쉽지 않다. 남성이 본 '기록된 여성'
을 경유하여 여성을 고찰하기 위해서는 기록자인 남성의 일상을 이해
할 필요가 있다. 윤희수가 문중, 마을, 지역에서 참여하고 있는 계를
비롯한 각종 조직이나 모임 그리고 그의 정치적 성향 등이 여성을 인
식하고 기록하는 데 영향을 미쳤을 것으로 보기 때문이다.

　일기를 쓴 윤희수의 직업은 농촌에서 태어나고 자란 농부이다. 마을이 농업 근대화정책에 적극 협조한 것처럼 그 자신도 품종개량, 벼 집단재배, 새마을가꾸기 등 농촌개발사업에 적극적이었으며 '식량 증산과 영농기술혁신에 기여한 공로가 지대함으로' 표창장을 받았던 인물이기도 하다. 또한 일기에 따르면 1956년 당시 윤희수는 31세였는데 '大川部落 會議', 즉 마을 회의에 참석하는 모습을 보인다. 단순 참석만 하는 것이 아니라 총무, 간사, 회계 담당 등 마을 회의와 조직에서 임원을 맡아 활동하였다. 이외 문중회의, 마을 친목계 등 각종 계모임에 활발하게 참석하고 이 모임들은 매년 개최되었다. 윤희수는 60대 중반에 접어들면서 마을 실무에서는 벗어났지만 노인회 회장, 자문 등으로 마을 원로로서 활동해 오고 있다.

　일기에는 윤희수의 가족이거나 친척관계인 여성, 즉 어머니, 고모, 누이, 妻, 딸, 며느리, 처제, 숙모, 당숙모 등이 등장한다. 윤희수가 농사·문중·마을의 사업이나 활동에 적극적이었으므로 여성 또한 이러한 환경에서 무관할 수는 없었다. 예를 들어 여성은 친목모임, 문중회의, 마을회의 등 모임의 성격에 상관없이 자신의 집이 모임공간이 될 때 남성의 활동에 동원되었다. 일기에는 '우리집에서'[6]라는 표현이 자주 등장하는데 남성의 활동 유형과 범주에 따라 여성은 응접이라는 형식으로 노동을 제공하고 또한 집이 공적 공간이 되면서 이 공간으로 수렴되는 사람들과 관계를 맺고 또한 관계망을 확대할 수 있게 되었다.

---

6) '下午에 常綠契 定期總會를 우리집에서 開催한다'(1960.2.11), '今夜 爲親契 定期總會를 우리집에서 開催한다'(1961.4.28), '乙丑生 甲契 別任을 우리집에서 開催한다'(1971.3.28), '營農會를 오늘 아침에 우리집에서 開催하고 會員들에게 朝食을 對接한다'(1982.11.5), '簡易上水道(陰旨, 龍洞谷) 委員總會를 우리집에서 開催한다'(1982.12.31) 등이 있다.

3. 일기를 통해 본 여성의 노동

1) 1950년대 여성 노동

『대천일기』가 시작되는 1950년대는 農事日記로 기록된 부분이 포함되어 있다. 농사일기에는 윤희수의 營農방식이 비교적 자세하게 기록되어 있으며 재배작물은 벼, 보리(大麥, 小麥), 콩, 팥, 상추, 마늘, 감자 등이었다. 또한 養鷄, 養豚, 養牛도 병행하고 있다. 매년 벼와 보리 수확이 끝나면 稻收獲高, 麥收獲高를 작성하였는데 곡물이 수확된 농지, 품종, 품종마다의 수확량, 전체 수확량, 전년도와의 생산량 비교 등을 알 수 있다.

윤희수가는 윤희수를 중심으로 농사를 지으면서, 1년 세경을 받는 머슴[7]이 상주하기도 하고 월품을 받는 고용인이 있는 자작 농가였다. 농가의 일기를 통해 농사에 참여한 여성 노동의 상황도 파악할 수 있다. 1950년대에는 50대의 어머니, 20대의 부인, 미혼의 여동생이 농산물 생산에 참여하게 된다. 이 시기의 일기 분석을 통해 노동 일수와 그 내용을 비교적 상세하게 확인할 수 있다. 〈표 1〉의 내용을 보면, 50대 어머니가 농업에 종사하는 日數가 가장 많은 것으로 나타났다. 20대 부인의 경우는 출산, 육아, 식사, 기타 집안일 등의 노동이 더 많았을 것이다. 실제로 부인은 1950년대 4명의 자녀를 출산하고 양육하였다. 대가족이 오로지 농업노동으로 생활을 유지하던 시기였기 때문에 부인은 돌봄노동, 가사노동과 함께 농업노동을 복합적으로 수행하

---

7) 일기에는 머슴을 雇傭(人)이라고 적기도 하고 집안 식구로 표현하기도 한다.

고 있었다.[8] 여성이 수행하는 돌봄노동, 가사노동은 유형적, 무형적
상품가치를 생산하거나 시장교환을 통해 잉여가치를 창출하는 생산
노동과 비교할 때 재생산노동이라고 한다(이옥희, 2011:253-255).[9]
일기에는 재생산노동이 농업노동만큼 구체적으로 확인되지 않지만
여성 노동의 범주와 의미들을 확인할 수 있는 기회가 된다.

어머니와 부인의 농업노동력이 집중되는 시기는 1955년의 예를 보
면 3월 감자를 심을 때, 6월 모내기, 10월 벼 수확할 때였다. 구체적으
로는 3월의 보리 김매기, 각종 농작물 심기, 보리밭 비료주기, 5월의
감자밭과 묘판 관리, 6월의 모내기, 10~11월의 벼 수확과 보리 심기
등이다.

〈표 1〉 1955년 농촌 여성의 노동 日數와 유형

구분	母	유형	妻	유형	妹	유형
1월	-	-	-	-	-	-
2월	-	-	-	-	-	-

---

8) 1950년대 가족구성원이 가장 많을 때는 10명이었고 조부, 어머니, 윤희수, 자녀 4
대가 함께 거주하였다. 여성의 양육, 돌봄노동은 '어머님은 熙德同生을 다리고 釜
山 서전病院에 入院시켜러 갔다.'(1956.6.7), '(딸) 賢叔이 아파서 어머님은 龜浦藥
局에 갔다 오신다.'(1962.1.10)와 같이 일기에 기록되어 있다.

9) 재생산노동은 임금으로 보상되지 않고 교환거래도 불가능한 노동이다. 가내에서
일상적인 의식주 욕구를 해결하기 위한 노동뿐만 아니라 임신·출산, 자녀 양육,
노인 부양 등의 돌봄노동을 포함한다. 일기에 여성의 재생산노동에 대한 기록도 나
타나지만 남성의 관점에서 기록되었기 때문에 기록되어도 소략하게 언급됨으로써
충분히 설명되지 않는다. 그러므로 여성의 재생산노동은 남성의 기록에서 잘 보이
지 않는 여성 노동이며, 여성 노동은 농업과 같은 생산노동만이 언급되어 전체적으
로는 여성 노동이 가려지게 되는 지점들이다.

3월	13	小麥 除草, 馬鈴薯 植付 小麥 大麥 金肥 施肥 논 친다, 茱田밭 下種, 꽃이씨 下種	11	小麥 除草 小麥 大麥 金肥 施肥 茱田밭 下種 馬鈴薯 植付 施肥	2	馬鈴薯 植付
4월	-	-	2	小麥 除草	-	-
5월	4	馬鈴薯밭 除草 中耕 苗板 稗拔	2	馬鈴薯밭 除草 中耕 苗板 稗拔	-	-
6월	8	보리打作, 小麥 베기, 苗板 稗拔 揷秧	4	麥打作 揷秧	2	揷秧
7월	1	除草	-	-	1	除草
8월	-	-	-	-	-	-
9월	-	-	-	-	-	-
10월	8	벼 건는다 稻打作 稻刈 麥蒔	5	벼 건기 稻打作 麥蒔	1	벼 건기
11월	3	나락 건는다 麥蒔	3	나락 건는다 麥蒔	-	-
12월	-	-	-	-	-	-
합계	37	-	27	-	6	-

윤희수의 여동생들도 감자 심기, 모내기, 施肥, 除草, 稻刈, 벼 건기 등의 농업노동에 참여하였다. 또한 '女同生 소 먹이러 食前에 갔다가 송아지 汽車에 받치서 죽었다.'(1955.8.24), '部落에서 植木 아가시야 4,000本 우리집에서 妹 夫役간다.'(1959.3.19)에서처럼 여동생은 농

업노동 외에 養牛, 마을부역 등에도 참여하였다.[10]

'上午에는 文善君, 文善君의 아버지, 金碩士(머슴) 三人 五斗地 小麥打作을 하고 나는 八斗地 물 대고 母, 共得君의 母 二人은 八斗地 苗板에 稗拔'(1955.6.13)이라고 했듯이 윤희수는 모내기를 위해 논에 물대는 일, 어머니는 이앙할 묘판의 피를 제거하는 일을 하였다. '母, 妻 二人 八斗地 벼 걷는다. 나, 金碩士 二人 運搬'(1955.10.16)하여 어머니와 부인은 베어놓은 벼를 거둬들이는 일을 하고 윤희수와 머슴은 그것을 실어 나르는 일을 하였다. 즉, 농사의 단계 단계마다 여성은 필요한 노동력을 제공하되, 특정 농사일에 대한 남성 노동의 보조가 아닌 각각 생산과 수확을 분담할 수 있는 인력이었음을 확인할 수 있다. 이런 방식의 분업은 1960년대 농업노동에도 이어진다.

2) 1960년대 여성 노동과 자녀 노동

1960년대는 전체 일기를 통틀어 가장 활발하게 농사일을 했던 시기였다. 〈표 1〉의 1955년과 〈표 2〉의 1967년을 비교해 보면 몇 가지 차이점이 보인다. 첫째는 어머니와 부인이 농사에 참여한 일수가 반대로 나타난다는 것이다. 1967년 어머니는 60대 중반에 이르고 부인은 30대 후반의 나이였다. 출산, 육아에서 벗어난 부인이 농업노동에 더 많이 참여하였기 때문이다.

---

10) 누이가 마을부역에 참여한 날은 윤희수와 어머니, 머슴은 감자를 심은 날이었다. 마을 공동 작업에 빠질 수 없는 상황에서 농업도 중단하지 않는 방안으로 여성이 부역노동에 참여하게 된 것이었다. 이로써 윤희수가가 마을 구성원으로 존재할 수 있었다. 여성이 농업노동만이 아니라 다양한 형태의 노동에 참여함으로써 해당 가호가 존속할 수 있게 하는 기제로서 작동하는 하나의 사례이다.

두 번째 차이점은 〈표 1〉에서는 여성 노동이 3월, 6월, 10월에 집중되던 것에 비해 〈표 2〉에서는 농한기(12월, 1~2월)와 5월을 제외하고 거의 매월 다양하고 많은 농사일에 참여했다는 것이다. 그 이유는 경작지의 증가와 다양한 밭작물의 재배 때문이다. 1955년 수확고를 보면 보리는 大麥, 小麥(밀) 합쳐서 총 51斗(1955.6.13), 쌀은 총 435斗(1955.11.6)이었는데 1967년에는 보리 94斗, 쌀 451斗를 수확하였다. 1962년 계밭 304坪, 1964년 뒷밭 二斗落을 매입하여 경작지가 늘어났기 때문이다. 또한 1955년에는 감자, 고구마, 고추, 대두 등이 주요 밭작물이었다. 하지만 1967년에는 봄배추, 白菜, 무 등의 밭작물을 추가로 재배하면서 4월, 8~9월에도 여성의 노동력이 필요했던 것이다. 날씨 변화에 따라 농경일수는 달라질 수 있지만 무엇보다 재배하는 품종이 많아진 것에 그 원인이 있다.

마지막으로 〈표 2〉에서 두드러지는 것은 10대 초중반의 자녀들이 농촌 노동력으로 충원되었다는 점이다. 10대 남성 자녀는 약 뿌리기, 퇴비 섞기, 비료 뿌리기, 물잡기, 물대기, 牛車 몰기 등 성인 남성이 하던 일을 분담하기도 한다. 특히 머슴이 없을 때에는 가족 노동이 더 증가하였다.[11] 여성 노동과 자녀 노동이 가장 많았던 6월은 보리 수확, 배추 농약뿌리기, 모내기 준비와 모내기 등이 겹치는 달이었다. '뒷밭 麥제, 母 나 妻 宋在根 4人, 匡弼이는 웃들 1.5斗落의 봄배추에 藥劑 散布, 基善이는 八斗落에 물 引水, 요사이는 일손이 아쉽다.'(1967.6.11)라고 해서 보리 베기는 어머니, 부인, 윤희수, 고용

---

11) '머슴을 대리드니 時計와 지개, 낫을 가지고 도망갔다.'(1967.12.24)의 경우처럼 머슴이 부재중일 때도 있고 머슴이 놀러갔다가 싸움을 한다거나(1967.4.12) 하는 문제를 일으키는 일도 있었다.

일군이 하고 농약을 뿌리고 물대는 일은 자녀들이 하였다. 일이 많다보니 비가 오는 날에도 일을 해야 했는데 날씨 탓에 日고용인을 구하기 어려웠다. '農牛는 작은宅에 빌려두고 우리들은(食口) 비가 안 오는 틈을 타서 참울샘 논도가리를 꿩이를 쫓아가면서 移換을 한다. 午前은 나 匡彌 在根 3人, 午後는 나 妻 匡彌 基呈 基善 在根 以上'(1967.6.28)과 같이 비가 잠시 그친 틈을 타 중학생, 초등학생 자녀까지 온 가족이 동원되어 이앙을 마치는 모습이 기록되어 있다.

〈표 2〉1967년 농촌 여성의 노동 日數와 유형

구분	母	유형	妻	유형	자녀	유형
1월	-	-	-	-	-	-
2월	-	-	-	-	광필 2	쌀보리 種子 播種 鷄舍 掃除 消毒
3월	4	馬鈴薯 播種 보리 除草	3	馬鈴薯 播種 보리 除草	광필 2	馬鈴薯 심기, 당무씨 播種 계밭 보리 土入
4월	1	봄 배추 씨 播種	3	고구마 移植, 봄 배추씨 播種 馬鈴薯밭 除草	광필 1 기정 1	馬鈴薯밭 除草
5월	-	-	-	-	광필 1	봄배추 農藥散布, 移植
6월	7	보리 打作 麥刈 馬鈴薯 販賣 쌀보리 打作 移換 苗 찐다	9	麥刈 小麥刈 小麥打作 移換 차나락苗 찌기	광필 12 기정 5 기선 5	八斗落 물 引水, 계밭 麥刈 봄배추 藥劑 散布 보리打作, 小麥打作 쌀보리 베기와 打作 六斗落 揚水, 移換, 苗 찌기 물잡기

월						
7월	2	移秧	2	移秧	광필 5 기정 2 기선 2	移秧 六斗落 除草 논매기 요소, 염아加里 散布
8월	2	논매기	3	상추밭 除草 白菜 播種	광필 6 기정 2 기선 3 광우 1	河川敷地 풀매기 河川敷地 除草 白菜 播種 상추밭 藥 散布
9월	1	배추 間引 除草	6	배추밭 中耕 除草 무 追肥 中耕 除草 배추 藥劑散布, 移植 八斗落六斗落 稗拔 배추 間引 除草	광필 2 기선 2	八斗落 稗拔
10월	-	-	8	稻刈, 脫穀, 나락 걷기	광필 3 기정 3 기선 3	稻刈, 나락 걷기 나락 牛車로서 運搬
11월	3	脫穀, 麥蒔 人糞尿 散布	4	脫穀, 麥蒔 나락 걷기	광필 2 기정 2 기선 2	차나락 脫穀 脫穀
12월	-	-	-	-	광필 3	白菜 묶기 白米 牛車로 시장 運搬 堆肥 切贊
합계	20	-	38	-	72	-

또한 1960년대에도 생산과 수확 등의 과정에서 노동을 분담하는 농촌 여성의 양상이 잘 나타난다. '뒤등 2斗落 半에 물잡는다. 나匡弸 宋在根 3人, 妻는 基몰이를 다리고 '차나락' 苗를 午後에 찐

다.'(1967.6.29)에서처럼 윤희수와 장남은 논에 물을 잡고 부인과 장녀는 묘를 찌는 일을 하였다. 그리고 '뒤등 2.5斗落 移揆, 午前 母 나妻 匡弼 基善 宋在根 大渚面 當叔의 머슴'(1967.7.1), '午後 배추 間引除草 母 나 妻 3人'(1967.9.27)의 경우에는 남성, 여성의 구분 없이 함께 일을 하기도 하였다. 전문적인 지식이나 기술을 요하는 노동은 남성이 하고 여성은 그 보조적인 일을 수행하는 형태가 아니었던 것이다. 이는 대천마을의 품삯에서도 분명하게 드러난다. 농번기 품삯은 班長委員會議를 통해 결정하였는데 1969년의 경우 남녀 모두 200원이었기 때문이다(1969.6.3).

　여성 노동은 농사를 짓는 것에 국한되지 않고 농산물의 판매로도 이어졌다. 〈표 3〉은 일기에 기록된 농산물 판매 현황이다. 1950~1960년대 어머니가 시장에 나가서 주로 판매한 것은 무, 배추, 상추, 양배추(감람), 감자(마령서) 등이었다. 부인이 시장에 가서 판매하는 일이 많지는 않았는데 품목은 배추, 석류, 김치였다. 윤희수 가의 여성에게서는 나타나지 않지만 마을 여성들은 나무를 해서 장에 내다 팔기도 했다. 농지를 소유하지 않았던 가호는 판매할 농산물이 많지 않아서 여성이 직접 산에서 채취한 것을 팔기 위해 장에 나가기도 했던 것이다.[12] 윤희수가에서는 주로 남성, 즉 윤희수가 나무를 하였고 또한 '牛車를 몰고 장에 갈 째는 나무를 실고 가고'(1967.4.3)와 같이 우차로 운반하여 장에 갔기 때문에 여성이 직접 나무를 채취하고 판

---

12) 화명동 대천경로당 할머니 인터뷰 (2016.10.8). 남성이 쓴 일기에서는 찾을 수 없는 내용이다. 여성이 나무하는 일이든 농사일이든 장사일이든 노동 현장에서 직접 겪은 것은 같은 장소에 있지 않은 이상 남성은 알기 어렵다. 여성의 일상을 구성하고 여성 노동의 다양함과 특성을 드러내기 위해 할머니 인터뷰를 시도하였다.

매하는 행위는 보이지 않았다. 농가의 농지 소유에 따라 여성의 노동 형태에 차이가 있었음을 알 수 있다.

〈표 3〉 1960년대 농촌 여성의 농산물 판매 현황

날짜	어머니 / 妻
1958.6.29	(어머니) 봄무시 釜山 靑果組合에 가지고 간다(平江宅과 같이).
1959.5.16	(어머니) 완두를 釜山 靑果組合에 가지고
1960.4.28	甘藍 1포기 收護[穫] 어머니가 장에 가지고 가서
1960.4.29	甘藍 10個 어머니 市場에 가서 賣渡
1962.2.1	(어머니) 釜山에 가서 "김치" 파라서 고기 창사를 사 가 와서 고아서 豚鷄의 詞料
1966.9.5	(어머니) 釜山 재자에 菜蔬 팔러
1966.10.6	(어머니) 釜田洞 市場에 菜疏 팔러
1966.10.17	나와 어머니는 敬文宅 回匣에 단녀와서 아래들 江邊 상추 뽑아 온다. 來日 장에 갈려고
1966.10.26	(어머니) 상추 販賣코저 西面 갔다.
1967.6.15	(어머니) 市內 自由靑果組合에 가서 馬鈴薯 販賣
1967.9.28	(부인) 상추와 석류를 가지고 西面장
1968.6.17	(어머니) 馬鈴薯 收獲한 것을 靑果組合으로 가지고 간다. 販賣할려고
1968.8.4	(어머니) 菜蔬를 販賣하고
1968.8.10	(어머니) 釜山에 菜蔬를 販賣하고 오신다.
1968.12.18	1昨日부터 準備헤든 白菜를 牛車에 실고 市場에 運搬헤드니 어머니는 販賣를 한다. 午後에는 부설비가 와서 白菜 販賣하는 데 어머님이 苦生을 한다.
1968.12.23	상추를 牛車에 실고 市場에 運搬한다. 어머니가 販賣한다.
1969.3.12	妻는 市內에 김치 팔러 가고
1971.6.17	(부인) 봄배추 靑果組合에 가서 賣渡

　대천마을과 가까운 큰 시장은 구포장으로 3·8일 장이 서는 5일장
이었다.[13] 일기 속에서 별도의 시장 이름 없이 '장', '시장'이라고 한 것
은 거의 구포장에 간 것으로 보인다. 구포장에서 대부분의 마을 여성
은 시장 상인에게 농산물을 도매로 넘기는 역할을 주로 수행하였다.[14]
또한 상인에게 전부 판매하지 못하고 남은 농산물이 있었을 때는 직
접 난전을 펴서 소매상이 되어야 했다. 장에는 상인마다 각각의 판매
자리가 있는데, 마을 여성들은 전업 상인이 아니었기 때문에 시장에
정해진 자리가 없어 판매에 어려움을 겪기도 하였다.

　〈표 3〉을 보면 부산 시내의 큰 시장이나 청과조합을 찾아 농산물
을 판매하는 경우도 많았다.[15] 농작물을 수확하였는데 5일마다 열리
는 구포장 장날까지 기다릴 수 없는 경우 다른 판매처를 찾아야 했기
때문이다. 부산의 시장은 상설시장이었기 때문에 그곳으로 갔던 것이
다. 시내 시장으로의 이동 수단은 주로 버스였다.[16] 그곳에서도 난전
을 펼치는 것은 쉬운 일이 아니었다. 하지만 시장에 나가는 횟수가 늘
어나면서 서로 익숙해지게 되자 상인(여성)들은 화명동에서 온 여성
들에게 자리를 조금씩 내줘 직접 물건을 판매할 수 있었다.

---

13) 구포장은 낙동강 입구의 요지에 입지하였기 때문에 김해, 양산, 밀양, 창원뿐만
　아니라 경북, 전남 지역의 상인들도 모여드는 장이었다.
14) 이하 구포장이나 시내 시장에 대한 내용은 화명동 대천경로당 할머니 인터뷰
　(2016.10.8)
15) 윤희수의 부인이 장에 나가서 물건을 파는 것은 1980년대에 많이 나타난다. 1960
　년대와 달리 부인은 대부분 대천마을과 가까운 구포장으로 간 것으로 보인다. 이
　것은 구포장이 1972년 상설시장이 되어 시내 시장까지 가지 않고 대부분 구포시
　장에서 농산물을 판매할 수 있었기 때문이다. 그래도 날짜를 보면 3·8일이라는
　익숙한 날에 주로 시장에 갔음을 알 수 있다.
16) 그러나 윤희수는 농산물이 많거나 몇 가구의 것을 함께 판매할 때 '明日 靑果組合
　에 실고 갈 三輪車를 交涉해놓고'처럼 자동차를 이용하기도 했다(1962.6.20).

이처럼 여성은 농작물을 판매하기도 했지만 '어머니가 公昌部落에 "콩"(大豆) 購入하러 가신다.'(1961.11.19), '어머니 大渚面 當叔宅에 상추 種子 購入하러 가신다.'(1962.8.20) 등 재배할 품종의 종자를 직접 구하러 다니는 모습도 보인다. 이 외에도 윤희수가는 여느 농가와 같이 자급용과 판매용으로 양계, 양돈, 養牛를 하였다. '어머니 닭飼料할려고 고기 창지 사려 釜山 갔다 오신다.'(1962.8.31), '어머니는 市內에 떡방아집으로 가신다. 豚飼料 가질러'(1969.2.19) 등 가축 사료를 구하러 다니거나 '養豚이 죽을 안 먹어 어머니가 藥을 지어온다.'(1970.11.7)와 같이 가축의 약을 지어오는 일도 하였다.

윤희수의 여동생은 당시 농촌 젊은 미혼여성의 일반적인 행태를 보인다. 집안의 농사일을 거들다가 취직을 위해 도시로 나갔기 때문이다. 1962년 '東萊 溫泉場에 있는 부녀사업관[17]에 入學'(1962.1.6)한 후 시내의 미장원에 미용사로 취직하였다(1962.7.22). 농촌마을의 젊은 여성은 농사일보다는 도시로 나가 경제생활을 이어갔음을 알 수 있다.

이상과 같이 농촌에서 여성은 농산물을 직접 생산하고 이를 유통시킬 뿐 아니라 종자 확보 등 농사를 대비하는 작업, 축산과 같은 농가 부업에까지 종사함으로써 노동생산력을 높였다. 또한 가족구성원 중 제1대에 해당하는 어머니의 경우 1967년 농업 생산에 종사하는 일수는 줄어들었으나 1960년대 농산물을 판매하는 일은 어머니가 주로

---

17) 정식 명칭은 '경상남도 부녀사업관'이었다. 부녀사업관은 경상남도에 거주하는 전쟁미망인, 임산부, 불우여성 등의 구호를 위해 1952년 부산 동광동에 설립되었다가 1961년 동래 온천동으로 이전하였다. 1970년 경남 마산시로 이전하여 경상남도 여성회관이 되었다. 1991년 현재의 창원시로 이전하였고 2003년부터 '경상남도 여성능력개발센터'로 명칭이 변경되었다.

담당하였다. 어머니의 연령이 높아져 생산보다는 판매에 종사하였을
지는 모르나 여전히 노동에 참여하고 있었다. 따라서 1960년대에도
여성의 노동력은 농가를 유지하고 지속해 나가는 동력으로 작용하고
있다는 점에서 의미를 찾을 수 있다.

3) 1980년대 이후 농지 감소와 여성 노동의 변화

1970년대 중반 이후 대천마을을 비롯한 화명동은 커다란 공간 변
화를 겪게 되었다. 1970년대 중반 음달마을 뒷산 姑堂谷에 淨水場, 水
盤谷에 변전소가 들어섰다(윤은호, 2007: 7, 146). 그리고 1981년 수
정마을 인근에 4,100세대의 화명주공아파트가 건설되었다.[18] 1990년
대 중반부터는 대천마을 양달, 음달 주변에 벽산강변타운, 도시화명
그린2차, 그린미르, 그린숲속, 화명코오롱, 화명경남아파트가 들어섰
다.

윤희수가의 경우 1981년 차나락(찹쌀)만 직접 짓고 나머지 논농
사는 소작을 주었다. 일부 농지는 버스주차장(1981.3.13) 또는 미나
리밭(1984.3.1)으로 그리고 기와공장터는 店補(1981.1.21)로 임대를
주었다. 1986년에는 장남의 슈퍼마켓 신축과 개업을 위해 농지(웃들
1.5斗落)를 매도하였다(1986.4.3). 농지 감소의 원인이 반드시 택지
조성과 같은 외부 요인에만 있었던 것은 아니었음을 확인할 수 있다.
이처럼 논의 경우 소작을 주거나 임대 또는 매도하였기 때문에 주변
에 흩어진 밭을 중심으로 농사를 지었다. 이 밭농사마저도 1980년대

---

18) 화명주공아파트는 2012년 5,239세대, 48개 동 규모의 아파트로 재건축되었다.

후반부터는 거의 사라졌다.

〈표 4〉를 보면 50대 부인과 20대 후반 며느리의 농사 일수가 나와 있다. 1967년에 비해 현저하게 여성이 농사에 종사하는 일수가 줄어든 것을 확인할 수 있다. 1대인 어머니가 이미 70대 후반이므로 더 이상 농사에 종사하지 않았고 3대 며느리가 생기면서 여성 노동력이 충원되었기 때문이다. 무엇보다 경작 농지가 소작, 임대, 매도 등으로 축소되었던 것이 가장 중요한 이유였다.

〈표 4〉 1981년과 1987년 농촌 여성의 노동 日數와 유형[19]

구분	1981년				1987년	
	妻	유형	며느리	유형	妻	유형
1월	-	-	-	-	-	-
2월	-	-	-	-	-	-
3월	1	불상추 播種	-	-	-	-
4월	1	감자 심는다	-	-	1	불상추, 쑥갓 種子 播種
5월	-	-			-	-
6월	2	불상추 種子 播種 차나락 移秧	-	-	-	-
7월	-	-			-	-
8월	1	파 苗種 移植, 배추 播種	1	배추 播種	-	-

19) 1981년을 사례로 한 것은 〈표 2〉의 1967년과 10년 이후의 해를 비교해 보기 위해서이다. 대천일기는 1972부터 1980년 6월 30일까지는 결락되었기에 그 이후로 1년간의 일기가 있는 1981년을 선정하였고 무엇보다 이 해는 여성 3대를 구성하는 며느리(장남 1979년 결혼)가 존재하기 때문이다. 1987년은 1대인 어머니 사후(1986년 사망)의 여성 노동의 변화를 보고자 한 것이다.

9월	3	배추 播種, 상추밭 中耕 除草 배추 추린다	-	-	-	-
10월	-	-	-	-	1	석류 판매
11월	1	배추 무꾼다	1	배추 무 꾼다	-	-
12월	-	-	-	-	-	-
합계	9	-	2	-	2	-

　또 다른 이유는 도시화가 진행되면서 농업이 더 이상 지속될 수 없었고 그 자리는 제조업, 상업 등으로 점차 대체되었기 때문이다. 1960년대 농사일을 분담하던 아들들은 더 이상 농업에 종사하지 않게 되었다. 아들 2명은 마을에서 점포를 열어 상업에 종사하였다. 며느리도 점차 줄어드는 농사일에 일시적으로 참여하였을 뿐 아들들이 점포를 열게 됨으로써 동일하게 상업에 종사하게 되었다. 결혼을 하여 대천마을에 거주하게 되는 며느리 외에 윤희수의 딸들은 결혼으로 인해 분가하였다. 결혼 전 2녀는 마을에서 주산교습소학원, 어린이집 등을 운영하기도 했다(1984.5.1, 1988.5.11). 막내며느리는 '고속도로 通行料 받는데 오늘부터 出勤한다.'(2006.6.30)의 기록처럼 마을을 벗어나 경제활동을 하기도 했다.

　이 시기 60대 초반이었던 윤희수는 장남의 상점에서 配達, 整理, 淸掃 등의 일을 하였고(1986.4.15) 1999년 상점을 재건축한 이후로는 거의 매일을 집, 상점, 노인정에서 일상을 보내게 된다. 2000년에는 3남도 상점을 개업하게 되는데(2000.7.15) 윤희수는 '匡宇 店補에서,

匡弻이 店補에서 雜作業을 하며 지낸다.'(2000.11.4)[20]와 같이 두 곳
의 상점에서 일을 하였다.

이처럼 농업 대신 상업을 선택한 것은 마을의 인구 변화, 공간구
성의 변화와도 밀접한 관련이 있다. 1981년 화명동의 전체 인구는
6,921명이었는데 1982년 21,487명으로 약 3배 급증하였다.[21] 이후
1995년에는 28,137명이었다가 2000년에는 54,937명으로 증가하였
다. 자본, 개발의 논리에 따라 대천마을 고유의 자연환경, 논밭은 거
의 사라지고 그 자리에 아파트가 들어섰기 때문이다.

또한 대천천이 유원지화 되는 것도 중요한 원인 중 하나였는데 특
히 장남이 운영했던 슈퍼마켓에 많은 영향을 끼쳤다. '이달 덜어 첫
日曜日이라 大川川 溪谷에 놀러오는 사람이 많아'(1986.5.3), '오늘
은 큰애 店補에 가서 終日 일을 본다. 日曜日은 언재나… 至今부터 바
뻐게 된다.'(1986.5.10), '8月의 첫 日曜日이라 날씨가 구전데도 놀러
오는 사람이 많아 店補가 바쁘다.'(1986.8.2)로 보아 5~8월 일요일에
대천천을 찾는 휴양객들이 많았음을 알 수 있다. '며누리는 어재 親庭
가고 匡弻이 혼자 店補를 보는데 나, 妻, 基못이가 交代로 일을 봐 준
다.'(1987.10.11) 등 아들의 점포가 바쁘고, 점포의 일손이 부족할 때
에는 윤희수는 물론, 부인과 딸도 상업활동을 해 나갔다.

이처럼 마을의 인구, 공간, 산업 등이 변해감에 따라 여성의 일상도
재구성되어야만 했다.[22] 논밭농사를 지으며 생산, 판매활동을 주로

---

20) 일기에는 店鋪를 전부 店補라고 쓰고 있기 때문에 이 글에서 일기를 인용할 때에
   는 원문 그대로 수록하였다.
21) 부산시 주민등록인구통계
22) 일반적으로 농촌 여성의 노동 변화에 대한 분석에서는 도시로의 인구 유출로 농
   촌의 생산노동력이 부족해짐에 따라 생산노동에서의 성별 분업이 해체되고 노

했던 농촌 여성은 사라지고 이제 상업에 종사하는 여성으로 변하게 된 것이다. 이것은 상점 운영에 직접 참여했던 며느리들 외의 여성, 즉 부인, 딸들도 마찬가지였음을 알 수 있다.

4. 여성의 일상과 마을의 재발견

본 연구는 1954년 7월부터 기록된 『대천일기』를 사례로 농촌 여성, 즉 어머니, 부인, 며느리 3대의 일상을 노동을 중심으로 살펴보았다. 일기에 주목한 것은 일기가 개인의 기록이긴 하지만 개인이 살아가는 삶터, 개인이 연관되어 있는 가족과 사회 등의 이야기를 함께 담고 있기 때문이었다. 이로써 개인의 눈을 통해 주변 사회, 즉 마을을 보고자 하였고 인간을 둘러싼 사회는 끊임없이 변화를 거듭한다는 것을 살피고자 하였다. 또한 일기를 통해 여성을 보고자 한 것은 가족, 문중 나아가 마을의 구성원으로서 다양한 활동과 역할을 수행하기 때문이었다.

일기 속 여성의 일상을 노동을 통해 살펴보았을 때, 농촌에서 여성은 농업노동과 유통·판매자로서의 역할을 수행하였다. 남성 노동의 보충, 보조 역할이 아니라 노동을 공동으로 분담하는 인력으로서의 여성이었다. 또한 양육과 돌봄노동, 가사노동 등의 재생산노동을

동력의 여성화, 고령화 현상이 나타나게 된 것으로 해석한다. 하지만 대천마을은 1960년 초반 부산시로 편입되면서 도시화가 진행되었고 이에 따라 농경지가 감소하고 비농업인구가 급증하는 등 보통의 농촌지역과는 다른 사회경제적 특징을 가진다.

담당하였다. 그러므로 여성 노동은 한 가족이 유지되고 마을 구성원으로 존속할 수 있는 노동력으로 작동하는 데 의미를 찾을 수 있었다. 그러나 도시화에 의해 논과 밭 등의 농지가 택지로 수용되고 유입 인구가 증가하게 됨에 따라 여성의 노동 양상도 변하였다. 농촌에서 도시로 변함에 따라 농업에서 상업 중심으로 경제활동이 바뀐 것이다.

여성의 일상을 구성하는 것에는 노동 외에 마을 내외의 다양한 네트워크도 존재한다. 친인척, 친목계, 마을부녀회, 문중계 등이 대표적이다. 이러한 네트워크는 마을이 변하면서 함께 변하는 것도 있지만 지속되는 것들도 있다. 특히 대천마을과 같은 세거지를 기반으로 하는 마을에서는 마을 경관과 구성원이 바뀌어도 전통을 유지하려는 내부 결속이 강하게 작동하고 있기 때문이다. 이러한 마을에서 여성은 문화의 전승자로 기여한다.

또한 도시화가 진행됨에 따라 마을에 새로운 구성원들이 증가하게 되면서 사라지는 풍속과 문화도 나타난다. 근대 이전 마을 姑母堂, 당산 등에서 매년 정월대보름마다 지내던 洞祭, 堂祭는 거의 사라지고 제의적인 부분만 남아서 전승되고 있다. 그러나 최근 개인주의, 파편화된 인간의 삶 속에서 공동체적인 삶이 강조되면서 삶터로서의 마을이 다시 강조되고 마을 문화도 적극 발굴되고 있다. 이런 이유에서 동제가 부활되며 노인회 대신 청년회가 제의를 주관하고 기존에 금기시된 여성도 함께 참여하면서 마을 축제가 되는 사례도 생겨난다. 지금까지 마을을 구성해 온 것, 마을 내부에서 감춰져 있던 것, 사라진 것을 살펴봄으로써 삶터로서의 마을을 다시 발견하는 계기가 되고 있다.

참/고/문/헌

• 김종숙 · 정명채. 1992.『농촌여성의 의식변화와 역할에 관한 연구』. 한국농촌경제연구원.
• 부산광역시사편찬위원회. 2010.『부산의 자연마을』.
• 신권식 · 지역문화연구소. 2007. 2008. 2009.『평택 일기로 본 농촌생활사 Ⅰ, Ⅱ, Ⅲ』, 경기문화재단.
• 윤은호. 2007.『華明大川마을의 情談』. 도서출판 강나루.
• 이순미. 2006.『국가주도 산업화 과정의 농촌여성의 일-가족: 이중체계, 갈등구조, 적응전력』. 전북대학교 석사학위논문.
• 이정덕 외. 2014. 2015.『아포일기 1, 2, 3, 4, 5-농민 권순덕의 삶과 기록』. 전북대학교 출판문화원.
　　　. 2014.『압축근대와 농촌사회』. 전북대학교 출판문화원.
　　　. 2012. 2013.『창평일기 1, 2, 3, 4』. 지식과교양.
• 조관일. 2000.『우리나라 농촌여성의 역할변화에 관한 사회경제적 연구』. 강원대학교 박사학위논문.
• 한국여성개발원. 1987.『農村女性의 勞動實態에 관한 硏究』.

• 공윤경. 2013. "농촌에서 도시로의 공간구조 변화와 특성-부산 북구 화명동을 중심으로."『한국지역지리학회지』, 19-1.
• 김관수 · 김태헌. 1994. "농촌가족의 변화와 농촌여성의 역할."『한국동서경제연구』, 5.
• 김주숙. 1990. "農村女性의 所得活動 參與와 課題."『농촌생활과학』, 11(2).

• 김주희. 2011. "농촌 여성의 사회적 관계의 변화: 사회적 자본 관점에서의 이해." 『농촌사회』, 21(2).

• 김혜순. 1994. "농가의 생산과 재생산에서의 여성노동." 『한국사회학』, 26.

• 이영미 · 김주희. 1991. "한국 농촌여성의 경제적 역할 변화에 대한 사례연구-충청북도 청원군 산마을을 중심으로." 『대한가정학회지』, 29(3).

• 이옥희. 2005. "농촌여성의 생산 및 재생산 노동에 대한 자기인식과 역할의 질적 접근: 상주지역을 중심으로." 『영남학』, 7.

• 李效再 · 金周淑. 1977. "農村地域社會 發展을 위한 女性의 役割." 『韓國文化研究院 論叢』, 30.

• 최영숙. 1975. "農村家庭의 近代化 遲延克服을 爲한 調査研究: 農村女性의 勞動을 中心으로." 『論文集』, 11.

제
3
부

도시

제7장

"액화된 노동": "세계 공장" 속의 농민공 – 중국남부 주강삼각주지역 농민공 실태에 대한 이론적 고찰

박광성(朴光星)

1. 들어가며

1) 문제의식

중국은 현재 "세계 공장"으로 불린다. 2010년에 미국을 추월하여 세계 제1위 제조업 국가로 부상하였고, 2014년에는 미국을 제치고 세계 1위 무역대국으로 성장하였다. 개혁개방 30년, 특히 2001년 세계무역기구에 가입한 후 중국경제는 양적으로 놀랄만한 성장을 가져왔으며, 중국사회도 상응하는 압축적인 사회변혁을 겪었다. 관방 통계에 의하면, WTO에 가입한 해인 2001년에 중국의 수출입 총액이 5,100억 달러에 불과하였지만, 2015년에 되어서는 3조 9,600억 달러에 달해 그 사이 8배 증가하였다[1].

　이와 같은 압축적 성장은 어떻게 가능했을까? 이와 같은 성장은 어떤 특징을 띠고 있을 가? 한국의 "한강의 기적"에 대한 해석이 분분했듯, 중국의 압축적 성장에 대한 해석도 분분할 것이다. 그러나 분명한 것은 1960년대-1990년대 사이에 전성기를 구가한 "한강의 기적"과 1990년대-2010년대 전성기를 구가하고 있는 중국의 압축적 성장사 이에는 세계자본주의 작동기제가 그동안 중대한 변혁을 겪는 중요한 구별이 있다는 점이다.

　우선은 1970년 말에 들어와서 케인즈 주의에 기초한 경제정책 페러다임이 위기를 맞으면서 신자유주의가 주요한 경제정책 페러다임으로 등장하게 된다. 따라서 국가의 정책행위가 "복지국가" 지향에서 "경쟁국가" 지향으로 바뀌기 시작하며, 따라서 노동에 대한 국가의 보호정책이 약화되기 시작한다. 이와 상응하게 생산조직방식과 노동과정이 포드주의에서 포스트포드주의로 바뀌기 시작한다. 포드주의가 대규모 생산을 목적으로 안정된 고용을 중심으로 기계라인에 기초한 표준화된 생산방식을 선호한다면, 포스트포드주의는 생산과 노동의 영활성과 유연성을 강조한다. 따라서 노동자집단이 핵심인력을 의미하는 "정규직"과 그렇지 못한 "비정규직"으로 분화되기 시작하고 많은 노동자들이 고용의 안정성을 상실하게 된다. 1980년대 말에 들어서서 또 하나의 중대한 변화는 "세계화"라는 획기적인 변화의 물결이다. 냉전종식과 인터넷 기술의 상용화, 이윤을 추구하려는 자본의

---

1) 李婷婷. "加入WTO15年中国赚了多少？全世界赚了多少?. 『每日经济新闻』. 2016年 12月13日.

충동으로 국가 간의 교류가 질적으로 확대되면서 "지구촌"이라는 용어까지 확장되기 시작한다. 하비는 "공간적 전환"(Globalization and Spatial Fix)이라는 개념으로 자본이 잉여가치를 위해 토지와 인력을 찾아 끊임없이 확장하는 자본주의의 공간적 확대라는 공간적 조정 경향을 주목한다.[2] 즉 결국은 세계화한 자본이 이윤창출을 위하여 생산과 고용의 시공간을 조정하는 과정이라는 것이다.

중국의 압축 성장은 세계 자본주의체계의 중대한 변화를 맞이하는 시점과 궤를 같이한다. 국제적 변화를 읽은 중국은 능동적으로 개혁 개방을 진행하고, 1992년 와서는 시장경제체제 수립을 경제개혁의 목표로 선언하며, 2001년에는 세계무역기구로의 가입을 통하여 세계적인 규칙의 준수를 공언함으로써, 자본주의 체제의 공간조정과정에서 국제 자본이 몰려드는 집결지로 변신하게 된다. 또한 외자를 적극적으로 유치하기 위하여 신자유주의와 포스트포드주의가 선호하는 노동의 유연성을 용인함으로써, 거대한 자본과 노동력이 중국의 동부 연해지역에서 결합하게 되고, 이로써 이들 지역이 일시에 "세계의 공장"으로 부상하는 역사상 유례없는 양적 성장을 구가한다.

이 과정에서 탄생된 집단이 곧 "농민공"집단이다. 거대한 산업화과정은 거대한 노동자 집단의 형성을 동반하기 마련이다. 이러한 맥락에서 지난 10여 년 동안 중국에서 가장 방대한 노동자 집단이 새로 형성되었다고 볼 수 있다. 그 대표적 집단인 "농민공"이란 산업화와 더불어 탈농을 통하여 도시 산업부문으로 흘러들었지만 시민으로 도시에 정착하지 못하고, 도시와 농촌사이를 표류하는 비정규직 노동력

---

2) Harvey , D. 1982. *The Limits to Capital*. Oxford: Blackwell.

집단을 가리킨다. 기타 공업국가의 경험을 볼 때, 산업화과정에서 도시산업부문으로 흘러든 노동력이 노동자로 변신하여 도시에 정착하고 자연스럽게 시민집단으로 변신하는 것이 일반적인 경우이다. 사회학에서는 이를 "도시화"라고 개념화하기도 한다. 그러나 중국의 경우 산업화의 과정에 도시로 흘러든 노동력 집단이 시민집단으로 진화하지 못하고 "도시에서도 정착 못하고, 농촌으로도 돌아가지 못하는 이중적 주변인[3]" 집단이 되어 있다.

〈표 1〉 2011년부터 2015년까지 농민공 수와 증가율[4]

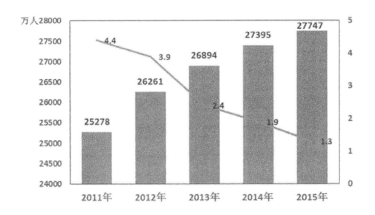

〈표 1〉에서 볼 수 있듯이, 농민공의 증가율은 하강하고 있지만, 총수는 계속 늘고 있어, 2015년에 와서는 그 수가 2억 7747만 명에 달

3) 《当前农民工工作和生活状况调查研究》課題組. "边缘化生存：农民工的工作和生活状况." 『宏觀經濟』. 2011年第一期
4) 중국국가통계국(www.stats.gov.cn). "2015년농민공관측조사보고." 2016년 4월28일.

한다. 이러한 방대한 비정규직 노동자집단의 형성과 압축적 성장은 동전의 양면과 같이 불가분의 관계에 처하여 있는 것으로, 지난 30여 년간 중국사회변혁의 가장 중요한 특징으로 된다. 따라서 이 상관관계를 밝히는 것이 중국의 압축성장을 이해하는 핵심 키워드로 될 수 있다. 이러한 문제의식에서 출발하여 본 연구는 "세계 공장"으로 불리는 중국남부 주강삼각주지역을 사례로 하여 "세계 공장"형성의 메커니즘, 그리고 그 과정에서 노동이 처한 상황, 이를 기초로 신자유주의 세계화시대 노동의 현실에 대한 이론적 고찰을 시도할 것이다.

① 기존연구 검토와 본 연구의 시각

노동문제처럼 좌우의 시각이 판이하게 엇갈리는 경우도 드물다. 자유주의에 기반을 둔 신고전학파의 경제이론에 따르면, 시장을 통하여 이루어지는 생산요소의 배분만이 최적의 효과를 가져올 수 있다. 따라서 노동력 배분도 노동시장의 활성화를 통하여 시장이 작동하도록 만들어야 한다. 고전학파의 경제이론은 시장의 역할을 강조했을 뿐, 구체적인 고용형태, 노동과정, 노동대우, 임금형태 등 문제에 관해서는 진일보한 분석을 진전시키지 않았다. 그러나 신자유주의 경제이론 체계 하에서는 노동에 대한 주장이 더욱 구체적으로 이루어진다. 이들에 의하여 고용의 활성화, 노동의 유연화, 탄력적인 임금체계가 노동시장을 활성화하여 고용을 증가시키고, 노동의 효율을 향상시킴으로써 결국 노동과 성장에 모두 유리한 것으로 주장한다.

중국의 정책기조를 보면 기본적으로 자유주의이론의 주장에 동조하고 있는 것으로 보인다. 개혁개방 이후, 중국은 시장경제체제 수립을 목표로 하여, 점차 시장의 역할을 강화시키는 방향으로 개혁을 진전시켜 왔다. 자본과 기술, 세계시장에 대한 이해가 부족한 중국은 대외개방정책을 실행하여 연해지역에 외국자본을 유치하는 것을 경제발전의 큰 동력으로 활용하였다. 중국이 이러한 정책을 펴는 시점과 세계자본주의 생산체계가 아웃소싱형태로 전환하는 시점이 거의 맞물려 외국자본이 중국의 연해지역에 몰려들며, 특히 2001년 세계무역조직에 가입한 후, 중국의 연해지역은 세계 위탁생산업체의 집결지가 된다.

따라서 노동정책의 기조도 신자유주의 주장에 동조하는 듯하다. 가령, 2006년 1월에 반포한 『농민공문제를 해결할 데 관한 국무원의 몇 가지 의견』(国务院关于解决农民工问题的若干意见)에서는 다음과 같이 지적한다. "농민공은 우리나라 개혁개방과 공업화, 도시화과정에서 형성된 새로운 노동자집단이다. 그들은 호적이 아직 농촌에 남아 있지만, 계절적으로 농촌과 도시 사이를 오가면서 비농산업 부문에서 장기적으로 근무하는 노동자집단으로 산업노동자집단의 중요한 구성부분이다. 농민공들의 산업부문 진출은 도시를 위하여 부를 창조할 뿐만 아니라, 농가의 수입도 증가시켜, 도시와 농촌발전의 활력소가 된다. 이는 공업이 농업을, 도시가 농촌을, 발달지역이 미발달지역을 견인하고, 시장에 기초하는 경쟁성적인 취업 메커니즘을 형성시킴으로써 도시와 농촌의 분화를 막고, 농촌문제를 해결하는 효과적인 방법을 제시하였다." 여기에서 볼 수 있듯이, 농민의 비정규직 노동자로 전환은 결과적으로 도농의 발전에 유리하다는 입장을 취하고 있다.

학계에서도 유사한 주장들이 나타난다. 가령, 1995년 산동 제남시의 농민공 1,504명에 대한 질문조사에 기초한 리페이린(李培林)의 연구에서는 농민공들이 농촌에서 도시로, 농업에서 비농산업으로 진출함으로써, 수입과 경제적 지위가 현격히 향상되었다는 결론을 내린다[5]. 중국경제체제개혁연구소 부소장인 쉬징안(徐景安)은 중국의 개혁을 판단함에 있어서 국가실정과 발전단계를 간과해서는 안된다고 주장하면서 "농민공들은 설사 착취를 당한다고 해도 농사일을 하기보다 수입이 높기 때문에 이러한 '착취'를 환영하며, 현재 중국을 볼 때 '세계 공장'을 열망하며, 이러한 의미에서 자본주의 '착취'를 환영해야 한다."고 주장한다[6]. 이러한 견해를 갖고 있는 학자들은 발전을 위해서는 세계자본주의 생산체계에 합류해야 하며, 농촌에 여유노동력을 동원해내는 것은 설사 그것이 비정규직이라고 할지라도 도농발전에 유리한다는 입장을 보인다.

자유주의에 편승하는 상기 견해와 달리 일부 학자들은 맑시즘의 계급분석의 방법과 칼 폴라니(karl Polanyi)의 자유주의에 대한 비판을 농민공연구에 적용하면서 비판적인 입장을 취하고 있다. 맑스는 자본주의제도 하에서 자본이 노동에 대한 착취형태를 파헤치면서 그에 의하여 파생되는 계급갈등과 투쟁, 사회혁명 가능성을 주목한다. 맑스가 노동의 소외현상을 주목하였다면, 폴라니는 "시장"의 허구성을 폭로한다. 그에 따르면, 자기조정 시장 체제는 그릇된 인식을 기반으로 축조된 자유주의 경제학의 유토피아에 지나지 않는다. 자기조정 시장체제는 인류에게 풍요와 혁신을 가져다주지만, 그 대가는 인간의 삶과 사회의 철저한 파괴라는 것이다.

『중국의 여성노동자』(中國女工)라는 저서로 중화권에 널리 알려진

---

5) 李培林. 1996. "流动民工的社会网络和社会地位." 『社会学研究』, 第四期.

6) 潘毅·卢晖临·张慧鹏. 2010. "阶级的形成：建筑工地上的劳动控制与建筑工人的 集体抗争." 『开放时代』, 5月.

학자 판이(潘毅)는 중국남부 주강삼각주지역 여성노동자들에 대한 심층조사를 통하여 국제자본이 주도하는 생산체계 하에서 여성노동자들이 겪는 각종 억압된 상황을 주목한다. 그는 국제자본 유입을 개방하고, 시장제도를 도입하는 과정에서 중국사회와 개인이 엄청난 상처를 입고 있다고 주장하면서, 지난 20여 년간 수천만의 농촌노동력이 산업부문으로 흘러들었지만 결코 새로운 노동자계급이 형성되지 못했으며, 농민공은 "국가"와 "시장"의 담합에 의한 "왜곡된 주체"라는 결론을 내린다. 그는 중국의 개혁개방과정이 곧 세계자본주의생산체계에 편입되는 과정으로 파악하고, "세계 공장"으로 변신되는 과정에서 농민공들의 희생을 주목하면서 노동연구가 "계급분석의 방법"으로 회귀해야 함을 주장한다[7].

선왠(潘原)도 판이와 유사한 견해를 보인다. "사회전환기의 중국의 노동계급 재형성"이라는 논문에서 그는 중국이 세계 공장으로 부상되는 과정이 곧 세계에서 가장 방대한 새로운 노동계급이 탄생하는 과정이라고 지적하면서 노동계급에 대한 연구가 중국 사회학 연구의 중심이 되어야 함을 역설한다. 그 역시 "계급분석 방법"의 회귀를 주장하면서 폴라니의 논의를 빌려 국유기업 시장화 개혁과정에서 워크아웃(Workout)된 노동자집단의 형성을 분석하며, 맑스의 시각으로 농민공집단의 형성에 접근하고 있다[8].

일부학자들은 마이클 · 부라보이(Burawoy)의 논의를 빌려 분석을 진행한다. 『생산의 정치』[9]라는 저서에서 부라보이는 자본주의 초기

7) 潘毅. 1997.『中国女工 : 新兴打工者主体的形成』. 九州出版社.
8) 沈原. 2006. "社会转型与工人阶级的再形成,"『社会学研究』, 2.
9) Burawoy, Michael. 1985. *The Politics of Production: Factory Regimes under*

가족 이용을 통한 자본 축적의 두 가지 방식을 설명한다. 하나는 영국의 방식으로, 가족생산의 몰락을 통하여 노동력을 임노동에 기초한 공장 노동자로 완전히 변신시키는 것이다. 다른 한 방식은 러시아의 방식으로, 한 가족을 공장에 근무하는 노동자와 가내생산에 종사하는 농업생산자로 분할시킴으로써, 노동자가 저임금을 접수할 수 있도록 만든다는 것이다. 부라보이는 이를 "분할형 생산방식"이라고 부른다. Fan은 부라보이의 논의를 빌려, 신자유주의 공간전략과 중국경제 발전의 지리적 불균형이 "농민공"이라는 특수한 노동력시장을 형성시켰으며, 이들이 하청공장에서 비정규직으로 받는 임금으로 도시에서 가족을 충분히 부양할 수 없기 때문에 도시와 농촌사이를 오갈 수밖에 없다고 지적하면서, 이를 "유동적 노동체제"로 개념화한다[10]. 일부 학자들은 또한 호적제도가 농민들의 비정규직화를 조장하고 있으며, 지방정부들과 자본의 담합이 농민공들의 처지를 어렵게 만든다고 비판한다[11].

자본주의제도가 유지되는 한 자유주의와 좌파이론 간에 대립은 숙명적인 논쟁이다. 이는 진리를 추구하는 문제라기보다는 오히려 선택의 문제라는 쪽이 더 타당할 것 같다. 따라서 본 논문에서는 양자택일이라는 논쟁적인 범주에서 벗어나, 위험성(risk)이라는 문제의식을 농민공 연구에 끌어들이려 한다. 즉 성장이냐 분배냐 하는 논리를 떠나 노동의 유연화를 하나의 리스크 판단한다. "리스크"는 기든스나

Capitalism and Socialism. London: The Thetford Press Ltd

10) Fan, C. Cindy. 2004. "The State, the Migrant Labor Regime, and Maiden Workers in China." *Poitical Geography*, 23.

11) 刘林平 · 郑广怀 · 孙中伟. 2011. 『劳资矛盾的升级与转化———对潮州古巷事件与增城新塘事件的思考』. 『中国社会科学内部文稿』, 第6期.

울리히 벡의 논의를 통하여 전반 사회과학연구에 하나의 문제의식으로 자리 잡았다. 기든스에 의하면, 리스크는 근대와 자본주의의 산물이다. 과거에서 벗어나 불확실한 미래를 개척하려고 모험을 무릅쓰는 근대산업문명과 자본주의는 리스크를 내재적으로 안고 있다[12]. 본 연구에서는 노동의 "액화"를 사회생활의 불확실성을 증대시키고, 사회적 양극화를 조장시키는 하나의 리스크로 간주한다.

"액화"라는 개념은 영국의 폴란드계 사회학자 지그문트 바우만의 "액체근대"에 대한 논의에서 비롯된 것이다. 바우만은 2000년에 출간된 『액체 근대』라는 저서에서, 근대성에 대한 과거와는 상이한 접근법을 보여준다. 그가 말하는 액체근대는 다음과 같은 특징을 갖는다. 첫째, 견고한 사회적 형식들이 소멸되었다. 따라서 사람들은 장기적 삶의 전략을 세우기가 어려워졌다. 둘째, 국민국가의 기능과 권력이 약화되었다. 국가기관의 기능들이 아웃소싱되고 있다. 셋째, 공동체가 액화되어 해체되었다. 그래서 사회관계가 구조에서 네트워크로 전환되고 있다. 넷째, 장기적 시간 속에서 행위 되었던 것들이 불가능해지면서, 사회적이고 개인적인 삶이 무수한 프로젝트나 에피소드로 분할된다. 다섯째, 개인이 모든 불확실의 책임을 지게 된다.

액체근대에서는 모든 것이 액화되는데, 무엇보다도 가장 중요한 액체성의 영역이 있으니, 그것이 바로 노동의 영역이다. 노동의 영역이 고체성에서 액체성의 변환된다는 것은, 대다수 인간의 삶이 후기 근대에 근원적 불안에 휩싸이기 시작했다는 것을 의미한다. 액체근대는 문제적이다. 그것은 새로운 고통과 위기와 문제의 시대이다. 사회적

---

12) 安东尼·吉登斯 著. 2001.『失控的世界』 1: 16-32, 江西人民出版社.

삶의 취약성, 이것이 액체근대성의 핵심인 것이다[13]. 본 연구는 이와
같은 문제의식을 공유하며, 농민공을 사례로 "노동의 액화"의 리스크
를 밝히려 한다.

2. 조사지역과 연구방법

본 연구는 중국남부 광동성의 주강삼각주지역의 공장과 농민공을
연구대상으로 한다. 주강삼각주는 홍콩과 인접한 평원지역으로, 중국
최초의 경제특구인 심천과 주해, 광동성 수부인 광저우 등 10여개 도
시로 구성된 메트로폴리스(Metropolis)이다. 2015년 세계은행의 연
구보고서『변화 중인 동아시아 도시경관: 지난 10년간의 도시공간관
측』(The urban landscape in East Asia: ten years of space growth)에
따르면, 주강삼각주 지역은 일본 도쿄지역을 초과하여 세계적으로 가
장 큰 메트로폴리스로 되어있다. 2010년 기준으로 주강삼각주 지역
의 상주인구는 4,200여만 명에 달한다.

개혁개방 전인 1970년대 말에만 하여도 주강삼각주지역은 경제발
전이 낙후된 지역으로 주로 양어와 양잠을 위주로 하던 지역이었다.
그러나 홍콩과 인접한 유리한 지리적 위치로 개혁개방정책이 실시된
후, 경제개방 선도지역으로 확정되면서, 홍콩과 대만, 일본을 비롯한
외국자본들이 물밀듯 몰려들기 시작하였으며, 그 후 대외개방이 확대

---

13) 김홍중. 2013. "후기 근대적 전환." 강정한 외. 『현대사회학이론』. 다산출판사, pp.
165-168.

되면서 현재는 대표적인 "세계 공장"지역으로 불리고 있다. 가령, 역
내의 둥관시에서 세계 컴퓨터부품의 90%이상을 생산하고 있어 "둥
관의 길이 막히면, 세계가 생산을 중단한다."는 말까지 돌 정도이다.
주로 위탁생산을 하는 업체들이 집결되면서 비정규직 노동자에 대한
수요되고, 따라서 주강삼각주지역은 "농민공"의 발원지로, 2013년의
광동성인사청의 통계에 의하면, 광동성의 농민공인구는 2,700여만
명에 달하여, 전국적으로 농민공이 가장 많이 집결된 지역이다. 따라
서 [광동성은] 농민공 연구에 가장 적합한 지역이라고 볼 수 있다.

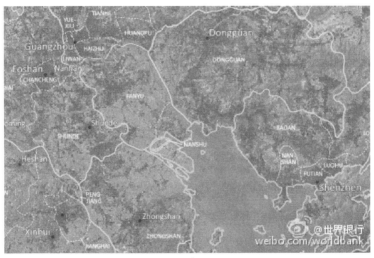

〈그림 1〉

본 연구는 2010년-2012년 사이에 진행된 주강삼각주지역의 농민
공들에 대한 현지조사에 기초한다. 저자는 "주강삼각주지역 소수민
족 농민공 사회조사팀"의 일원으로 2010년 7월과 2012년 7월에 각각

15일씩 현지조사에 참가했었다. 조사과정에서 지방관원들, 기업들, 인력파견업체 관계자들, 노동자들과 면담을 통하여 많은 실태를 파악할 수 있었다. 허나 현재는 조사가 진행된 지 몇 년 지난 상태이고, 당시 조사가 소수민족 농민공들 중심으로 이루어졌다는 감안해서, 본문은 현지조사에 기초한 기타의 연구들을 많이 참고 했음을 밝혀둔다.

2) 아웃소싱 방식의 성행과 "세계 공장"의 실태

고전적 경영이론에 의하면, 공장제 생산이 다른 생산방식에 비하여 훨씬 더 효율적이다. 따라서 포드주의생산체계는 생산라인을 중심으로 하는 대규모 집중적인 생산방식의 생산을 선호했었다. 그러나 1970년대 이후 신자유주의가 기승을 부리면서 이러한 관점이 부정되기 시작한다. 가령, 존슨(Jones)은 생산을 외부에 위탁하는 방식이 비용을 절감하고 훨씬 효과적이라는 주장을 내놓는다[14]. 포스트포드주의와 신자유주의, 그리고 축적을 위한 자본의 공간책략인 세계화가 상호작용하면서 1980년대부터 생산과정을 분할하여 가장 효과적인 공간배치와 생산방식을 선택하는 새로운 생산형태가 세계자본주의 생산체계의 주요방식으로 등장하게 되었다.

실력이 있는 기업들은 생산과정을 연구와 개발, 생산과 조립, 홍보와 마케팅 등 여러 분야로 분할하여, 핵심적 업무만 본사에서 완성

---

14) Jones, S. R. H . 1982. "The organization of work: a historical dimension." *Journal of Economic Behavior and Organization*, 3.

하고, 기타 영역은 모두 외주하는 방식을 취한다. 따라서 아웃소싱이란 개념이 등장하는데, 아웃소싱은 흔히 외주, 하청, 업무대행, 분산화, 컨설팅, 근로자파견 등의 방식을 통칭하고 있다. 루버와 윌킨슨(Rubery, Jill & Frank Wilkinson)은 위탁생산 방식을 제3세계의 노동력을 저임금노동자로 동원하여 이윤을 추구하는 수단으로 간주한다[15]. 대만학자 세궈슝(謝國雄)은 노동력을 수요에 따라 고용, 생산수량에 따른 임금지불, 생산과정에 대한 감독 불필요를 위탁생산의 세 가지 특징을 파악한다[16]. 결과적으로 자본주의 생산체계는 세계화라는 미명 하에 아웃소싱방식을 채택하여 제3세계 노동자들을 저임금 비정규직 노동자화 함으로써 이윤축적의 목적에 도달하고 있는 것이다.

그럼에도 불구하고 후진국의 상황으로 볼 때, 경제개발을 위해서는 세계 자본주의생산체계에 합류해야 할 수 밖에 없다. 월러스타인의 지적처럼, 세계자본주의는 하나의 통일된 세계체계이기 때문에 그에 유리되어 발전을 꾀할 수 없다. 중국의 개방과 외자를 인입하기 위한 경제특구 설치는 바로 국제적인 생산체계에 합류하기 위한 조치로 볼 수 있다. 1979년 4월에 등소평은 홍콩과 인접한 주강삼각주 지역에 "수출특구"를 설치할 것을 건의하는데, 그해 이들 지역이 수출특구로 지정되며, 1980년도에는 이를 "경제특구"로 개명한다. 중국의 이러한 조치로 그간 심각한 공간적 제한을 받아왔던 홍콩자본이 몰려들기 시작한다. 1978년 12월에 중국의 첫 외자기업이 심천에서 개업한다.

---

15) Rubery, Jill and Frank Wilkinson. 1981. "Outwork and Segmented Labour Markets." In F . Wilkinson (ed.), The Dynamics of Labor Market Segmentation . London: Academic Press .

16) 謝国雄 "外包制度: 比較历史的回顾",《台湾社会研究季刊》, 1989年 第1期, 春季号.

이들 외자기업의 특징이 바로 OEM(주문자 상표 부착 생산기업)생산업체들이다. 즉 대기업들의 하청을 받아서 생산하는 기업이라는 뜻이다. 초기에 주강삼각주에 입주한 기업들은 기본상 외부에서 원료, 생산장비, 기술을 들여오고, 중국 내에서 생산하여 수출하는 형식이었다. 21세기에 들어선 후 주강삼각주지역에서 세계 70%달하는 신발과 어린이용 놀이기구, 50% 이상의 개인용 컴퓨터, 핸드폰, TV, 에어컨이 생산되었으며, 40%이상의 방직품들이 생산되었다[17]. 애플, 삼성, 소니, 인텔, 토요타, GE, LG, 혼다, 나이키, 아디다스 등의 세계에서 내로라하는 대기업들이 거의가 주강삼각주 지역에 하청업체들을 두고 있으며, 애플 핸드폰 조립생산자로 알려진 대만계 기업 팍스콘의 경우 주강삼각주지역에 여러 공장을 두고 최대 120만 명의 노동자를 고용했었다.

주강삼각주의 기업들의 경우 거의가 초국적 대기업들의 하청업체들로서 생산사슬의 말단에 위치해 있다. 하청의 방식도 부품하청, 완제품 하청, 설계하청 등 여러 유형으로 나뉜다. 부품 하청은 부품만 생산하여 납품하는 방식이고, 완제품은 완성품을 납품하는 것을 가리키며, 설계하청은 하청업체가 자체적으로 설계하여 납품업체의 선택을 받는 경우를 말한다. 이런 의미에서 현대의 자본주의 생산은 거미줄과 같이 촘촘한 국제적 분공에 의하여 이루어지고 있다고 볼 수 있다.

또한 이러한 하청과 외주생산방식은 종적으로 1차적 분할에 머무르지 않고, 계속하여 아래의 몇 단계로 층층이 분할됨으로써 다층으

---

17) 曲广宁 等 , "2015年珠三角竞争力报告：'世界工厂'如何转身 '制造硅谷'",《南方日报》, 2015年12月30日

로 위계화된 생산 질서를 이룬다. 하청업체는 여러 층위로 나누어지는데, 1차 하청업체는 직접 외국의 기업과 계약을 체결한다. 따라서 납품도 안정적이고, 수량도 많아 경영이 안정적이다. 그러나 이런 계약은 팍스콘과 같은 대기업에 있어서나 가능한 것이지 일반 업체들은 엄두도 내지 못한다. 두 번째 경우는 무역회사를 중간자로 하여 발주를 받는 경우이다. 대기업들이 무역회사를 중계자로 하여 상품을 조달받는데, 무역회사의 경우 이윤을 높이기 위하여 발주를 쟁취하려는 하청업체들을 치열하게 경쟁하게 만든다. 따라서 무역회사에서 발주를 받아 생산하는 업체의 경우 생산이 안정적이지 못하고 심한 경쟁에 시달려야 한다. 주강삼각주의 대부분 중소기업들은 이 부류에 속한다.

이렇게 발주를 맡은 기업들은 이윤을 남기기 위한 수단으로, 한 면으로는 최대한 인건비를 줄여야 하며, 다른 한편으로는 생산과정을 분할하여 다른 업체에 외주를 줘야 한다. 이런 외주 방식에는 공장 내 외주, 공장 외 외주, 개인생산자에게 외주 등 여러 가지 방식이 있다. 공장 내 외주는 공장 내에서 자체적으로 일감을 맡아 생산하려는 사람에게 생산을 맡기는 방식으로, 외주를 받은 사람은 자체적으로 노동자들을 이용하여 납품일을 맞추어야 한다. 공장 밖 외주는 또 다른 하청을 찾아 생산을 맡기는 것이며, 개인생산자 외주는 개인 가구에서 일감을 맡아서 가내에서 생산하는 방식을 가리킨다. 황연(黃岩)은 "공장 외의 납품유희"라는 개념으로, 주강삼각주 지역에서 어떻게 개인가구를 자본주의생산체계의 생산사슬로 동원해내는 가를 분석하고 있으며[18], 대만학자 슝빙춘(熊秉純)은 "거실이 곧 공장"이라는 비유로 유사한 논의를 진행한적 있다[19]. 이렇게 주강삼각주의 아웃소싱 생산방식은 위로는 다국적 대기업부터 아래로는 가내생산에 이루기까지 높은 사다리형 생산 사슬을 형성해나가면서, 모든 사회적 자원을 동원해내는 거대한 제조업지역으로 변신되었다. 이것은 소위 말하는 "세계 공장" 형성의 메커니즘이며, 진면모이다.

이렇게 생산이 층층이 이루어지는 하층도급과 외주로 진행되기 때문에, 시장수요가 왕성하여 경기와 좋을 때는 모든 생산수단이 가동되어 경제성장이 비약적으로 이루어지게 된다. 그러나 수요가 안정적이지 못하여 최상단의 대기업이 발주를 줄일 경우는 또 층층이 위기를 받게 된다. 따라서 아웃소싱 생산체계는 안정성이 부족한 매우 취약한 특징을 가지고 있다. 또한 대기업들이 비용 절감을 위하여 하청업체들을 치열한 경쟁으로 내몰기 때문에, 하층업체들이 이윤이 남기기 위하여 모든 수단을 동원하기 마련이다. 이 과정에서 가장 피해를 보게 되는 것이 단연히 노동자이다. 토지, 건물, 자재 등의 다른 생산수단은 수요가 늘면서 비용이 상응하게 증가하지만, 중국의 경우 지난 20여 년간에 노동력 공급의 거의 풍부하게 이루어졌기 때문에 비용절감은 인건비를 최대한 줄이는 방법으로 이루어 질 수밖에 없었다.

인건비를 최대한 줄이기 위해서는 끊임없이 새로운 노동력을 동원해내야 하고, 노동의 위계화를 조장하여야 하며, 탄력적인 고용을 위

---

18) 黄 岩. 2012. "工厂外的赶工游戏 — 以珠三角地区的赶货生产为例." 『社会学研究』, 第四期.
19) 熊秉纯. 2010. 『客厅即工厂』. 蔡一平、张玉萍、柳子剑 译, 重庆大学出版社.

한 노동의 비정규직화를 촉진해야 한다. 이를 위하여 개혁개방 초기
는 광둥이나 상하이 등 지역과 가까운 지역의 농민들이 연해지역으로
흘러들었지만, 21세기에 들어서서는 내륙지역 깊숙한 오지의 노동력
까지 동원해내는 상황으로 급진전 되었다. 류둥쉬(劉東旭)의 연구에
서는 사천성 깊은 산속에 위치한 소수민족인 이족 노동자들이 주강
삼각주의 생산체계에 어떻게 합류되는지를 상세히 밝히고 있다. 또한
연구에서 방학기간에 주변 지역의 대학생들이 생산체계에 동원되는
메커니즘도 밝히고 있다[20].

아웃소싱방식은 대기업들이 비용을 절감하고, 경영과정의 리스크
를 외부에 떠맡기기 위한 논리에 따라 설계된 것으로, 도급을 맡은 하
청업체들도 줄줄이 그 논리를 따르게 되며, 결국에는 "노동자"가 모
든 부담을 떠안게 되는 구조이다. 따라서 이러한 생산체계 하에서는
소수 엘리트 기술자나 관리자를 제외하고는 고용이 안정되고 높은 임
금을 향유할 수 있는 정규직 노동자집단이 형성될 수 없다. 노동의 유
동성을 높여 고용 구조를 탄력적으로 만들어 잠재적 · 노동력 집단을
끊임없이 동원해내어 노동비용의 상승을 막아야 작동될 수 있는 체
제이기 때문이다. 따라서 아웃소싱 방식을 취하는 생산체계 하에서는
노동이 "액화"될 수밖에 없다. "노동의 액화"란 노동자의 직장과 생활
이 안정되지 못하고, 유동되어야 하는 상태를 말한다.

---

20) 刘东旭. 2013. 『流动社会的秩序 – 珠三角彝人的组织与群体行为』, 中央民族大学
人类学博士论文.

3) "세계 공장"속에 액화된 노동

대기업들의 발주를 받기 위하여 치열하게 경쟁하여야 하는 하청업체의 경우 주문을 안정적으로 받을 수 있는 자신이 없기 때문에 노동자들을 상시적으로 고용할 수가 없다. 따라서 발주를 받는 상황에 따라 수시로 노동력을 고용할 수 있어야 한다. 한시적 혹은 임시직 취업을 받아드릴 수 있는 농민공 집단의 존재는 "세계 공장"이 가동할 수 있는 중요한 조건이다. 농민공들이 하청업체의 임시직을 받아드릴 수 있는 것은 부라보이가 지적한 것처럼, 농가경제가 "임노동"과 농업으로 구성되어, 농업생산이 가족의 기본적 생계를 보장하고, 임금을 그 플러스로 생각하기 때문에 가능한 것이다. 즉 "세계 공장"의 저임금을 떠받치고 있는 기초는 농업경제인 것이다. 따라서 중국정부는 농민의 토지 사용권이 상실되지 않도록, 기업자본이나 도시자본에 농촌 토지시장에 흘러드는 것을 엄격히 제한하는 정책을 펴고 있다. 이러한 구조로 인해 농민공 노동의 "액화"는 숙명적인 것이 된다. 그것은 아래와 같은 몇 가지 방면에서 나타난다.

첫째, 직장이 안정적이지 못하고 이직률이 높다. 주강삼각주의 경우 가장 호황을 누리는 업종이 인력파견업체이다. 농민공들의 이직과 취직이 빈번히 이루어지고 있기 때문에 인력파견업체들은 많은 기회를 제공받고 있다. 따라서 길거리마다 인력파견업체들이 상호(商號)가 눈에 띤다. 주강삼각주의 이족 농민공들을 다룬 류둥쉬(劉東旭)의 박사학위논문에서는 인력파견업체들의 활약상을 잘 보여주고 있다.

중국사회과학원 사회학연구소의 "농민공조사연구팀"이 1994년 6월 주강삼각주지역 149개 공장의 1,021명 농민공에 대한 질문조사에 의하면, 조사대상자의 52%에 달하는 노동자가 이직 경험이 있다고 답했다. 그 중, 한 번 이직한 사람이 24.8%, 두 번 이직한 사람이 35.2%, 세 번 이직한 사람이 26.5%, 네 번 이상 이직한 사람이 13.5%에 달하였다. 이들의 평균 이직 회수는 2.4차로, 가장 적게 이직한 사람은 1차, 제일 많이 이직한 사람은 8차에 달하였다. 이는 농민공들이 형성되기 시작한 초기부터 직장이 안정적이지 못했음을 설명한다[21].

물론 시간이 지나도 이러한 현상은 변하지 않았을 뿐더러 유동성은 오히려 높아졌다. 2010년 7-8월 사이 주강삼각주지역의 2,276명의 농민공을 대상으로 진행한 질문조사에 기초하여 진행된 순중워이(孫中衛)와 양쇼평(楊肖鋒)의 연구에 의하면, 조사대상자의 83%에 달하는 1,890명이 이직경험을 가지고 있으며, 이들 중 취직 1년 내에 이직경험을 가진 사람은 31.2%, 1-2년 사이 이직한 사람은 28%이다. 전체 조사대상 중 5년 이상 근무한 사람은 13%밖에 되지 않는다[22]. 2009년 말과 2010년 초의 주강삼각주지역의 공장에 대한 현지조사로 작성된 중국경제체제연구소의 조사보고서도 마찬가지도 농민공 직장의 유동성이 매우 높음을 지적한다. 한 사례로 2000년부터 2009년 사이 심천에서 근무한 한 농민공은 10년 동안 30여개 회사에서 근무하였으며, 업종만 해도 10여 개에 달한다[23]. 2012년 7월 필자가 면접한 복장회사의 한 관계자는 평균 매달 노동자의 이직률이 약 10-15%에 달한다고 지적한다.

---

21) 1995. "外来农民工课题组." "珠江三角洲外来农民工状况." 『中国社会科学』, 4.
22) 孙中伟·杨肖锋. 2012. "脱嵌型雇佣关系与农民工离职意愿-基于长三角和珠三角的问卷调查." 『社会』, 32.
23) 『当前农民工工作和生活状况调查研究』课题组, "边缘化生存: 农民工的工作和生活状况", 『宏观经济研究』, 2011年第一期.

중국에서 농민공은 아직 현지에 정착하지 못한 이주민에 속한다. 이주노동자에 의하여 형성된 노동시장일수록 그러한 성격을 띠게 된다. 이주노동자들은 자신의 능력부족으로 회사에서 빈번히 짤리기도 하지만, 워낙 이들이 근무할 수 있는 회사들의 근무환경도 좋지 않기 때문에 이들 역시 빈번히 직장을 바꾸는 것을 스트레스 해소의 한 방법으로 활용한다. 즉 이들에게 있어 이직도 일종의 "약자의 무기"인 셈이다. 생산수요에 따라 탄력적인 고용을 원하는 업체, 얽매이지 않고 자유로운 이직과 구직을 원하는 이주민 노동자집단의 존재로 주강삼각주의 노동력 시장은 가히 세계에서 가장 활성화된 인력시장으로 볼 수 있겠다.

둘째, 임금체계가 고정적 급여보다 일당 혹은 업무량에 따른 연동(連動)제 방식으로 구성되어 있다. 2012년에 있은 현지 조사를 통하여 확인한데 의하면, 복장회사의 경우 임금정산 방식이 "기초임금+기능+업무수당장려+효율장려+생산량장려"로 구성되어있다. 이중 효율장려와 생산량 장려가 전반 수입의 70%이상을 차지하고 있다. 조사 당시 이 복장회사에서 월급을 많이 받는 숙련노동자들이 2,300위안 정도였고, 일반 노동자들의 경우 1,500위안에 달했다. 업종에 따라 수입차이도 나는 걸로 확인되었는데, 기술함량이 상대적으로 높은 전자업종의 경우 평균 월급이 2,000원 정도였으며, 기술함량이 없는 청소공의 경우 800위안정도 밖에 되지 못했다. 경제성장의 각종 혜택을 받고 있는 현지인들의 수입과도 비할 바가 되지 못하는 것이다.

여기서 주목해야 할 점은 하청업체의 경우 납품기한을 맞춰야 하기 때문에 농민공들의 야근이 특별히 많다는 점이다. 법적 규정인 8시간 노동시간은 아웃소싱 하청업체에 근무하는 노동자들에게는 아예 적용될 수 없다. 2012년 7월 한 복장회사에 대한 저자의 현지조사에 따르면, 6월에 노동자들이 28일 동안의 근무 중 2일 밖에 휴식하지 못했으며, 정상근무일인 21일 동안 90시간 야근하여 하루 평균 야근 시간이 4.3시간 달하였다. 많은 업체의 경우 완성품의 개수에 따라 급여를 지불하는 방식을 취하고 있기 때문에, 납품을 맞추어야 하는 회사도 야근 노동을 선호하고, 야근을 해야 수입이 많아지게 때문에 노동자들도 선호함으로써, 성수기에는 많은 회사들에서 야근이 보편화되고 있는 것으로 확인된다.

업체에서 일감을 맡아 집에서 근무하는 농민공들의 경우는 노동시간이 더욱 긴 것으로 나타났다. 공장 외 외주생산에 대한 황연(黃岩)의 연구에서는 일감을 받아온 농민공들의 장시간 노동에 주목하고 있다. 그는 농민공들이 공장에서 나와 자체생산에 종사하는 원인에 대하여 통제를 받지 않고 자유롭다는 점, 수입이 공장에 비하여 높다는 점, 현금을 직접 받을 수 있다는 점을 든다[24]. 공장의 통제와 저임금을 벗어나기 위한 수단으로 가내생산에 종사하지만 그들은 결국 더욱 긴 노동시간을 감내해야 한다.

일당제, 시간제 급여, 완성수량에 따른 급여, 가내생산, 이러한 것들은 모두 노동이 "액화"되는 형태들이다. 고정적인 것이 없고, 수시로 일어나는 변화를 감당해야 하기 때문이다. 물론 노동자들에 대한 직접적인 통제가 약화되는 측면도 있지만 실제로는 더욱 강한 노동강도와 장시간의 노동을 감당해야 한다. 노동의 유연화를 통하여 자본축

---

24) 黃 岩. 2012. "工厂外的赶工游戏 — 以珠三角地区的赶货生产为例." 『社会学研究』, 4.

적의 효율은 향상되었을 수 있지만, 노동자생활은 더욱 불안정한 상태에 빠져들고 있다.

셋째, "기숙사"가 노동자들의 주요 거주형태로서 자리잡았다. 주강삼각주에서 회사들을 방문해보면, 거의가 빨래가 가득 걸린 노동자 기숙사 간이(簡易)건물을 보게 된다. 유동하는 자본과 유동하는 노동력이 한 곳에서 결합되려면, 반드시 "임시거주"방식이 형성되어야 한다. 그것을 해결하는 방식이 바로 "노동자 기숙사"이다. 런옌(任焰)과 판이(潘毅)는 이런 현상을 "초국적 생산과정의 공간정치: 세계화 시대의 기숙사 노동체제"[25]로 규정한다. 그들에 의하면, 기숙사는 상품생산과 노동자 일상생활이 긴밀히 결합된 것으로, 회사가 노동자의 일상생활에까지 깊게 관여할 수 있으며, 이를 통하여 노동시간을 탄력적으로 조절할 수 있게 된다고 지적한다. 2010년 주강삼각주지역 2014명 농민공들에 대한 질문조사를 통하여 이루어진 류린핑(劉林平)과 윙신(雍昕)연구에서도 "기숙사 노동제"가 성행하고 있으며, 이는 근무시간과 휴식시간의 경계를 모호하게 만듦으로써 노동자들의 박탈감을 강화시키고 있다고 지적한다[26].

2006년 7-8월 사이 주강삼각주 3,917명 농민공에 대한 질문조사를 통하여 이루어진 런옌(任焰)과 량홍(梁宏)의 연구에 따르면, 3,917명 중 51.98%에 달하는 2,036명이 공장 기숙사에서 거주하고 있었으며, 4.97%에 달하는 195명이 고정된 거주지가 없었고, 41.82%

---

25) 任焰 · 潘毅. 2006. "跨国劳动过程的空间政治: 全球化时代的宿舍劳动体." 『社会学研究』, 4.

26) 刘林平 · 雍昕. 2014. "宿舍劳动体制, 计件制, 权益侵害与农民工的剥削感 - 基于珠三角问卷数据的分析," 『华东理工大学学报』, 2. 社会科学版.

에 달하는 1,638명이 방을 세받아 거주하고 있었으며, 자기가 산 집에서 생활하고 있는 사람은 48명, 1.23%밖에 되지 않았다[27].

농민공 희철견(姬鐵見)이 자신의 생활을 담아 출간한 『한 농민공의 생존일기』의 5월 28일자 일기내용은 다음과 같다. "오늘 건축현장에 와서 며칠 생활하던 한 동료의 마누라가 고향으로 돌아간다고 한다. 그의 부인은 원래 복장회사에서 일하였는데, 회사에서 인력 감축을 하여 실직 당하였다. 고향으로 돌아가려 해도 고향에 가족이 없어서 남편에게로 왔다. 건축현장에는 부부가 함께 거처할 수 있는 숙소가 있을 리 만무했다. 그 동료가 현장관리원을 찾아서 통사정을 한 결과, 설비실을 임시 거처로 이용할 수 있게 되었다. 그 동료는 기쁜 나머지 새 거처에 우리를 청하여 술까지 마셨다. 그러나 행복한 생활은 결코 오지 않았다. 그의 마누라는 외모단장에 신경쓰는 편이어서 굽 높은 구두에 미니스커트, 볼륨이 드러나는 티를 즐겨 입어, 늘 뭇 사내들의 눈총을 받았다. 그 뿐만 아니라, 그 후부터 많은 사람들이 여러 이유로 설비실을 들락거리기 시작하였는데, 워낙 공용실이라 뭐라고 할 수도 없었다. 더구나 저녁이 되면 마실 오는 사람이 많아져 밤 늦게까지 한담을 하다가 갔으며, 심지어는 밤에 문밖에서 기척이 들리기도 하였다. 낮에 일이 고되어 저녁이면 푹 자야 하는 데 잠도 편하게 잘 수 없게 되었다. 이를 눈치 챈 그의 마누라는 혐오를 느끼며 집으로 돌아가기로 결심하였다.…"[28]. 기숙사에서 생활하는 농민공의

---

27) 任焰·梁宏. 2009. "资本主导与社会主导 - '珠三角'农民工居住状况分析."『人口研究』, 2.

28) 姬鉄见. 2013. 『止不住的梦想 - 一个农民工的生存日记』. 九州出版社, pp. 151-153.

애환을 보여주는 것이다.

 "기숙사 생산체제"는 자본이나 노동자를 막론하고 모두 장기성을 고려하고 있지 않다는 것을 보여준다. 자본도 한 지역에서의 생산을 "한동안 머물러야 하는 곳"으로 가정하고, 노동자도 "임시로 일하는 곳"으로 생각한다. 실제로 2008년 새로운 "노동법"이 발표되고, 주강 삼각주 지역의 인건비가 오르면서 팍스콘, 나이키, 아디다스와 같은 많은 기업들이 생산라인을 동남아나 기타 지역으로 대거 옮기는 현상이 발생하였다. 자본이 유동적이기 때문에 노동자들도 어느 회사를 자신이 장기적으로 근무할 수 있는 직장으로 보지 않고, 마찬가지로 "유동성"을 확보하는 것으로 이에 대응한다. 그러나 자본은 유동성을 높이는 것으로 초과이윤을 추구할 수 있지만, 노동자들의 생활은 불확실성이 증대됨으로써 불안정성이 가중된다고 볼 수 있다.

 넷째, 유동성이 높기 때문에 노동과 복지와 관련된 법적 권리를 제대로 향유할 수 없다. 중국의 국유기업에는 공회(公會)라고 불리는 노동자조직이 설치되어 있고, 이 조직은 노동자들이[의] 처우와 복지 향상을 위하여 일정한 역할을 하고 있다. 국유기업은 대체로 포드주의에 기초한 생산체계로 고용이 안정되어 있다. 따라서 노동자들이 노동과 복지정책을 제대로 향유할 수 있는 기초가 마련되어 있다.

 이와 달리 세계자본주의 생산체계에 유입하면서 대기업들의 하청과 외주를 맡으며 형성된 민영 중소기업들은 최대한 인건비를 절약해야 하기 때문에, 고용을 탄력적으로 할 수 밖에 없고, 따라서 고용을 안정시킬 수 없다. 또한 이뿐만 아니라, 노동법이 규정하는 요구를 다 준수할 수도 없다. 따라서 2008년도부터 노동자에 권리보호를 대폭 강화한 "노동법"의 시행되면서 많은 논란을 불러왔다. 기업과 기업의 이익을 대변하는 학계의 일부 학자들은 새로운 노동법이 기업 경영에 곤란을 조성하고, 고용을 오히려 줄일 수 있다는 주장을 펼쳤다[29]. 그러나 이러한 우려보다 더 문제가 되는 것은 노동의 액화가 과연 노동보호를 얼마나 가능하게 만드는가 하는 것이다. 2006년, 2008년, 2009년 3년간 주강삼각주 농민공을 대상으로 대규모로 되는 추적 질문조사를 통하여 이루어진 리쇼잉(李小瑛)등의 연구는 이러한 우려를 잘 보여준다.

〈표2〉 주강삼각주지역 농민공의 법적보호와 복지정책 향유 상황[30] (%)

	2006년	2008년	2009년
서면노동계약	42.76	60.54	62.36
무고정기한노동계약	15.19	17.35	17.28
의료보험	33.02	47.11	52.03
양로보험	21.94	34.56	37.91
상해보험	42.91	55.96	56.79
실업보험	8.30	13.51	20.46
임금체불	8.88	5.85	7.22
노동조합가입	16.00	18.68	18.57
표본 수	2613	2093	1721

〈표 2〉에서 볼 수 있는 바와 같이 2008년 새로운 "노동법"이 시행된 후 그 이전인 2006년 비하여 전반적으로 농민공들의 처우가 좋아

---

29) 董保华. 2007. "论劳动合同法的立法宗旨." 『现代法学』, 7(6).
30) 李小瑛 · Richard Freeman. 2014. "新《劳动合同法》如何影响农民工的劳动权益?." 『劳动经济研究』, 3.

졌다고 볼 수 있다. 그럼에도 불구하고 시행률이 절반이 넘는 것은 서면노동계약과 의료보험, 상해보험에 불과하다. 게다가 이러한 것들은 설령 가입률이 절반을 넘는다고 해도 제대로 시행되고 있지 못하는 부분이 많다. 가령, 서면노동계약의 경우, 2009년 말에 진행된 중국 경제체제 연구소 "농민공 조사팀"의 조사에 따르면, "형식적인 계약"이 광범위하게 이루어지고 있다. "노동법"에서는 사측과 노동자 간에 집단협상을 통하여 노동계약이 이루어져야 한다고 규정하고 있지만, 많은 경우 협상자체가 이루어지지 않고, 빈 계약서에 농민공들이 서명을 하여 사측에 넘기면 회사가 어떻게 처리하는 지에 대하여 노동자들은 관심도 없다고 지적한다[31]. 즉 사측이나 농민공이나 막론하고, 서면계약이 큰 의미가 없음을 잘 알고 있기 때문이다. 자유롭게 고용하고, 자유롭게 떠날 수 있는 직장에서 노동계약이 무슨 의미가 있겠는가? 상해보험도 실상은 마찬가지이다. 농민공 보호에 대한 정광화이(鄭广怀)의 연구결과에 따르면, 법에 따를 경우 절차가 복잡하고, 처리기간이 길기 때문에 상처를 입은 농민공 대부분이 사적으로 회사와 합의를 본다. 이때 받는 보상은 많아야 법에 규정상의 절반가량인 것으로 나타났다. 그럼에도 불구하고 농민공들에게는 이런 보상이 훨씬 더 현실적이기 때문에 이를 선호하는 것으로 나타났다[32].

다른 지표들을 볼 때, 고정된 고용기한이 없는 고용일 경우 서면노동계약률이 20%도 되지 않으며, 노동조합 가입률도 20%도 되지 못

---

31) 『当前农民工工作和生活状况调查研究』课题组. 2011. "边缘化生存 : 农民工的工作和生活状况." 『宏观经济研究』, 1.
32) 鄭广怀. 2010. "劳工权益与安抚型国家 – 以珠江三角洲农民工为例." 『开放时代』, 5月.

하고, 실업보호도의 경우 20%정도에 그치고 있다. 임금체불 현상도
크게 개선되지 못하였다. 따라서 전반적으로 볼 때, 노동보호를 강화
한 노동입법의 효과가 현저하다고 보기 어렵다. 일부 개선된 지표는
표면상에 나타날 뿐이지 실제로는 많은 변칙현상들이 내재되어 있는
상황이다.

희철견(姬鐵見)의 『농민공일기』에서도 이러한 것들이 확인된다.
가령, 8월 17일자의 일기 내용은 다음과 같다. "오늘 저녁은 야간 근
무를 하라고 한다. … 아침 7시까지 일했지만 하루 일당으로 밖에 쳐
주지 않았다. 노동법에 의하면 야간근무는 더 많은 시급을 주기로 규
정되어 있지만 여기에서는 꿈같은 소리다. 돈은 커녕 밤참도 제공해
주지 않았다. 동료들은 장갑에 구멍이 나서 너덜너덜하지만 돈이 아
까워 그대로 낀 채 일을 하기가 일쑤다. … 노동보호요, 안전이요 하
면서 떠들지만 노동에 필요한 장갑, 마스크 등 보호용품 모두 노동자
들이 스스로 해결해야 한다."[33]

자본주의 역사를 볼 때, 노동자들의 처우개선은 결국 단결된 투쟁
에 의하여 이루어져왔다. 그러나 노동자들이 물처럼 흐르는 상황에
서 결집된 세력을 만들기란 쉽지 않다. 또한 노동이 액화된 상황에서
는 국가도 노동을 보호하는데 한계가 있을 수밖에 없다. 노동에 대한
법적 보호와 처우개선은 일단 고용이 어느 정도 안정되어야 가능하
다. 수요에 따라 한시적으로 고용하고, 근무하는 상태에서는 안정된
보호가 이루어질 수 없다. 회사 측으로 볼 때, 노동법이 규정한 내용
들을 제대로 준수할 수가 없으며, @임시벌이로 생각하는 노동자들의

---

33) 姬铁见. 2013. 『止不住的梦想 - 一个农民工的生存日记』. 九州出版社, p. 99..

경우도 법이 자기를 보호해줄 것으로 믿지 않는다. 따라서 주강삼각
주지역에서 노동분규는 법적 절차에 따라서 해결되기 보다는 개인 혹
은 집단적 항거에 의하여 "폭력"적인 양상을 띠는 경우가 많다. 이는
"법은 멀고 주먹은 가깝다"는 논리 때문으로 볼 수 있다. 류둥쉬(劉東
旭)의 박사학위논문에서는 주강삼각주지역에서 근무하는 이족 노동
자들이 어떻게 지연과 족연을 단위로 하는 집단을 결성하여 자신의
이익을 수호해나가는가를 상세히 밝히고 있다[34]. 이런 서술은 노동의
액화가 가져오는 어두운 일면을 잘 보여준다.

세계적 범위에서 빈번한 공간조정 전략으로 초과이윤을 추구하는
자본에 의하여 생산도, 노동도 액화되고 있다. 바우만이 지적한 것처
럼 모든 견고한 것들이 사라지고 있다. 아웃소싱 방식이 광범위하게
이용되는 생산체계 하에서 주강삼각주와 같이 국가자본이 아니고, 세
계적인 산업자본에 의하여 주도되는 지역의 경우 모든 것의 액화가
더욱 심하게 일어난다. 액화는 결국 사람들의 삶을 불안정하고 취약
하게 만들고, 인생을 퍼즐로 파편화시킨다. 액화는 분명히 인류의 미
래를 위협하는 새로운 리스크로 등장하고 있다.

4) 액화의 사회적 비용

생산과 노동의 액화는 미시적 차원이나 거시적 차원을 막론하고 적
지 않은 사회적 문제를 발생시킨다. 가령, 미시적 차원에서 볼 때, 가

---

34) 刘东旭. 2013.『流动社会的秩序 - 珠三角彝人的组织与群体行为』. 中央民族大学
人类学博士论文.

정생활을 액화시켜 한 가족이 함께 생활하지 못하는 현상이 관측되고 있다. 이는 인류역사에서 일찍 있어보지 못한 새로운 현상이다. 가정이란 혼인과 혈연관계에 기초하여 함께 생활하는 사람들의 생활공동체이다. 인류역사동안 많은 사회적 혼란을 겪었음에도 불구하고, 부부와 미성년자녀가 함께 생활해야 한다는 인식에는 변함이 없었다. 그러나 액화된 사회에서는 한 가족성원이 함께 생활하지 못하는 현상이 광범위하게 발생한다. 가령, 중국의 위생생육부가 2016년 10월 19일에 발표한 『2016년 중국 유동인구 발전보고서』[35)]에 따르면, 부모들의 도시진출로 35.6% 농촌아동이 부모와 함께 생활하지 못하고 있으며, 그중 인구유출이 심한 안휘성, 허난성, 사천성의 경우 이 비율이 43.8%에 달한다. 중국의 전국여성연합회(한국의 여성가족부에 해당하는 부처)조사연구팀이 2013년 5월 발표한 농촌아동실태에 대한 조사보고에 따르면, 부모와 생활하지 못하고 농촌에 남겨진 아동이 6천1백만2천5백 명에 달할 것으로 추정되며, 이는 당해 농촌 어린이의 37.7%에 해당되는 수치이다[36)].

농민공 희철견(姬鐵見)의 9월 14일자의 일기에는 다음과 같이 기술되어 있다. "오늘은 비가 내려 휴식이다. 부실부실 내리는 비를 보노라니 마음이 울적해졌고, 집 생각이 무척 나서 그리움에 관한 글을 쓸 생각이 났다. 망설이며 앉아 있던 중, 문득 봄철에 보았던 한 장면이 뇌리에 떠올랐다. 그것은 젊은 부부가 어린 아들을 데리고 잔디 위에서 연을 날리며 기뻐하던 장면이었다. 행복한 부부의 얼굴과 천진

---

35) 国家卫生计划生育委员会 :《中国流动人口发展报告2016年》, 2016年 10月 19日.
36) 全国妇联课题组 :《我国农村留守儿童、城乡流动儿童状况研究报告》, 2013年 5月.

난만한 어린이의 해맑은 웃음이 떠올랐다. 이 몇 년간 나는 생계를 위하여 늘 타향으로 떠돌았다. 나는 늘 다른 부모들이 애를 데리고 연을 날리고, 공원의 잔디위에서 즐겁게 노는 것을 보아왔다. 그럴적마다 저도 모르게 눈가에 눈물이 맺히곤 하였다. 저 멀리 고향에 있는 처자여, 이 시각 나는 얼마나 그대들의 손을 잡고 잔디 위를 달리며 연을 날리고 싶은 줄 아는가? 언제면 나도 처자를 데리고 아무런 걱정 없이 연을 날려볼 수 있을까?"[37].가족분산이 불러온 슬픈 모습을 볼 수 있다.

　어린이만 문제가 되는 것이 아니다. 노인들도 마찬가지이다. 가족 전통이 강한 중국에서 "효"는 늘 강조되는 덕목이었으며, 사회복지정책이 제대로 구비되지 못한 농촌사회에 있어 자식은 노후생활의 중요한 보장이었다. 그러나 자녀들이 외지로 떠나게 되면서 많은 노인들이 보살펴 줄 사람이 없게 되었다. 오히려 자녀가 맡겨두고 간 손자들을 키우느라고 부담을 짊어지게 되었다. 『2016년 중국 유동인구발전 보고서』에 따르면, 자녀가 옆에 없는 노인 수가 농촌노인 총수의 31%를 차지한다. 부부사이도 마찬가지이다. 위에서 설명했듯이, 주강삼각주 농민공의 절반 이상이 기숙사에서 생활한다. 희철견의 일기내용에서 반영되어 있듯이, 많은 부부들이 별거상태에 처하여 있다. 그것도 몇 달 정도가 아니라 일상적인 것이다. 액화된 노동은 액화된 가정생활로 이어져 한 가정이 함께 생활하지 못하는 현상이 만연하고 있다. 신자유주의에 기초한 자본주의 생산체계가 인간의 삶을 얼마나

---

37) 姫铁见. 2013. 『止不住的梦想－一个农民工的生存日记』. 九州出版社, pp. 174-
　　175.

피폐하게 만드는지 볼 수 있다.

거시적 차원에서 역시 많은 사회적 대가가 따른다. 본 문에서 거론되고 있는 "농민공" 자체가 곧 "노동의 액화"가 초래한 사회적 현상이다. 산업화가 진행되면서 농촌에서 동시에 탈농화가 일어나고, 인구가 유입되면서 도시가 성장하는 것은 그간 당연하게 생각해왔던 통념이었다. 그러나 지난 30여 년간 중국에서는 똑같은 현상이 반복되지 않았다. 그와 달리 탈농하여 산업부문으로 진출한 수억 명의 노동자가 도시와 농촌사이를 표류하는 소위 "농민공"이 되는 현상이 나타났다. 그들이 바로 현대자본주의세계체계 하에서의 "액화된 노동"의 대표들이다. 그들이 근무해야하는 업종과 업체들이 보편적으로 아웃소싱 방식의 구체적 표현인 하청업체들이다보니 인건비경쟁이 치열하고, 고용이 수시로 변하는 상황에 처할 수밖에 없다. 이런 상황을 예견한 국가는 그들의 생업을 안정시키기 위한 수단으로 농촌에서의 토지사용권을 보호함으로써, 그들은 결국 두 발을 농촌과 도시에 각각 두어야 하는 노동자가 되었다. "농민공"이라는 중국특유의 사회현상의 존재는 결국은 세계자본주의 생산체계 변화라는 더욱 큰 거시적 요인과 밀접히 연관되어 있다.

방대한 액화된 노동자집단의 존재가 유발하는 사회적 비용은 거대하다. 가령, 내륙 지역의 방대한 노동력이 동부 연해지역으로 흘러들어, 현재 중국의 연해지역 대도시들은 인구 과밀화로 "대도시병"에 허덕이고 있으나, 서부지역은 인구 과소화로 농촌이 공동화되는 난관에 봉착하여 있다. 이러한 상황은 인구센서스 조사자료에서도 나타나고 있는 바, 동부 연해지역의 인구가 전체 인구에서 차지하는 비중은 2010년이 2000년에 비하여 2.41%증가하였으나, 서부지역은 1.1%하락하였다[38]. 인구의 최대 유입지인 주강삼각주의 경우 30년 동안에 심천(深圳)은 2만여 명의 인구에서 1,300여 만명 인구의 대도시로 변신하였는데, 그 중 85%가 외부 유입 인구이며, 광주시(廣州)의 경우 유입인구가 600여만 명에 달하여 호적인구에 근접하고 있으며, 북경과 상하이의 경우 800만명 이상의 외부 인구가 유입되어 있다[39]. 방대한 인구가 고향을 떠나서 경제활동에 종사하게 되면서, 매년 음력 설기간에 귀향(歸響)과 귀성(歸城)으로 교통운수가 홍역을 치르게 되는 바, 정부부처에 발표에 의하면, 2014년 음력설기간에 여객 운송량이 36억여 명에 달하였다[40].

액화가 가져오는 가장 큰 사회적 대가는 사실 각종 양극화에 있다. 여기에는 계층간, 지역간, 도농간의 양극화가 포함되어 있다. 계층의 양극화의 경우, 중국 경제체제개혁 연구회 수입분배 연구팀이 2012년 전국 각 지 도시 5,344가구 수입에 대한 조사를 통하여 얻은 연구결과에 의하면, 인구분포에 따른 중국도시가구 수입의 지니계수는 0.50에 달하였다[41]. 같은 해에 진행된 중국 서남제경대학교 중국 가구 금융조사연구센터의 조사결과에 의하면, 2010년 중국의 지니계수는 0.61에 달하는 바, 그 중 도시의 지니계수는 0.56이고, 농촌의 지니계수는 0.6이었다[42]. 다른 격차도 심각하기는 마찬가지이다. 이 역시 자본주의 생산체계의 문제로, 소위 말하는 자본의 "흐름"은 아무데나

---

38) 马建堂, "第六次全国人口普查主要数据发布", 国家统计局, 2011年4月28日.
39) "京沪等大城市人口严重超载, 专家呼吁减压分流", 中国新闻网, 2010年2月13日.
40) "2014年春运客流预计达36亿人次创新高", 新华社, 2014年2月1日.
41) 林金冰, "调查发现城镇居民基尼系数已超0.50", 云南信息报, 2013年9月24日.
42) 何宁, "中国家庭金融调查: 高基尼系数是经济发展自然结果", 光明网, 2012年 12月 10日

임의로 흐르는 것이 아니라, 자신에게 가장 유리한 지역들을 선택해서 흐른다. 따라서 자본이 홀러드는 곳과 외면하는 곳의 명암이 엇갈리게 된다. 이 과정에서 국가가 할 수 있는 일이란 어느 곳이든 막론하고 자본을 유치하기 위한 노력을 기울이는 것이다. 즉 어느 국가도 국제적으로 흐르는 자본을 임의로 통제할 수 없다. 따라서 액화의 추세는 쉽게 바뀌지 않을 것으로 전망되며, 액화로 인한 사회생활의 리스크는 점차 증가할 것으로 예견된다.

5. 나오면서

본 연구에서는 중국남부 광동성 주강삼각주지역에서 근무하고 있는 농민공들을 연구대상으로 하여 노동이 처한 현실에 대한 분석과 이론적 고찰을 진행하였다. 연구에서 볼 수 있듯이, 1970년 말까지만 해도 양어와 양잠으로 허허벌판이었던 이 지역이 개혁개방정책으로 세계자본주의 생산체계에 합류하면서 세계적 기업들의 아웃소싱 생산지역으로 거듭나고 그 와중에서 "세계 공장"으로 부상된다. 이는 방대한 노동력의 수요를 불러와서 근 3,000만 명에 근접하는 외지 노동력을 흡인하여 왔지만, 하청생산을 위주로 하는 중소기업 위주였기 때문에, 노동자들이 직장과 수입, 생활과 처우가 모두 안정될 수 있는 구조를 갖출 수 없었다. 따라서 상시적 변화에 적응해야 하는 생산과 노동의 액화현상이 두드러지게 나타나면서, 미시와 거시적 차원에서 일찍 겪어보지 못한 현상들이 속출하고 있다. 이러한 맥락에서 저자는 "액화"를 인류의 삶을 기반을 갈수록 취약하고 만드는 리스크로 파악한다.

따라서 성장과 분배라는 자유주의와 좌파이론 간에 논쟁이 해결되지 못한 채, 안정과 유연성이라는 또 하나의 문제가 논쟁의 대상으로 떠오르고 있음을 볼 수 있다. 신자유주의 정책기조 하에서 생산과 고용의 유연성, 탄력성이 갈수록 강조되고 있다. 거기에 세계화라는 공간조정전략까지 가미되면서 제3세계국가들의 많은 노동자들이 자본주의생산체계에 동원되고, 그들의 생업과 생활은 안정성을 잃은 채 표류하는 상태로 빠져들고 있다. 장구한 인류의 역사를 뒤돌아보면, 사실상 인류는 생활의 안정이라는 목표를 추구하고, 그것을 실현을 위하여 장시간 노력해왔다. 아이러니 하게도 인류사회가 21세기에 들어서면서 많은 사람들의 생활은 또다시 불안정해지기 시작한다. 액화가 점점 심해질 것인가 아니면 한동안 진행되다 그치고 말 것인가? 자본이 주도하는 세계라는 점을 감안하면 낙관적이지 못하다. 그러나 분명한 것은 과도한 액화는 삶을 굉장히 불안하게 만든다는 점이다. 어떻게 액화의 흐름을 견제하면서 안정적인 삶을 되찾을 수 있을까? 인류는 또 하나의 큰 과제를 떠안은 셈이다.

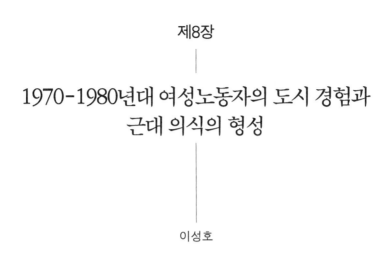

1. 문제의 제기

한국사회의 1970년대는 급속한 산업 성장과 함께 산업노동자층의 형성이 이루어진 시기였다. 특히 노동집약적 경공업 위주의 산업화가 진행되면서, 농촌 여성노동의 도시로의 이동이 대대적으로 진행되었다. 이 기간 동안 여성노동력의 임금노동부문으로의 진출이 급속하게 증가하여 1973년에는 전체 생산직 노동자 중에서 여성노동자가 차지하는 비중이 50%를 넘어서게 되었다(경제기획원, 1973). 특히 제조업부문의 여성노동자들은 섬유의류, 음식료품산업 등 특정 노동집약적 소비재부문에 집중되었다.[1]

---

1) 섬유의복, 음식료품업 등은 소비재 경공업부문에서도 특히 여성노동자의 비중이

1970년대 제조업부문의 여성노동자들은 대부분 10대 후반과 20대 초반의 농촌 빈곤가족 출신 미혼 여성이었다(정현백, 1985: 121). 저임금에 기초한 산업화는 농업부문의 희생을 전제로 하였기 때문에 젊은 농촌 노동력의 도시로의 이동을 촉진하였다. 농촌 내부에서 소득이나 미래에 대한 전망을 찾을 수 없었던 젊은 노동력이 도시로 빠르게 이동해 간 것이다. 특히 가부장적 농촌 환경에서 상급학교 진학이 좌절된 여성들의 경우 취업과 공부의 기회를 얻기 위하여 도시에 대한 동경을 키웠는데, 이는 도시의 여성노동력 수요와 맞물려 이들의 도시 이출을 가속화시켰다.[2]

달리 말하면 1970년대의 산업화 과정은 전통적인 농촌 환경에서 성장한 10대 여성들을 도시라는 낯설고 새로운 환경과 대면하게 하는 과정이기도 했다. 특히 이들의 도시 경험은 농촌의 빈곤 가족 출신이라는 배경과 저학력, 10대 미혼이라는 조건을 공유하는 여성들의 집단 경험이었다. 매우 동질적인 농촌 환경에서 성장한 젊은 여성들의 도시에서의 집단 경험은 이들의 노동자로서의 정체성 형성에 중요한 영향을 미쳤을 것이다. 즉, 침체와 가난의 장소였던 농촌을 떠나 새로운 기회와 꿈의 실현을 위한 장소인 도시로 이동하여 도시민이 되기 위한 적응의 과정을 거치면서 농촌 여성은 도시 임금노동자로 변모해 간 것이다(장미경, 2004: 122).

높은 산업부문이다. 1970년대 섬유의복 산업부문에서의 여성고용비율은 약 70%에 달한다.(노동청, 1979)

2) 이화여대 농촌문제 연구소(1973)의 조사에 따르면 농촌 여성들이 시골을 떠나게 되는 동기는 빈곤, 취업 등 경제적 요인이 전체의 53.4%를 차지하고 있으며, 교육 등의 요인이 18.0%를 차지하고 있다. 그리고 도시 생활에 대한 동경으로 인한 이농이 11.2%로 나타나고 있다.

　이 글은 전북지역을 사례로, 여성노동자들의 도시 경험과 그 경험이 여성노동자들의 근대적 의식 형성에 미친 영향을 분석하려는 목적을 지니고 있다. 전북은 전형적인 농업지역으로 60-70년대의 산업화 과정에서 쌀 생산기지로 특화되어 있었다. 이러한 이유로 전북에서는 1970년대 후반 이후에야 비로소 공업화 계획이 추진되기 시작하였다. 이 시기 전북의 제조업은 주로 섬유의복, 음식료, 목재가구 등 노동집약적 경공업을 중심으로 성장하였고, 이 부문에서 여성노동력의 수요가 점차 증가하기 시작하였다.[3] 대부분의 공업시설은 전북의 전통 도시인 전주, 이리(현 익산), 군산의 3시를 중심으로 입지하였으며, 여기에 필요한 노동력은 대부분 도시 주변의 농촌지역에서 충원되었다.

　1970년대 중반부터 전북지역 내 도시로 이주한 농촌의 여성노동력은 대체로 빈곤가족 출신으로 농촌에서 중학교 정도의 교육을 마치고, 상급학교 진학이 좌절된 10대 중반의 연령층이라는 점에서 한국의 초기 산업화 과정에 동원된 여성노동력의 구성과 크게 다르지 않다. 농촌에서 자란 어린 여성들인 이들은 매우 보수적이고 전통적인 의식체계와 가족주의를 배경으로 하는 역할체계에 근거한 여성 정체성을 지니고 있었던 것으로 확인된다(강남식, 2006). 그런데 이들은 길지 않은 도시 생활을 통해서 1980년대 초반부터 시작된 전북지역 민주노조운동의 중심세력을 형성한다.[4] 이러한 변화를 추적하기 위

---

3) 1975년 전북의 제조업에서 섬유·의복(32.6%), 음식료품(21.6%), 목재가구(17.3%) 등 3개 소비재부문이 차지하는 비중은 전체 제조업의 71.5%에 달했다(노동청, 1975)

4) 산업화가 지체된 때문에 전북지역에서는 수도권 공업지역이 경험한 1970년대 민주노조운동의 전통을 지니고 있지 않다. 1980년대 초반에 들어서야 전북지역에서

하여 이들의 도시 경험과 의식에 관한 분석은 긴요한 과제라 할 수 있다.

이러한 문제의식에서 출발하여, 이 글에서는 1970년대 중반 이후 전라북도 지역의 섬유의복 산업부문으로 취업한 도시 주변 농촌지역 출신 여성노동자들을 대상으로, 이들의 도시 경험과 이를 통해서 여성노동자의 정체성을 확립해 가는 과정을 살펴볼 것이다. 농촌 여성이 도시로 진출하는 시기부터 도시 경험을 통해 농촌의 전통적 가족주의로부터 벗어나게 되는 과정을 분석한다. 이들의 도시 경험을 공장 내 경험과 공장 바깥의 일상생활 경험으로 나누어 검토할 것이다. 이것은 양 영역이 공간적으로 뚜렷이 구분되면서 여성노동자들이 근대적 사회관계를 맺는 가장 핵심적인 도시 내 영역이기 때문이다. 따라서 이 영역에서의 도시 경험이 여성노동자들의 근대 의식과 정체성 형성에 가장 중요한 영향을 미쳤을 것으로 판단된다.

2. 연구 방법 및 자료의 활용

이 글에서는 1970년대 중반부터 1980년대 중반까지 전북지역 의류제조업체에 취업했던 여성노동자들의 수기와 개인기록, 그리고 구술 증언 자료 등을 분석하였다. 분석에 활용된 수기는 모두 세 편으로 각각 1984년(김덕순의 수기), 1990년(박복실의 짧은 기고문), 그

는 자생적 민주노조운동이 나타나고 있다. 그런데 전북지역 민주노조운동은 1987년 노동자대투쟁 이전까지 섬유의복 산업의 여성노동자들에 의해 주도되었다. 이에 관해서는 이성호(2007) 참조.

리고 1991년(서소화의 수기)에 쓰여진 것이다. 김덕순과 박복실은 1981년 익산의 태창메리야스 민주노조투쟁의 중심인물들로, 이들은 해고된 이후 복직투쟁과 지역 노동운동 활동을 하면서 수기를 작성하였다. 또 서소화는 일본계 투자기업이었던 아세아스와니의 노동조합 간부로, 기업 철수에 항의하여 일본 원정 투쟁을 감행했던 인물이다. 그는 외국인투자기업에서의 투쟁과정을 수기로 남겼다. 이러한 점에서 세 편의 수기는 모두 1980년대에 노동운동에 적극적으로 참여한 여성노동자들의 투쟁 경험을 배경으로 쓰인 것이다.

한편 면담의 제보자들은 모두 1970년대 중반 이후 생산직 노동자로 취업하여 1980년대 초반부터 1987년 노동자대투쟁기 이후까지 노동조합 활동을 한 경험을 지니고 있다. 이들은 전주와 익산 주변의 농촌 빈곤층 출신으로 초등학교 또는 중학교 정도의 학력을 지니고 10대에 첫 취업을 한 경험을 지니고 있다. 이들의 주요 직장은 백양, 태창, 쌍방울 등 전북지역 내 내의제조 대기업 3사이다. 제보자들은 면담 당시 모두 40대 중후반의 나이로 모두 기혼이며, 결혼을 하게 된 시기는 대부분 노동조합 활동을 했던 직장을 그만두게 된 이후이다.[5]

---

5) 이 논문의 구술 증언 자료들은 "전북대학교 노동운동사연구팀"에서 2005년 9월부터 2007년 8월까지 진행한 전북지역 노동운동사 연구의 구술 자료 중 일부이다. 제보자의 선정을 위해 일차로 전북지역 노동운동 관련 인물들의 전체 목록을 작성하였다. 그 중 전북지역 민주노조운동이 출발하는 1981년부터 1996년 민주노총 출범 이전까지의 관련자들 중 연락 가능하고, 구술에 동의한 인물들을 대상으로 개별 면접을 실시하였다. 이 논문은 그 가운데 섬유의복산업의 여성노동자들의 구술을 분석한 것이다.

〈표 1〉 구술 제보자 인적 사항

사례 번호	나이	학력	첫 취업 나이	주요 직장	현재 직업	노조활동 여부
1	46	중퇴	15	백양	노동단체	○
2	50	초졸	17	태창	피자집종업원	○
3	49	고졸	19	태창	공공근로	○
4	49	중졸	16	태창	옷 수선	○
5	48	중졸	18	태창	통닭집	○
6	46	초졸	14	백양	복지기관	○
7	43	중졸	17	쌍방울	노동단체	○

1970년대 여성노동자들의 노동조건과 노동실태에 대해서는 적지 않은 연구 성과가 축적되어 있는 편이다. 그러나 이 시기 여성노동자들의 삶과 생활 경험 그리고 의식 등은 최근까지 연구자들의 관심에서 벗어나 있었다. 2000년대 이전까지 여성노동자에 관한 연구들은 대체로 1960-70년대 한국사회의 산업화과정이 여성노동의 동원에 의해서 이루어졌음에 주목하면서, 이 시기의 여성노동자들의 양적 증가 추세와 열악한 노동조건을 검토하고 있다. 즉 기존의 연구들은 박정희 정권의 억압적 노동체제 하에서 태동한 1970년대 민주노조운동의 객관적 조건으로서의 노동조건을 검토하는 데 초점을 맞추고 있다 (김금수, 1980; 김봉률, 1984; 이원보, 2000, 2004; 이옥지, 2001; 강인순, 2004). 이와 같이 거시적·구조적 관점에서 여성노동자의 실태를 분석하는 연구들은 여성노동자들의 열악한 노동현실과 임금, 지위 등 노동조건, 현장에서의 성차별 실태를 드러내는 성과를 거두었다.

기존의 연구들은 국가의 억압적 노동통제와 생계비에 못 미치는 저임금, 과도한 노동시간 등 1970년대 노동자들이 처한 노동실태를 규명함으로써 노동과 자본, 노동과 국가권력 사이에서 여성노동자들이 처한 객관적 위치를 밝히는데 중요한 기여를 한 것이 사실이다. 그러나 이러한 연구들은 객관적 노동조건에 초점을 맞추어 그로부터 노동운동의 조건을 직접 도출함으로써, 여성노동자들의 구체적 삶과 생활 경험을 연구 영역에서 제외시켰다. 특히 여성노동자들이 처한 특수한 현실, 즉 유교적 · 가족주의적 성장 환경, 노동과정에서의 전근대적, 가부장적 통제 그리고 여성노동자에 대한 사회적 인식과 편견 등을 고려하지 않았다. 따라서 농촌여성들이 도시의 임금노동자로 변모하는 데에는 이들의 도시 경험, 즉 가부장적 가족으로부터 벗어나 근대적 주체로 독립해가는 과정이 필요했다는 점을 간과하고 있다.

한편 1980년대 노동운동의 현실에서 노동과정에서의 집단적 경험과 그 속에서 형성되는 노동자 계급의식에 관한 관심이 대두되면서, 많지는 않지만 노동자들의 주관적 경험과 의식세계에 대한 연구가 진행되기도 했다(임영일, 1985; 정현백, 1985; 정미숙, 1993). 이러한 관심은 노동문제를 자본과 노동, 국가권력과 노동간 관계를 통해서 설명하고자 하는 경향으로부터 나아가, 노동자들의 작업현장과 일상 생활의 현장으로 확대하려는 시도로서 의미를 지닌다. 노동자들의 집단적 정체성은 그들 나름의 생활세계나 그 속에서 이루어지는 경험과 의식에 기반을 두고 이루어지는 것이기 때문이다.

톰슨(E. P. Thompson, 2000)의 지적과 같이 노동자는 역사적, 문화적 경험을 통해 계급으로 형성되어가는 것이다. 즉 톰슨에 의하면 노동자로서의 정체성은 개관적, 구조적 조건의 산물이 아니라 역동적으로 형성되는 사회적, 문화적 구성물인 것이다. 따라서 여성노동자들의 구체적인 생활 경험은 여성노동자들의 집단적 정체성과 여성 노동운동을 이해하는 기초가 된다. 이러한 관점을 바탕으로 정현백 (1985, 160-161)은 여성노동자들의 일상과 의식을 분석하면서 1970 년대 여성노동자 의식을 전자본주의적 요소와 자본주의적 요소의 결합이라고 설명한다. 즉 이들의 의식에는 한국여성의 자기희생 의식이나 보수적 여성관 등 전자본주의적 요소와 소시민적 상승욕구, 상업주의적 소비주의 등 자본주의적 요소가 혼재하고 있다는 것이다.[6] 그의 연구는 사회의 객관적, 구조적 변화가 의식에 일방적, 기계적으로 영향을 미치는 것이 아니라는 점을 설명해주고 있다.

노동자들의 구체적 생활체험은 작업장 내부와 외부에서 영향을 미치는 문화·정치적 권력에 의해 형성되는데, 한국사회의 경우 유교 문화적 전통, 가부장제 이데올로기, 권위주의적 국가권력의 복합적인 영향에 의해 만들어진다(구해근, 2002: 11). 이러한 문제의식에 기초하여, 최근 거시적 방법론으로는 포착하기 어려운 주관적 경험 연구를 위해 구술 자료를 활용하여 일상을 재구성하려는 시도가 활발하게 진행되고 있다. 특히 여성사에 관한 연구에서는 구술 자료의 활용이 유효한 연구방법으로 인정되고 있다. 기록으로부터 배제되어 온 여성들의 자기 목소리를 통해서 사료의 부족을 메워줄 수 있기 때문이다 (강남식, 2005: 243).

또한 여성노동자들의 경험세계는 노동문제로 일반화시킬 수 없는 여성이 지니는 특수성을 포함하고 있다. 이러한 점에서 여성노동자

---

6) 이 논문에서 사용하는 근대 의식은 전통적 유교주의와 대비되는 개념으로, 가부장적 가족으로부터의 독립, 소시민적 상승욕구, 소비주의 등 정현백의 자본주의적 의식과 유사하다.

에 관한 연구는 여성주의적 관점의 도입을 요구한다.[7] 그것은 기존의
논의가 대부분 남성주의적 인식체계와 분석틀에 의존하고 있었기 때
문이라고 지적되고 있다. 기존의 연구들이 1980년대 노동자대투쟁
의 정치적 성향과 계급적 성격을 강조하기 위한 것이기 때문이거나
(김경일, 2005, 154), 여성노동자들의 구체적인 삶의 경험에 기반을
둔 것이 아니라 이론화와 처방에 익숙한 지식인의 '담론'에 의존하고
(김현미, 2000: 48) 있기 때문에 1970년대 여성노동자들이 처했던 특
수한 환경을 제대로 평가하지 못한다는 것이다.[8] 따라서 산업화 초기
여성노동자에 관한 최근의 연구는 여성주의적 관점에서, 구술사 연구
방법을 통하여 그들의 구체적 경험과 주관적 의식세계를 들여다보는
경향이 주를 이루고 있다(김현미, 2000, 2002; 박해광, 2004; 장미경,
2005; 김경일, 2005; 김경희, 2006). 이러한 연구들은 1970년대 여성
노동자들의 작업장 및 일상생활 경험이 국가 주도의 근대화 프로젝
트에 의해 어떻게 영향받는지(김현미, 2001; 김은실, 2000), 그리고
그 속에서 여성노동자로서의 정체성이 어떻게 형성되는지(박해광,
2004; 장미경, 2004; 강남식, 2006) 등의 문제에 관심을 기울인다.
  그러나 최근의 연구들은 대부분 연구대상이 서울 등 수도권의 공업
지역 사례에 편중되어 있다는 점을 지적하지 않을 수 없다. 이러한 현

---

7) 여성주의적 관점에 의하면 여성노동자들이 1970년대 산업화과정의 중심이었을
   뿐 아니라 민주노조운동의 주도세력이었음에도 불구하고, 노동운동의 발전과정
   에서 그 역할이 제대로 평가받지 못하고 있었다. 즉 1980년대의 민주노조운동 연
   구들은 대부분 1970년대 여성노동운동의 조합주의적, 경제주의적 한계를 지적하
   고 있다(김금수,1986; 장명국·이경숙,1988 ;양승조,1990; 이목희, 1994; 김인동,
   1985).
8) 이러한 점에서 1970년대 여성노동자들은 국가권력과 자본 뿐 아니라 노동운동에
   의해서도 가부장적 억압을 경험하고 있는 셈이다

상은 그동안 한국사회의 산업화가 특정 공업지역을 중심으로 집중되었기 때문이지만, 다른 한편 노동자와 노동문제, 그리고 노동운동에 관한 연구의 관심이 수도권과 일부 공업지역에 한정되어 있었기 때문이기도 하다.[9] 산업화 초기 지방의 농촌에서 도시로 이주한 여성노동자들의 도시 경험은 서울의 사례만으로 일반화되기 어려운 특성을 지닌다. 1970년대의 서울은 한국을 대표하는 도시임에는 분명하지만, 수많은 지방 도시들과는 분명히 구별되는 특수한 지역이었다.

예를 들어 전북지역 여성노동자들의 경우, 대부분 도시 인근의 농촌지역 출신이라는 공간적, 문화적 동질성을 지니고 있었다. 이러한 점은 전국에서 이주해 온 노동자들이 모인 수도권의 공업지역과는 다른 지역적 조건이라 할 수 있다. 또한 도시와 농촌의 지리적 근접성으로 인하여 전북지역 여성노동자들의 초기 직장생활은 출퇴근을 통해 이루어졌다. 이러한 요인은 여성노동자들의 도시 입직을 보다 용이하게 하는 조건이 되었을 것이다. 뿐만 아니라 공장 입직 이후에도 여성노동자들의 가족으로부터의 독립을 지연시키는 요인이 되기도 하였을 것이다. 또한 통근버스 운행, 산업체부설학교 운영, 기숙사 미설치 등 기업의 관리전략에도 영향을 미치고 있다. 지방 중소도시가 지니는 수도권과의 구체적인 차이가 여성노동자들의 의식 형성에 미치는 차이를 살펴보기 위해서는 지역 수준에서의 노동사 연구가 필수적이며, 이러한 지역 사례연구를 통해 여성노동자들의 일상 경험에서 나타나는 일반적 특성과 특수성이 해명될 필요가 있다. 따라서 이 연구

---

9) 노동운동 연구의 수도권 편중 현상에 대해서는 여러 차례 지적되어 왔다(남춘호·이성호 외, 2009). 그러나 현재까지도 지역 차원에서의 노동사 또는 노동운동사 연구는 영남 공업지역 일부를 제외하고는 매우 미흡한 실정이다.

는 뒤늦게 산업화가 진행된 전북지역의 중소도시를 중심으로 1970년
대 여성노동자들의 생활경험을 분석함으로써, 여성노동자 연구의 연
구 대상 범위를 확장하고자 하는 목적도 아울러 지닌다.

3. 농촌여성의 농촌 탈출 욕망과 도시 동경

전북 농촌지역의 인구는 1966년 이후 감소하기 시작하는데, 1970
년대 초반까지는 유출 인구의 대부분이 수도권 등 타도의 공업지역으
로 유출되었다. 전북의 농촌인구가 지역 내 도시의 공업부문으로 이
동하기 시작한 것은 1970년대 중반부터였다.[10] 이 시기에 시작된 전
북 지역의 공업화는 1960-70년대 한국의 산업화 경로와 마찬가지로
섬유의복, 음식료품, 목재가구 등 노동집약적 경공업을 중심으로 이
루어졌는데, 이에 따라 도내 공업지역에서도 여성노동력의 수요가 증
가하기 시작하였다.

산업화 초기의 여성노동자들은 대부분 농촌 빈곤가족 출신의 저학
력, 10대 미혼 여성들이다. 이들은 유교적 가족주의 속에서 성장하여,
가족의 생계에 대한 책임감이 강하다고 지적된다(정현백, 1985; 김현
미, 2000). 실제로 이 시기 여성노동자들의 도시 진출의 배경에는 대
부분 가족의 빈곤이 자리하고 있다. 이러한 배경에서 이들은 농촌의

---

10) 1966년부터 1980년까지 전라북도의 인구는 약 23만 3천 명가량이 감소하였다.
이중 남자가 11만 9천 명, 여자가 11만 4천 명을 차지하고 있다. 같은 기간 동안
전북지역의 농촌인구는 약 51만 1천 명가량 감소하였고, 도시 인구는 27만 6천
명가량 증가하였다(통계청, 각년도).

빈곤으로부터의 탈출과 가족의 생계에 대한 책임을 내면화하고 있었던 것으로 보인다.

"지지리도 고생하시는 부모님을 보며 성장한 나는 절대로 촌에서 살지 않겠다고 별렀고, 도시생활을 동경하면서 성장했다. 70년대 우리 마을에 통근버스가 들어왔다. 태창메리야스에서 누에치고 김매던 동네처녀들을 몽땅 공장으로 데려가기 위해서였다. 그 다음 해에 나도 통근버스에 몸을 실었고, 검게 그을렸던 얼굴이 하얗게 되면서 우리는 노동자가 되었다."(박복실, 1990: 71)

"저 같은 경우는 어렸을 때 꿈이, 제가 생활이 너무나 힘들어가지고 꿈보다는 인제 학교 졸업하면 직장 생활을 어떻게 해서 돈을 버냐, 그 생각 외에는 다른 거 안 했던 거 같애. 생활이 너무 힘들어가지고. ….거기서 살 때는 생계유지하기도 힘든 때라 단지 돈 버는, 어떤 돈 벌 기회가 생기면 돈 벌어야겠다 라는 그런 생각 외에는 다른 생각할 여유가 없었던 시절이었어요."(앞 〈표 1〉의 사례 2)

1960-70년대 산업화과정에서 농촌 여성노동력을 도시로 이동하게 한 요인은 농촌의 빈곤과 도시에 대한 동경이다(박해광, 2004). 국가 주도의 산업화 과정에서 비롯된 농업의 쇠퇴와 농촌의 빈곤화, 그리고 그 원인이자 결과인 도시화와 산업화가 농촌 노동력의 도시 이주를 강요한 것이다. 김원(2006)은 1970년대 여성노동자들의 공장 입직과정을 분석하면서, 여기에는 농촌 여성들의 가족으로부터의 탈출 욕구와 공장에 대한 동경이 내면화되어 있었다고 설명한다. 전북지역의 사례를 통해서 살펴볼 때, 농촌 여성들의 도시에 대한 동경이 가족

으로부터의 탈출 욕구에서 비롯된 것인지는 명확하게 확인되지 않는다. 그러나 이들의 공장 입직 과정에 도시에 대한 동경이 내면화되어 있었다는 점은 분명하다. 즉 이들은 가난한 집안에서 자라면서 돈을 벌어 가족의 생계에 보탬이 되어야 한다는 생각을 자연스럽게 받아들이고 있었다(〈사례 1〉). 또한 돈을 벌어 남자 형제의 학비를 마련하는 것을 당연하게 생각하는 유교적 가족주의 이데올로기를 자연스럽게 받아들이고 있었다. 이러한 사실은 당시 여성노동자들이 자신들의 도시에 대한 동경을 가족과 집안을 살리는 일과 동일시하고 있었음을 보여주는 것이라 할 수 있다. 또한 뒤에서 구체적으로 살펴보겠지만, 이들이 공장생활에서의 가부장적 통제와 성차별을 감내하고 있었던 것으로 확인된다. 이러한 점으로 미루어 전북지역 사례의 경우, 농촌 여성들의 도시 동경 속에 처음부터 가족으로부터의 탈출 욕구가 내면화되어 있었다고 보기는 어렵다.

> "공장에 다녔던 애들은 가정생활이 어려워서 공장생활을 했어요. 우리 친구의 예를 들어봐도, 우에 언니가 다방에서 일을 하고, 걔는 공장에서 일을 해서, 그 동생의 학비를 마련해 주는⋯ 우리 때만 해도, 남자들은 고등학교, 대학교를 가지만, ⋯여자애들은 배워야 되겠다는 생각을 하면서도, 배움을 선택하지 못한, 경제적인 조건이 그랬어요."(사례 4)

이들의 도시 동경은 인근 도시로 출퇴근 하는 마을 여성노동자들의 모습을 통해 학습되었다. 이웃을 통해 간접적으로 확인하게 되는 도시 생활에 대한 정보는 하얀 피부와 단정한 모습, 정기적인 출퇴근 등으로 나타나며, 이것은 농촌 생활과 확연히 구분되는 것들이었다.

전주, 이리와 같은 인근의 도시는 수도권으로 이주해 간 여성노동자들이 마주쳤던 화려하고 웅장한 스펙타클이나 활기찬 모습(박해광, 2004: 138)은 아니었다.[11] 그러나 이들에게 도시는 돈을 벌 수 있고 학교를 다닐 수 있는 곳으로 여겨졌다. 뿐만 아니라 서울과 같이 멀고 이질적인 곳도 아니었다. 즉 1970년대 중반 전북 농촌지역의 젊은 여성들은 자연스럽게 인근 도시를 자신들의 농촌생활을 벗어날 수 있는 희망의 공간으로 여기며 성장하였다.

> "그 촌에서 어린 아이의 눈으로 봤을 때에는, 예쁜 언니… 왜냐면 집에 있는 언니들하고 돈을 벌러 나가는 언니들하고 모습은 나간 언니 모습이 훨씬 더 예쁜 모습이잖아요, 지금 촌에서 있는 언니들 모습보다는. 그래서 다 이쁜 모습이구나. 좋은가보다. 돈 벌면 다 좋은 갑다, 그런 생각을 했었는데…"(사례 6).

농촌 여성의 도시 동경에는 취업과 학업에 대한 욕구가 담겨있다. 즉 농촌 여성들의 빈곤 탈출 전략은 취직해서 돈을 버는 것과 학교에 다니는 것이었다(김경일, 2005: 161). 초등학교나 중학교를 마치고 집안일을 도와야 했던 10대 여성에게 학업 욕구는 이들의 복합적인 꿈이 담겨 있었다. 즉 배움에 대한 열망 자체 뿐 아니라, 스스로 돈을 벌어 학교를 다닐 수 있다는 만족감, 그리고 학력을 통해 사회에서 좀 더 나은 대우를 받고자 하는 욕구가 복합적으로 작용하고 있었다.

---

11) 1980년 당시 이리는 인구 10여만 명에 불과한 소도시였다. 공업단지 주변에는 농촌 풍경이 펼쳐져 있었고, 도심에는 백화점 한 곳도 없었다.

"(어머니는 품팔이 나가고, 다섯 동생을 보살펴야 했기 때문에) 학
교에 간다는 것이 나에겐 엄두도 낼 수 없는 꿈이었다. 전에도 동생 돌
보랴 집안일 거두랴 정신없이 뛰어다녀야 했으므로 일 년에 반 정도는
결석하는 것이 보통이었는데 그나마도 6학년 반 학기를 남기고 중단
하지 않으면 안 되었던 것이다.(김덕순, 1984: 387)

이러한 농촌 여성들의 도시 동경과 빈곤 탈출 욕구를 활용하여 지
역 내 기업들은 농촌의 여성노동력을 동원하였다. 1970-80년대 백
양, 쌍방울, 태창 등 지역 내 의류제조 대기업들은 회사 내에 산업체
부설학교를 두거나 부설학급을 개설하고 농촌 빈곤 가정의 저학력 여
성들을 대상으로 노동자를 모집하였다.[12] 백양 등 일부 대기업에서
는 연말에 농촌 중학교에 취업추천서를 보내 10대 여성 취업자를 모
집하였다. 이때 기업에서 운영하는 산업체부설학교는 상급학교에 진
학하지 못하는 농촌의 어린 여성들에게는 매우 매력적인 조건이었다.
그리고 기업은 농촌 여성들의 학업에 대한 욕구를 활용하여, 고등학
교 진학을 조건으로 농촌의 잘 훈련되고 온순한 노동력을 안정적으로
충원할 수 있었다.

"제가 그때쯤에 아마 중학교 졸업할 때쯤 되었었던 것 같아요. 아마
그 시기에 섬유회사에 사람들 모집한다고 해가지고 학교로 추천이 왔

---

12) 당시 도내의 대표적인 산업체부설학교는 백양에서 운영하는 정명여상이
  었다. 이외에 태창과 쌍방울 등 내의 제조 대기업들은 인근 고등학교에 산업체
  부설학급을 개설하고 있었다. 1990년의 한 조사에 의하면, 백양섬유의 여성노동
  자 중 약 46.5%가 산업체부설학교에 적을 두고 있었던 것으로 나타난다(박영우,
  1991: 22).

었던… 학교에서 그것을 추천 받아가지고…"(사례 7).

또한 지역의 특성상 공업지역과 농촌과의 거리가 가까운 이점을 이용하여 통근버스가 출퇴근 시간에 마을을 순회하면서 여성노동자들을 실어 날랐다. 이러한 점은 1970년대 수도권의 여성노동자들의 경험과 구별되는 전북지역 여성노동자들의 독특한 조건이다. 전북에서는 공업지역 인근 농촌의 여성노동력을 활용할 수 있었기 때문에 당시 기업들에는 기숙사를 둘 필요가 없었다.[13] 회사의 통근버스를 이용하여 출퇴근을 할 수 있다는 조건은 당시의 유교적인 농촌 가족환경에서 10대 어린 여성들이 한결 수월하게 도시로 나갈 수 있게 해주었다.

"통근버스가 금마까지는 이렇게 통근버스가, 쌍방울 버스가 이케 다녀갔고, 금마에서 팔봉해서 쭈욱 이렇게 훑어가지고, 여성노동자들을 훑어갖고 올라왔죠."(사례 1)

"기억나는 것이 태창메리야스라. (버스) 세대, 이렇게 우리 동네를, 일대를 돌면서 언니들을 되게(가득) 싣고, 그렇게 그 통근버스가 왔다갔다 이렇게 하면서… 그런 것들을 보면서….우리들은 자연스럽게 공장를 가야 된다는 생각을 자연스럽게, 되었었던 거 같애."(사례 6)

1970년대 전북지역에서는 국가주도의 산업화 전략에 따라 도시의

---

13) 당시 도내 섬유 대기업 중 기숙사를 운영하고 있었던 곳은 수출자유지역의 독일계 의류제조업체인 후레어훼숀 뿐이었다.

여성노동력의 수요는 증가하는 한편 농촌의 빈곤화가 진행되고 있었
다. 이에 따라 농촌에서는 빈곤을 탈출하기 위한 가족 단위의 전략이
모색되고 있었다. 즉 가부장적 가족 구조 하에서 생계유지를 위해 어
린 딸들을 도시로 내보내 취업하게 하는 이른바 '제한적 선택'(김경
희, 2006: 22)이 진행되고 있었다. 공업화를 위한 농촌·농업의 희생
이 강제되던 당시 사회적 조건에서 농촌의 빈곤 탈출을 위한 방도가
이농 이외에 매우 제한적이었다는 점은 분명하다. 당시 빈곤한 농촌
가족의 빈곤 탈출을 위한 가장 대표적인 제한적 선택은 '여성 가족원
희생 전략'이었다.

당시 농촌 여성의 도시 입직과정에는 농촌의 여성노동을 통해 산업
화를 이루고자 하는 한국사회의 공업화 전략과 기업의 노동력 동원전
략, 가족의 생계를 위해 어린 딸을 도시에 취업시켜야 했던 빈곤 가족
의 빈곤탈출 전략, 그리고 농촌을 벗어나 새로운 삶을 찾고 싶은 농촌
젊은 여성들의 욕구가 비균질적으로 결합되어 작동하고 있었다.

4. 농촌여성의 취업과 공장 경험

1) 노동시간 규제와 욕망의 활용

연구 대상 기업인 백양, 태창, 쌍방울 등 대기업은 노동과정이 표준
화된 대량생산 체제를 갖추고 있었기 때문에 노동과정에 대한 통제
방식은 다른 지역의 의류제조 공장과 크게 다르지 않았다. 그러나 전
북지역의 지리적 특성에서 비롯되는 차이는 분명히 존재하고 있다.

그 중 대표적인 것이 노동시간에 대한 규제였다. 즉 1970년대 수도권의 여성노동자들이 주로 기숙사나 공장 주변의 노동자 밀집지역에 거주하였던 데 비해, 전북지역 여성노동자들은 인근 농촌 마을에서 회사의 통근버스를 이용하여 출퇴근하였다. 따라서 전북지역 여성노동자들에 대한 공장의 규제는 아침 출근시간부터 시작되었다.

통근버스가 동네입구까지 와서 이들을 싣고 작업 시작 시간에 맞추어 공장 현관에 내려놓았기 때문에, 다른 출근 수단이 없는 여성노동자들은 이 시간에 맞추어 버스에 타야했다. 따라서 이들의 작업시간은 통근버스가 공장에 도착하는 시간부터 저녁에 동네로 가는 버스에 오르는 때까지였다. 이처럼 여성노동자들의 노동시간은 통근버스에 의해 통제되었다. 회사는 통근버스 시간을 결정함으로써 여성노동자들의 노동시간을 통제할 수 있었다. 여성노동자들은 거의 통근버스에 의존하지 않을 수 없었기 때문에, 통근버스의 운행시간에 맞추어 일을 해야 했다.[14]

"항상 정식 작업시간 10-15분 전에 작업종이 울리는 것"(김덕순, 1984: 397).

"여덟시에 뭐야, [작업을] 시작하면… 뭐 여덟시에 따르릉 하는 게 아니라, 여덟시 이삼 분 전에 따르릉 울려. 근데 실지로 따르릉 울리기 시작한 전부터, 그 학교 수업 시간처럼, 울리기 오 분 전부터 벌써 미싱 소리는 들려. 미싱 소리는, 한 15분 전에, 현장에… 삼십분이나 이십분

---

14) 실제로 명절이나 성수기에 일감이 밀려들면, 회사는 퇴근버스를 한 두 시간씩 늦추어 운행하였다.

제8장 1970-1980년대 여성노동자의 도시 경험과 근대 의식의 형성 **261**

전에 벌써 이미 차가, 통근버스가 도착[하고", 한 십 분, 십오 분 전에 이미 작업 시작하고 있고…."(사례 1)

또한 작업시간은 노동량에 의해서도 통제되었다. 회사는 초시계를 동원하여 노동자들의 개인별, 라인별 노동능력을 측정하고, 이를 기준으로 하루 생산 목표량을 정해주었다. 목표량의 할당에 의한 노동시간의 통제 방식에는 테일러주의적 시간규율에 의한 통제와 가부장적 통제가 중첩되어 있었다.

"회사가 이야기하는 생산량이란 것도 도무지 사리에 맞지 않는 엉터리 계산이다. 책임자들이 초시계를 가지고 1분 내지 3분 동안에 만든 양을 하루 작업시간에 곱해서 나온 숫자이고 보면 우리가 기계가 아닌 이상 그 목표량을 뺀다는 것은 도저히 불가능한 일이었다."(김덕순, 1984: 394)

김현미(2001: 49)는 1970년대 한국의 근대화 프로젝트가 합리성과 효율의 극대화를 위해 유교주의적 위계질서를 산업의 영역에서 훈육의 질서로 활용하였다고 지적하고 있다. 즉 국가 주도하의 근대화 프로젝트에서 생산의 영역은 새로운 훈육의 장이 되고 노동자들의 일상은 국가의 관리 하에 놓이게 된다는 것이다. 1970년대 후반 전북지역 여성노동자들에게 가해졌던 공장 규율은 이러한 사실을 잘 보여주고 있다. 매주 정기적으로 있었던 아침조회에서는 가부장적 훈육이 진행되었다. 조회시간은 대부분 노동자들의 작업태도를 지적하는 것으로 채워지고, 심지어 화장실을 자주 가는 것도 작업에 대한 불성실로 간주되었다. 다시 말하면 당시 섬유산업 여성노동자들의 작업의 효율성은 기술적 문제가 아니라 생활태도의 문제였던 것이다. 유교주의적 위계에 의한 통제는 이른바 '유혈적 테일러주의(bloody taylorism)'를 가능하게 했던 중요한 조절 메커니즘의 하나로 지적되어 왔다(A. Lipietz, 1986). 따라서 1970년대 전북지역 섬유산업 여성노동자들의 공장 생활에서는 기술적 통제와 가부장적 통제가 분리되지 않는다.

> "아침조회 하면 주로 인제, 잡담 많이 한다. 생산량이 적다.. 주로 뭐 그런 똑 같은 얘기 하죠…. 복창 같은 것도 열심히 하자, 잡담을 줄이자, 뭐 이런 거 주로 얘기를 하고. 인자 또 조회시간 끝나고 인제 부별로, 라인별로 또 하게 되면, 화장실 자주 가는 사람들 지적하고…"(사례 2).

또한 여성노동자들의 학업에 대한 욕망도 기업의 통제를 위해 활용되었다. 이미 언급한 바와 같이 학업은 농촌 여성들의 도시 동경의 주요한 내용이었다. 농촌 중학교의 추천으로 입사한 여성노동자들은 대부분 고등학교를 다닐 수 있다는 기대를 가지고 있었다. 그러나 야간에 운영되는 산업체부설학교는 작업을 여덟 시간만 하고 다섯 시에 끝나야 갈 수 있기 때문에, 회사에서 특별히 배려해 주지 않으면 다닐 수가 없었으며, 학교를 가기 위해서는 남들이 잔업시간까지 해내는 분량의 목표량을 정규시간 안에 다 해내야 했다(〈사례 6〉). 따라서 여성노동자들의 작업은, 정해져 있는 작업시간과 관계없이, 작업장에 도착하는 순간부터 시작되었다. 그러나 당시 산업체부설학교의 성적에는 회사의 관리자가 부여하는 근무 점수도 포함되어 있었기 때문에 학교를 마치지 못하고 중도에 그만두는 노동자들이 많았다. 결국 전북지역 의류제조 대기업이 개설한 산업체부설학교는 여성노동자들의 학업에 대한 욕망을 활용하여 생산성을 증가시키기 위한 수단으로 활용되었다. 학교 자체가 제도적으로 공장의 생산과정에 의해 규제되고 있었기 때문에, 여성노동자들의 학업에 대한 욕구는 충족되기 어려웠다.

> "그 매수량 정해지면 수량을 그 시간 안에 미수됐던 부분은 채우고 학교를 가야돼. 그때 당시는 내수 성적이 우선이었으니까 현장 안에서 관리자의 어떤 그 평가에 따라서 올라가는… 그래서 졸업도 하고 성적도 올라가고 그러거든요. 그니까 거기에 얽매여져가지고 울면서 해야 돼. 학교 못 가고."(사례 2)

2) 가부장적 통제와 성 차별

전북지역 의류제조 대기업 작업장 내에서의 직급은 관리자, 기사, 미싱사, 보조(시다)의 서열로 이루어져 있었다.[15] 그런데 여기에는 가부장적 위계에 따른 엄격한 성별 분리가 결합되어 있었다. 관리자는 대부분 30대 이상의 기혼 남성이었고, 기사는 공고를 나온 20대 중반에서 후반사이의 미혼 또는 기혼 남성들이었다. 그리고 작업장 내 미

---

15) 전북지역 의류제조 대기업의 경우, 대부분의 공정이 표준화되어 있었기 때문에 재단사와 미싱공 사이의 직접적인 관계는 없었다. 반면 공장 내 기계를 점검하고 고치는 남성 기사가 작업장에 상주하고 있었다.

싱공과 보조는 모두 10대에서 20대 초반의 여성노동자들이었다. 성과 연령별로 뚜렷이 구분된 작업장 내 가부장적 위계관계는 지위에 따른 수직적 위계와 통제관계를 강화하고 정당화하는 기제로 작동하였다.[16)]

작업장 내에서는 직급에 따른 수직적 위계관계가 형성되었는데, 이는 주로 여성노동자들의 노동과정에 대한 통제와 감시에 활용되었다. 관리자들은 수시로 생산현장을 돌아다니면서 여성노동자들의 작업태도와 작업 속도를 통제하였다. 미싱공들에게는 개인별로 또는 라인별 작업 할당량이 주어졌다. 생산 작업은 몇 단계의 연속 공정에 의해 진행되는데, 이것은 미싱공 개인 간, 라인 간, 그리고 미싱공과 보조간 기술적 관계로 연결되어 있었다. 따라서 한 개인의 작업 속도는 다른 동료들의 작업에 영향을 미쳤기 때문에 노동자들 사이에서도 서로간의 감시가 이루어졌다. 특히 미싱공들은 자신의 물량을 채우기 위한 작업 뿐 아니라 다음 공정의 동료의 물량에도 영향을 미치는 보조들의 역할을 통제하고 감시했다.

"아무 문제도 아닌 것을 가지고 여러 사람들 앞에서 큰 소리를 쳐 창피를 주고, 과중한 목표량을 선정하여 그 목표량을 빼지 못하면 혼을 내고 잔업시키는가 하면, 작업시간에 동료끼리 작업에 관한 의논을 하여도 잡담을 한다고 버럭버럭 고함을 질러대고 아파서 결근을 할

---

16) 김경희(2006)는 1970년대 여성노동자들의 직종선택 과정을 분석하면서, 가부장적 위계는 가정과 사회, 작업장에서 성적 위계를 유지하는 규범과 태도를 재생산하여, 여성에 대한 남성의 지배와 여성의 낮은 지위를 정당화한다고 보았다. 즉 성별화된 작업장에서 하위직에 몰려있는 여성 집단의 낮은 지위는 여성에 대한 남성의 통제를 정당화하는 기제로 작동한다.

라치면 아파도 회사에 와서 죽으라고 휴가를 내주지 않으며"(김덕순, 1984: 397)

그러나 여기에 가부장적 위계가 결합되어 있어서, 작업장 내에서는 남성 관리자에 의한 성적 차별과 폭력이 일상화되어 있었다. 나이 든 기혼 남성 관리자는 여성노동자들에게 상관인 동시에 가부장적 지배 자였다. 관리자들은 현장에서 여성노동자들의 작업량과 작업속도를 폭력적으로 통제하였다.[17] 현장 안에서의 반말, 폭언과 욕설은 일상 화되어 있었고, 때로는 때리거나 물건을 집어던지는 등의 폭력도 행 사하였다(〈사례 2〉). 이처럼 현장 내에서 여성노동자 개인에 대한 폭 력적 통제를 가하는 한편, 여성노동자 집단에 대한 병영적 통제도 이 루어졌다. 생산속도가 떨어지거나 생산 목표량을 달성하지 못했을 경 우에는 작업장 내 여성노동자 전원을 집합시켜 집단적으로 훈계를 하 기도 했다.

"인자 이렇게 생산량이 떨어지거나 이렇게 되면, 전부다 인자 전원 스위치를 끄고 모이라고 해요. 집합을 해서, 생산량이 증가하고 있지 않다. 이런 얘기들을 가끔 했었던 것 같구요."(사례 7)

한편 현장의 기계를 관리하는 역할을 하는 남성 기사들과 여성노동 자들 사이의 관계는 기본적으로는 가부장적 성차별을 기초로 형성되 었지만, 내적으로는 조금 복잡한 양상을 띠고 있다. 기사들은 대부분

---

17) "재단부에서는 여성노동자가 손을 다친 일이 있었다. 회사에서는 무재해 기록을 세워야 한다며 '김치 썰다 다쳤다' 하라고 시켰다"(박복실, 1990: 72).

공고를 졸업하고 입사한 20대 중·후반의 남성으로 여성 미싱사들에 비해 4-5세 정도 나이가 많았다. 이들은 여성 미싱사들과의 관계에서 기술적으로 우위에 있었지만, 직접적 통제관계에 있는 것은 아니었다. 그러나 남성 기사들의 업무는 여성 미싱공들의 작업에 상당한 영향을 미치는 기계를 다루는 일이어서, 여성노동자들에 비해 우월한 지위에 있었다. 즉 기사들은 여성노동자들이 사용하는 미싱을 수선하는 일을 주로 하였고, 오래된 미싱을 교체하거나 새로운 미싱을 여성노동자들에게 배정하는 권한을 지니고 있었다. 따라서 이들은 여성노동자들의 작업에 상당한 영향을 미칠 수 있는 기술적 지위에 있었고, 여성노동자들의 작업은 그들에게 기술적으로 의존하고 있었다.

"우리들이 그 사람들한테 잘 보이고자 참 많이 노력을 하지. 왜 그냐면 기사도 남자이니까. 우리가 그 기사한테 잘 보여서, 미싱도 좀 좋은 거 받고, 어… 미싱도 좀 잘 고치고. 미싱이 좋아야 생산량도 빼내고, 생산량을 빼내야 집을 갈 수 있으니까, 우리가 굉장히 스스로 알아서 잘 보이지."(사례 6)

여성노동자들도 작업의 효율성을 위해서는 남성 기사들에 의존해야 한다는 점을 잘 알고 있었기 때문에 기사들과의 관계를 잘 유지하려고 노력했다. 또한 미혼 남성이라는 점도 여성노동자들에게는 매력적인 요소가 되었다.[18] 남성 기사들도 여성노동자와의 관계에서 자신들이 지니고 있는 우월한 지위를 잘 해석하고 있었으며, 종종 이를 여

---

18) 때로는 기사와 여성노동자들 사이에 '썸씽'이 벌어지기도 했다(〈사례 1〉).

성노동자들을 성적 대상화하는데 활용했다. 이들 사이의 관계는 양자가 사용하는 언어에서 드러난다. 남성 기사들은 여성노동자들에게 반말을 사용했고, 여성 노동자들은 남성 기사를 '오빠'나 '아저씨'라고 불렀다(〈사례 7〉). 뿐만 아니라 작업장 내에서 남성 기사들은 우월적 지위를 이용하여 종종 여성노동자들 성적 희롱의 대상으로 삼았다. 즉 기사들은 기계를 점검하고 다니면서 여성노동자들에 대한 신체접촉과 희롱을 일상적으로 범하곤 했다. 또한 미싱이 고장 나거나 새로운 기계를 배정하게 될 때는 남성 기사들은 여성노동자들에게 권력을 행사하고 이를 빌미로 성적 대가를 요구하기도 했다(〈사례 5〉). 이렇듯 남성 기사와 여성노동자들 사이에는 기술적 우위와 가부장적 차별을 기초로 한 권력관계가 형성되었다. 즉 이들 사이의 관계에서 기술적 서열관계와 가부장적 통제관계는 분리될 수 있는 것이 아니며, 양자는 남성 기사들의 권력을 강화하는 조건으로 작용했다.

> "기사들이 지나다니면서 이렇게 브래지어 끈을 잡아 땡긴다던가, 이런 것은 정말 다반사였어요. 그때 당시… 일하는 곳에서, 힘들지, 그러면서 엉덩이 툭툭, 그 도라이바(로) 툭툭 친다던가, 뭐."(사례 1)

3) 통제에 대한 여성노동자들의 대응

미싱공은 보조의 노동과정을 통제함으로써 작업의 효율성을 높일 수 있었다. 그러나 이들 사이에는 작업 공정을 둘러싼 위계관계 속에서도 기업의 통제에 대한 은밀한 동조관계가 형성되기도 하였다. 이들은 관리자에 의해서 설정된 물량을 채우기 위해 서로 협조하지 않으면 안 되는 의존적 관계에 있었다. 따라서 이들 사이에는 작업과정에서 서로의 일을 눈감아 주거나 도와주는 동료 관계가 만들어졌다. 보조들은 대개 15-16세의 어린 여성들이었다. 이에 비해 미싱사들은 경력이 3-4년 이상 된 20대 초반의 여성들이 대부분이었다. 이러한 나이차는 미싱사들과 보조들 사이에 친해지거나 섞여 지낼 수 있는 기반을 제공한 것으로 보인다. 즉 미싱사들이 보조를 어린 동생으로 대하기도 하였다. 이러한 유대를 바탕으로 시다들은 미싱공들에게 작업과정에서 통제를 받으면서도, 이들을 '언니'로 대우하였다. 여기에는 또한 이들 사이에 공장 내 위계관계에 관한 공유된 해석이 작용하고 있었다. 즉 시다들의 눈에 반장이나 기사는 회사 측에 더 가까운 사람으로 보이는 반면, 미싱사들은 자기들과 같이 일하는 사람으로 보였던 것이다(〈사례 7〉).

> "처음에는 막 할당량을 하기 위해서 굉장히 노력들을 많이 했는데, 일정기간이 지나면서 인제 미싱사들도 꾀가 났어. 왜그냐면 보조들은 미싱사의 할당량에 맞춰서 자기 노동량이 만들어지는 거잖아. 근데 미싱사들이 일정기간 지나면서 꾀가 나가지고, 절대 더 이상은 늘리지 말자 해가지고. 아무튼 일찍 끝나도 그냥, 막 보조한테 야 이게 내꺼 마지막이야. 너 천천히 혀."(사례 1)

현장 내에서 미싱사와 보조 사이의 동료의식은 기업의 억압적 통제에 대한 은밀한 대응으로 진전되기도 하였다. 즉 기업의 물량 배정과 통제에 대하

여 처음에는 "라인별로 경쟁을 하기도" 하면서, "목표량을 당연한

것으로 생각했던" 노동자들이 점차 회사가 정한 목표량에 대한 대응 방안을 찾아내기도 했다(⟨사례 1⟩). 즉 자신들끼리의 과도한 경쟁으로 인해 목표량이 계속해서 상향되는 일이 일어나지 않도록 작업속도를 조절하였다. 이러한 일은 미싱사들에 의해 주도되면서 보조들의 업무량에 영향을 주었다. 그러나 목표량을 채우기 위해 서로 일을 돕는 일은 좀처럼 없었다. 작업 중에 옆 라인에 쪽지를 돌려서, "저기 시간 있냐. 화장실서 만나자 해서 화장실에 가 가지고 농땡이 까고 앉아 있을망정, 다른 사람 일은 별로 도와주지 않았"다. 왜냐하면 라인별로 작업의 공정 자체가 달랐기 때문이다(⟨사례 1⟩).

5. 일상생활에서의 도시 경험

1) 여성노동자들의 초기 도시 경험

농촌 여성의 도시로의 진입과정은 처음부터 녹녹치 않았다. 김덕순(1984: 389-391)의 경우를 보면, 초등학교 6학년 때 학교를 중퇴한 뒤, 15살 때 처음으로 취업하였다. 소주 공장에서 소주병 씻는 일을 시작으로, 식당 청소와 잔심부름, 가구 공장에서 자개 붙이는 일, 고무 공장의 신발 바닥 풀칠, 과자 공장, 실빼는 공장, 다시 자개공장 등을 전전하였다. 그리고 첫 취업 후 3년이 지난 18살에 태창메리야스 봉제부에 시다로 취업하여 7개월을 일한 후, 미싱사가 되었다. 그러나 공장생활을 하면서 벌어들인 수입은 가계에 도움이 되긴 했지만, "그 쥐꼬리만한 돈으로 여덟 식구의 가정을 일으켜 세운다는 것은 어

림도 없는 일이었다."(김덕순, 1984: 395)

지방 중소도시의 근교 농촌에서 출퇴근하는 전북지역 여성노동자들은 수도권으로 이주한 여성노동자들과는 다른 도시를 대면하였다. 이들에게 도시는 '많은 차들과 높은 빌딩'의 웅장한 이미지(윤명기, "시련 속에 피어 나온 꽃", 박해광, 2005, 24에서 재인용)와는 달랐고, 화려한 도시의 이면인 '골목골목에 서 있는 판잣집'에 머물러야 하는 슬픈 현실(김경자, "나는 왜 노동자가 되었나", 박해광, 2005, 24에서 재인용)과도 거리가 있었다. 이들에게 지방 소도시는 가끔씩 퇴근버스를 타고 곧바로 집으로 돌아가지 않고 동료들과 어울려 즐길 수 있는 일탈의 기회를 제공해 주는 장소였다.

따라서 이들의 초기 도시 경험은 공장에서 만난 동료들과의 관계가 공장 밖으로 확장된 것이었다. 1970년대 전북지역의 여성노동자들의 사회적 관계는 같은 공장의 동료관계가 중심을 이루고 있었다. 이들은 가난한 농촌 출신의 10대 여성이라는 공통점을 지니고 있었고, 더욱이 이들은 대부분 인근 농촌 마을 출신이라는 지리적, 문화적 동질성을 지닌 집단이었다.[19] 또한 같은 공장에서 같은 일을 하면서 남성 상관들에게 통제를 받고 있는 같은 처지의 노동자들이었다. 자신의 돈벌이가 가족의 생계와 맞닿아 있는 것을 잊지는 않았지만, 동료

---

19) 도시의 일상생활 경험이 공장내 여성노동자들 사이의 관계가 확장된 것이라는 특성은 수도권의 여성노동자들에게서는 나타나지 않는다. 여성노동자들의 도시경험에서 보이는 이러한 지역 간 차이는 앞서 언급한 문화적 동질성의 차이에서 비롯되는 것으로 보인다. 또한 당시 전북지역 여성노동자들이 수도권과 달리 농촌으로부터 완전히 이주한 것이 아니라는 조건도 작용하는 것으로 여겨진다. 이들 중 오빠나 남동생이 같은 도시의 학교에 다니거나 공장에 다니는 경우도 흔하게 있었지만, 이들이 도시에서 같이 자취를 하거나 하지는 않았다.

들끼리 계를 조직하거나 조금씩 돈을 모아 놀러 다니기도 하고 먹을 거리를 마련하기도 했다. 가끔씩은 현장 동료들과 함께 영화를 보거나 어울려 산에 가기도 했고, 동료의 남자친구와 어울려 나이트클럽에 가 보기도 했다.

"가난한 동네에서 가난한 집 딸들이 다 공장가서, 공장에서 다 만나게도 됐지만, 사회적 관계가 거기서부터 시작되니까, 그게 기초였던 것 같애요. 그다 보니까, 서로 뭐 현장 친구들끼리 굉장히 관계들이 돈독했던 것 같애요. 영화들도 그래도 큰맘 먹고 한 번씩 가게 되고, 뭐 누구 남자, 어디하고 뭐 거시기하면 뭐, 나이트클럽 같은 것도 이렇게 해서 가기도 하고…."(사례 1)

공장 바깥에서의 생활은 이들에게 도시의 새로움과 자유로움을 누릴 수 있는 기회를 제공해주었다. 그러나 다른 한편 중산층화된 도시는 이들을 공순이로 대했다. 따라서 이들은 도시 생활에서 자신들이 공순이라는 것을 숨기기 위해서 노력했고, 스스로 공순이라는 생각도 잊어버리려 했다. 그래서 보다 세련된 옷차림을 하려 노력했고, 가능하면 여대생처럼 보이려 애쓰기도 했다. 공순이로부터 벗어나기 위해 학교에 더 열심히 다니기도 하였다. 이처럼 여성노동자들의 도시 경험은 중산층을 모방하는 노력으로 드러나기도 했다.[20] 가끔 또래 남자들과의 미팅이 이루어지기도 했는데, 이들은 주변 공장 노동자들과

---

20) 공순이라는 호명되기를 거부하고 숨기려하는 것을 도시 중산층의 모방이라고 해석하는 것에 대해서는 이견도 있다. 즉 이러한 노력이 노동자로서의 정체성을 부정하려는 것이 아니라, 중산층 사회에서 왜곡되어 있는 노동자상에 대한 부정이었다는 것이다. 이에 관해서는 진양명숙(2007) 참조.

만나는 것은 달가워하지 않았다. 어쩌다 대학생들하고 미팅을 하게
되면 다음날 공장 내에서 화제가 되었다(〈사례 1〉).

> "진짜 싫어했죠, 그 말, 공순이. 뭐 그 말 싫어해가지고 더 학교 많이
> 다녔고. 애들이 공순이라고 부르면 되게 싫어했어요. 공장 다니는 거
> 숨기고. 학생, 대학생들하고 미팅 같은 것도 하는 애들은 회사 다닌다
> 는 것 숨기고…."(사례 2)

2) 소비의 유혹

여성노동자들은 '쉬는 날'은 집에서 그냥 쉬고 잠도 자고, 아니면
집안일을 좀 하거나, 때로는 친구들을 만나기도 하는 날이었다(〈사
례 2〉). 도시 생활에서는 일하는 날과 쉬는 날이 엄격히 구분되어 있
어서, 쉬는 날은 일하는 날의 피로를 풀어주는 육체적·문화적 휴식
시간이다. 그러나 여성노동자들의 쉬는 날은 레저나 취미생활과 같은
문화적 휴식이 아니라 대부분 육체적 휴식에 할애되었다. 이것은 노
동자들이 도시의 다양한 '레저 목록'을 소비할 경제적, 시간적 여유를
갖추고 있지 못했기 때문이다(박해광, 2004).

그러나 도시는 항상 유혹의 장소였다. 옷 사 입고, 구두 사 신고, 먹
고 싶은 유혹(〈사례 5〉)은 항상 여성노동자들을 따라다녔다. 도시는
여성노동자를 소비자로 대상화했다. 주변에서 마주치게 되는 대학생
같은 젊은 여성들은 여성노동자들로 하여금 중산층의 꿈을 부추기는
모델이었다. 이들처럼 가꾸고, 대학생처럼 보이고 싶은 것이 이 시기
10대 후반, 20대 초반의 여성노동자들의 최고의 꿈이었다. 또한 도시

의 문화를 구성하는 소비상품들은 여성노동자들의 소비문화를 적극적으로 개조했다. 가끔씩 공장을 방문하여 개최하는 화장품 회사의 피부미용 강좌는 이들에게 도시의 여성적 교양을 소비했다.

> "화장품 회사에서 점심시간이나 퇴근시간을 이용해 가지고, 그(여성노동자들) 중에서 이목구비가 이쁜 애 하나 놓고, 뭐 여성의 피부는 이래야 된다. …거기다가 막 화장품은 이렇게 발라야 된다…"(사례 1)

도시 소비생활의 유혹은 중산층 욕망을 자극하였다. 돈 벌어서 도시 생활에 맞는 화려한 삶을 살아가고 싶은 바람이 당시 여성노동자들의 공통된 꿈이었다. 그러나 도시 생활을 시작한 지 얼마 지나지 않아서 여성노동자들은 공장 생활이나 산업체부설학교를 통해서는 자신들의 꿈을 실현하기 어렵다는 것을 깨닫게 되었다. 도시 생활을 해나가기에는 공장 노동자의 임금은 턱없이 부족했고, 산업체부설학교를 다니는 것도 공장의 통제 속에서 어렵다는 것을 체득했다. 배우고 싶은 욕구가 사라진 것은 아니었지만, 학교를 다닌다는 것은 현실적으로 힘들었다. 또한 도시 내에서 자신들에게 주어지는 공순이라는 인식과 호칭을 극복하는 것도 쉽지 않았다. 결국 이들에게 힘든 공장 생활에서 벗어나 도시 중산층이 될 수 있는 마지막 수단은 결혼이었다. 결혼은 공부를 통해서도, 공장 생활을 통해서도 실현될 수 없었던 중산층의 소비생활을 이룰 수 있는 마지막 통로로 받아들여졌다.[21]

---

21) 그러나 이들의 결혼을 통한 상승 욕구도 결국은 실현되지 못하고 꿈에 그쳤다. 제보자들은 모두 노동운동의 경험이 좌절된 이후 결혼하였으며, 〈사례 1〉과 〈사례 7〉을 제외하고는 노동운동과 관계없는 배우자를 선택하고 노동운동을 포기하였다.

"연애 같은 거는 될 수 있으면 고학력층에 좋은 남자들 만나고 싶어 하는 사람이 많았죠. 현장 안에서도 관리직, 쪼금 저기한 나이 비슷한 이런 사람들이 잘해주고 그러면 뿌듯해가지고 다니는 노동자들도 많이 있었고, 현장에 연애 사건도 많아요. 안 좋은 일도 많이 있고. 거의 다 시집 잘 가는 게 꿈이었죠. 회사생활 하다보니까, 너무 힘드니까 인제 결혼이, 힘든 생활에서 벗어나서 결혼 빨리 하고 싶은 사람들이 많았죠. 그때 당시는 그랬어요."(사례 2)

이들의 중산층의 꿈은 단지 도시의 유혹 때문만은 아니었다. 국가 주도의 근대화 프로젝트는 농촌 여성들을 도시 동경 속으로 끌어들였다. 김현미·손승영(2003)의 지적처럼 1970년대의 산업화를 주도한 국가는 값싸고 보호받지 못하는 여성노동력을 활용하여 산업화 전략의 성공을 보장받으려 하였다. 농촌의 나이 어린 여성들을 동원하기 위하여 도시의 풍족한 소비생활의 꿈을 이들에게 이식시켰다. '대망의 80년대'로 표상되는 1970년대의 경제개발 이데올로기는 미래의 중산층의 삶을 위하여 현재의 고통을 감내해야 한다는 인식을 요구하는 국민 동원 전략이었다. 산업화로 인한 농촌의 쇠퇴와 도시의 성장하는 경관의 대비는 농촌의 어린 딸들로 하여금 도시의 소비생활을 욕망하게 만들었다. 당시 도시 중산층의 삶은 단지 여성노동자들만이 아니라 빈곤층 모두가 지니고 있었던 꿈이었다.

"그때 당시로 우리가 임금을 받고 살지만, 그때가 경제개발이 한창 이렇게 되던 때라, 결혼해가지고 가난해 질 것이라고 상상한 노동자는 없다 라고 나는 생각이 들어요. 그때 당시, 내가 결혼해서 가난하게 살

거라고 상상했던 노동자들은 하나도 없었어요. 내가 결혼해가지고 가난하게 살 것이라고 상상했다거나, 우리가 이케 노동자로 살 거야 했던 여성노동자는 하나도 없어. 하나도 없었던 것 같애요. 그래서 결혼하면, 그때 공장에선 결혼하면 당연히 그만둬야 되는 것이 아니냐. 만약에 그만 안두면, 얼마나 능력없는 남자를 만나서 저 언니가 그렇게 다니는지, 이랬던 시기였어요."(사례 1)

3) 자취방, 가족으로부터의 독립

그동안 여성노동자들의 주거공간과 관련해서는 기숙사와 판자촌을 중심으로 연구가 진행되었다. 김원(2006: 619-634)에 의하면 기숙사는 여성노동자들에 대한 통제와 감시의 공간인 동시에 노동자들의 연대와 저항의 산실이었다. 한편 박해광의 연구(2004: 141-142)에서 기숙사는 감시와 규율의 시선이 항상 작용하는 병영적 통제의 공간이었다. 여성노동자들은 기숙사로부터 보다 자유로운 곳으로 가고자 하는 욕망을 키웠고, 그곳이 다름 아닌 판자촌이었다. 그러나 서울이라는 대도시에서 판자촌에서의 삶은 결코 농촌보다 나은 것이 아니었다.

이것은 수도권에서의 여성노동자들의 삶에서 나타나는 특징이다. 그러나 전북지역 중소도시의 여성노동자들의 주거 공간은 수도권과는 많이 달랐다. 1980년대 중반까지만 해도 전북지역 여성노동자들에게 기숙사는 일반적인 주거공간이 아니었다. 대부분의 여성노동자들은 주변 농촌에서 회사 통근버스로 출퇴근을 했다. 다시 말하면 이 시기 전북지역의 여성노동자들은 여전히 농촌의 가부장적 가족의 보호 아래 있었고, 가족의 생계에 대한 책임의식으로부터 벗어나지도 못했다. 매번 월급은 가족에게 갖다 주어야 했고, 가끔씩 공장의 동료들과 향유하던 도시에서의 일탈적 경험은 가족의 감시 속에서 자유롭지 못했다.

지방 도시의 특성 상 가족으로부터의 탈출이 지연되어 있던 전북지역 여성노동자들도 도시 생활을 통해서, 그리고 도시 생활을 공유하는 동료 노동자들과의 교류를 통해서 근대적 자아에 대한 자각[22]을 해가게 되었다. 이들은 점차 유교적 가족주의로부터 벗어난 독립적인 생활을 꿈꾸기 시작하였다. 도시 생활의 자유로움을 경험하면서 여성노동자들은 점차 가족의 구속으로부터 탈출을 욕망하게 된 것이다. 즉 도시 경험을 통해 여성노동자들은 개인적인 차원의 자아에 눈을 뜨게 되고, 근대적 자아 정체성을 체득하기 시작하였다. 기숙사의 통제로부터 탈출하기 위하여 변두리의 판자촌에 자취방을 마련했던 서울의 여성노동자들과 달리, 전북지역의 여성노동자들은 농촌의 가부장적 환경과 가족에 대한 책임으로부터 벗어나기 위해 자취방으로 거처를 옮겼다.

"제가 맨날 집에도 늦게 들어가고, 쉬는 날 집에도 늦게 들어가고 막 이러니까, 맨날 뭐라고 하죠. 오빠는 잔소리를 하니까. 제가 쪼끔 독립이 좀 필요했던 것 같아요. 그래서 그냥 구속 받기도 싫고, 그냥 내 맘

---

22) 김경일(2005)에 의하면 여성노동자들은 도시 생활을 통해 점차 개인적인 차원에 대한 자각을 해 나가게 된다. 따라서 여성노동자들의 가족과의 동일감은 도시 생활을 통해서 형성된 개인의식에 의해 점차 대체되어간다고 보았다. 여기에서 근대적 자아에 대한 자각이란 이런 의미로 썼다.

대로 살고 싶기도 했고, 그래서 자취를 한다고 친구랑 자취 한다고 하
면서 나왔어요… 고 전까지는 계속 오빠한테 월급을 갖다 줬는데, 그
때부터는 그걸로 그냥 생활비를 쓴 거죠."(사례 7)

따라서 전북지역 여성노동자들에게 자취방은 일차적으로 가족으
로부터의 독립을 의미했다. 여성노동자들은 집이 멀어서 또는 일이
많아서 늦게까지 작업을 해야 한다는 명분으로 도시에 자취방을 마련
하였다. 그러나 전북지역의 여성노동자들에게 자취방은 서울의 판자
촌처럼 낡고 어둡고 침침한 공간이 아니었다. 오히려 자취방은 도시
의 자유로움을 만끽할 수 있는 공간이었고, 동료들과 함께 누릴 수 있
는 수다의 공간이었다. 자취방은 공장에서 그리고 집단적 모임의 장
소에서 하지 못한 이야기들을 자취방에서 밤늦도록 나누기도 하고,
동료와 관리자들의 흉도 보고, 때로는 동료들을 불러서 음식을 해먹
기도 하는 독립적인 자유로움을 누릴 수 있는 공간이었다. 자취방은
집주인이 "아가씨 혼자서 자취한다더니 뭔 놈의 아가씨들이 그렇게
들락날락 해쌌냐."(〈사례 1〉)고 할 정도로 개방된 공간이었다. 다시
말하면 전북지역 여성노동자들에게 자취방은 공장 밖으로 확장된 동
료들과의 관계를 통해 근대적 자아를 획득해가는 집단적 근대경험의
장소였다.

4) 야학, 노동자 의식의 체득

전북지역에서는 1979년 이리와 전주에 노동야학이 개설되었다. 당
시 가톨릭 노동청년회에서 창인동 성당에 노동자들이 모여 자신들의

어려움을 나눌 수 있는 "노동자의 집" 설립을 추진하였는데, 노동야학은 그 중요한 사업의 하나로 시작되었다.[23] 야학은 가톨릭노동사목과 대학생 활동가들이 중심이 되어 인맥과 홍보지들을 통하여 학생들을 모집하여 소규모로 출발하였다. 당시의 노동야학은 사회과학의 학습보다는 공장생활의 어려움을 함께 나눌 수 있는 공간으로서의 의미가 더 있었다(천주교전주교구 노동자의집, 1993: 50).[24] 또한 노동야학을 운영한 노동자의 집은 1980년대의 기간 동안 여성노동자들의 사랑방이었다. 홍보지를 보고 또는 가톨릭 신자인 동료들에게 이끌려 창인동 성당에 오게 된 여성노동자들은 노동자의 집에 곧 익숙해졌다. 노동자의 집은 공장일이 끝나면 지쳐서 가는, 휴식을 찾아서 가는 곳이었고, 거기는 늘 문이 열려 있었다. 그리고 거기에 가면 편하게 마음을 열 수 있었다(〈사례6〉).

전북지역 여성노동자들의 경우, 동료들과의 경험이 연장되어 자취방으로 이어졌으며 이들의 가족으로부터의 탈출도 동료들과의 집단

---

23) 당시 가톨릭노동청년회 활동가로 전북지역에 내려온 이철순은 당시 노동자들을 만나기 위해 저녁시간에 이리 공업단지 부근을 무작정 돌아다녔다고 한다(이철순 구술자료).

24) 이리 창인동 성당의 노동야학은 전주 덕진 성당의 노동야학과 함께 준비되고 시작되었다. 그러나 전주의 야학은 활성화되지 못하고 곧 중단되었다. 이리 창인동 성당의 야학은 노동자의 집과 함께 1981년부터 1984년까지 지속되었으며, 1980년대 초반 시작된 전북지역 민주노조운동의 중요한 구심점이 되었다. 그러나 기존의 연구들이 공통적으로 지적하는 것처럼, 종교단체나 지식인활동과의 연계를 통해서 전북지역의 여성노동운동이 시작된 것은 아니었다. 1987년 노동자대투쟁 이전까지 전주, 이리, 군산의 노동자의 집과 이리 노동야학이 전북지역 민주노동운동과 강력하게 연계되어 있는 것은 틀림없다. 그러나 전북지역 민주노조운동의 출발점이 되는 1981년의 태창메리야스 민주노조운동은 천주교 전주교구 노동자의 집(1993, 52)에 서술되어 있는 바와 같이 여성노동자들이 "인간다운 삶을 찾기 위한 준비도 하기 전에 자본과 권력이 먼저 선수를 쳐서" 시작된 것이었다.

경험을 통해 이루어지는 예가 많았다. 그러나 이들에게 휴식과 여가를 보낼 수 있는 레저 목록은 많지 않았다. 다방이나 나이트클럽, 미팅 등이 노동자문화의 대부분을 채우고 있었다. 그러나 이러한 제한된 노동자들의 문화는 지친 공장생활의 틈을 메워주기에는 부족했다. 여성노동자들에게 성당과 야학은 동료들 그리고 새로운 사람들과 만나 얘기 나누고 쉴 수 있는 새로운 공간이었으며, 대안적 문화 공간이었다.

> "그니까 직장생활, 공장생활이 쉬는 날이면 특별하게 뭐 이렇게 지금처럼 막 놀이문화가 많아가지고 다른 데를 기웃거리거나 친구들이 많아가지고 친구들끼리 놀러 다니거나 이런 게 아니어서 다 대부분 쉬는 날 그냥 집에만 있었던 것 같아요. 인제 그런 사람들이 어쨌든 그냥 자기 수다도 떨고 그냥 이런 저런 얘기도 가서 얘기할 수도 있고, 뭐 먹을 것도 자연스럽게 해서 먹기도 하고, 먹을 것도 해서 주기도 하고, 이런 공간이 있었다는 게 서로한테는, 그때는 그냥 좋았던 것 같애요."(사례 7)

> 신나고 재밌었지. 정말 신나고 재밌었지. 왜 그냐면 그곳에서 내가 그 음악다실에 앉아서 음악을 듣는 것보다, 나이트에 가서 친구들하고 막 비비면서 춤추는 것도 별로였고, 또 동네 오빠니 어디 오빠니 하면서 소개하면서 놀고 그런 것도 별로 재미없었고. 그런데 인자, 또 다른 세계잖아요 그 세계하고. 또 야학이라는 곳에서는 정말 다른 세계. 거기에서는 무엇을 얘기 하냐면, 노동자는 누구인가부터 시작을 해서 왜 노동자가 됐으며, 이건 정말 내가 되고 싶어서 됐던 것이 아니라는 것들, 우리 그… 현장 조건을 개선해야 된다 라는 것들…"(사례 6)

가톨릭 신자여서 또는 홍보지를 통해서 성당의 야학 공간을 알게 되고 출입하게 된 여성노동자들은 동료들을 하나 둘씩 데려오기 시작했다. 공장 생활의 고단함에 지쳐있던 그리고 도시 동경에 내면화되어 있던 공부의 꿈이 좌절된 여성노동자들에게 야학은 새로운 지식을 습득할 수 있는 곳이기도 했다.[25] 야학에서의 공부는 주로 노동법 해설, 사회를 올바로 볼 수 있는 세계관 등으로 이루어졌다(천주교전주교구 노동자의집, 1993, 50). 새로운 공부를 통해서 여성노동자들은 '또 다른 세계'를 경험하게 되었다. 노동자의 집에서의 대화와 야학에서의 공부를 통해 이들은 도시의 유혹, 도시의 차별, 공순이라는 또는 못 배웠다는 콤플렉스와 중산층의 꿈(김준, 2002: 93-96) 또는 오기와 열등감(김귀옥, 2004, 34)을 객관화시켜 볼 수 있게 되었다. 즉 야학은 도시 경험을 통해서 형성된 근대적 인식이 노동자로서의 정체성으로 전환되는 계기를 여성노동자들에게 제공하였다.

> "공장에는 가기 싫지만, 그 노동야학은 굉장히…, 거기 있는 사람은 굉장히 좋았다고. 근데 그 사람들하고 함께 하려면, 나는 내가 노동자가 아니면 함께 할 수가 없는 거야. 이건 내가 스스로 변해가는 거여. 내 스스로 변화가 뭐냐면 내가 선택의 여지없이 노동자여야 된다 라는 것이 변화 돼버린 것이지."(사례 6)

---

25) 김경일(2005, 160-163)은 여성노동자들에게 야학이 '출세의 지식'에서 '해방의 지식'으로 전환되는 계기가 되었다고 설명한다. 즉 새로운 세계관을 습득함으로써, 노동자로서의 자기의식을 획득해가는 극적인 경험을 겪게 되었다는 것이다. 전북지역 여성노동자들의 경우를 볼 때, 가톨릭 교회가 노동운동 지원에 적극 나서게 되는 1982년 이후 이와 유사한 경험을 하고 있는 것으로 나타난다.

6. 요약 및 결론

이 연구는 전라북도 지역을 사례로 1970년대의 산업화 과정에서 도시로 입직한 농촌 출신 여성노동자들의 도시 경험과 이를 통한 의식의 변화과정을 분석하기 위한 목적으로 진행되었다. 농촌의 유교적 환경에서 성장한 10대 여성들이 도시로 이주하여 공장과 공장 바깥에서의 경험을 통해서 유교적 가족주의로부터 벗어나 근대적 인식을 체득하게 되는 과정을 살펴보고자 하는 것이 이 연구의 주요한 목적이었다.

가족의 빈곤 탈출을 위한 희생을 자연스럽게 받아들이고 도시로 진출한 여성노동자들이 공장에서의 가부장적, 폭력적 통제와 도시 내에서의 편견과 차별에 대응하면서, 개인적 자아에 대해 인식하게 되고 점차 노동자로서의 정체성을 확립해 나가게 되는 과정은 한국사회의 여성노동자들에게서 일반적으로 나타나는 특징이다. 1970년대의 여성노동자 대부분은 빈곤 탈출을 위해 취업과 공부에 대한 욕구를 키웠다. 그러나 과도한 노동과 저임금으로 인해 이들이 도시에서 이루고자 했던 꿈은 대부분 실현되지 못했다.

전북 지역 여성노동자들의 도시 경험에는 지역적으로 특수한 양상이 나타나고 있다. 이 시기 전북지역의 여성노동력은 대부분 공장 지역 근교의 농촌에서 충원되었고, 여성노동자들 중 상당수가 통근버스로 출퇴근을 하고 있었기 때문에 이들의 초기 공장생활은 농촌사회와 가족의 전통적 규범체계 속에서 이루어졌다.

여성노동자들의 공장 밖 경험은 기본적으로 공장 내의 동료관계가 확장된 것이다. 이러한 점은 지방 도시 여성노동자들의 경험에서 나

타나는 독특한 특성이라고 할 수 있다. 여기에도 이들의 문화적 동질
성과 동일한 공장 경험 등이 중요한 요인으로 작용하고 있다. 특히 이
들이 도시 경험을 통해서 유교적 가족주의와 가족에 대한 책임의식으
로부터 벗어나 개인적 자아를 자각해 가는 과정도 동료들과의 집단적
경험을 통해 진행되었다. 이러한 양상은 전북지역 여성노동자들의 근
대적 정체성이 집단적 경험을 통해 형성되고 있음을 보여주는 것이라
할 수 있다. 단적인 예로 동료와 자취방의 경험을 공유함으로써 가족
으로부터 독립된 근대적 의식을 획득해 가는 양상은 전북지역 여성노
동자들에게서 나타나는 특성이다.

　가톨릭교회와 야학은 근대적 자아에 눈뜬 여성노동자들이 노동자
로서의 의식을 획득하게 되는 계기가 되었다. 1982년 이후에는 야학
과 노동자의 집이 전북지역 민주노조운동의 중심지가 되지만, 처음에
는 동료의 권유나 홍보지를 통해 모여든 노동자들의 대안적 문화공간
이었다. 공장경험과 도시 일상생활의 경험을 통해 자신들의 꿈이 실
현 불가능함을 깨우친 여성노동자들은 그 좌절감을 어디에선가 풀어
내야 했으나, 노동자들의 문화는 매우 제한되어 있었다. 야학은 이러
한 상황에서 여성노동자들에게 문화적 대안 공간이었다. 야학에서의
공동체 경험과 학습을 통해서 이들은 비로소 여성노동자로서의 정체
성을 획득하게 되었다.

　본래 이 연구는 1980년대 초반 전북지역 민주노조운동을 탄생시킨
여성노동자들의 계급 형성과정을 분석하기 위해 기획되었다. 그러나
이들이 노동운동에 뛰어들어 자본 및 국가권력을 상대로 싸움을 전개
하게 되는 상황을 구체적으로 이해하기 위해서는 농촌의 10대 여성
이 도시의 여성노동자가 되는 과정을 먼저 파악할 필요가 있다고 판

단되었다. 이를 기초로 해서 지역/여성/노동자계급의 형성을 이해할
수 있을 것이기 때문이다.

1980년대 들어와 전북의 여성노동자들은 기업의 폭력에 맞서 스스
로를 조직하고 싸움을 마다하지 않으면서, 국가와 노동조직의 구조적
장벽에 부딪히게 되고, 또한 고향과 가족이 거대한 이데올로기의 물
질적 기초라는 사실을 깨닫게 되었을 것이다. 이른바 여성 노동자계
급의 형성이라 할 수 있는 이 과정에 대한 정리는 다음 과제로 남기기
로 한다.

참/고/문/헌

• 경제기획원. 1973. 『광공업센서스보고서』.

• 강남식. 2005. "여성사 연구방법론의 쟁점과 방향-1960, 70년대 한국 여성노동사 연구방법을 모색하며." 이종구 외. 『1960-70년대 노동자의 생활세계와 정체성』. 한울아카데미.

• 구해근. 2002. 『한국노동계급의 형성』. 창작과비평사.

• 김경일. 2005. "1970년대 민주노동운동의 쟁점-여성과 지식의 문제를 중심으로." 『역사비평』, 73(겨울호).

• 김경희. 2006. "여성노동자의 작업장 생활과 성별 분업." 이종구 외. 『1960-70년대 노동자의 작업장 문화와 정체성』. 한울아카데미.

• 김금수. 1980. 『한국노동문제의 상황과 인식』. 풀빛.
_____. 1986. "80년대 노동운동의 전개와 발전을 위한 과제." 『한국민족민중운동연구』. 두레.

• 김귀옥. 2004. "1960, 70년대 의류봉제업 노동자 형성과정." 『경제와사회』, 61.

• 김덕순. 1984. "들꽃은 쓰러지지 않는다." 『공동체문화』, 2.

• 김봉률. 1984. "한국 노동여성의 실태와 분석." 『노동-일터의 소리』, 10월호, 지양사.

• 김은실. 2000. "한국 근대화 프로젝트의 문화논리와 가부장성." 『우리 안의 파시즘』. 삼인.

• 김인동. 1985. "70년대 민주노조운동의 전개와 평가," 김금수 · 박현채 외. 『한국노동운동론 1』. 미래사.

• 김준. 2002. "1970년대 여성노동자의 일상생활과 의식."『역사연구』, 10.

• 김현미. 2000. "한국 여성노동에 대한 '여성주의적' 입장."『전태일 열사 30주기 학술 심포지움 발표자료집』.

_____. 2001. "근대의 기획, 젠더화된 노동 개념."『근대여성이 가지 않은 길』. 또 하나의 문화.

• 김현미 · 손승영. 2003. "성별화된 시공간적 노동 개념과 한국 여성노동의 '유연화."『한국여성학』, 19(2)

• 노동부. 1975.『사업체노동실태조사보고서』.

• 노동청. 각 년도.『직종별 임금실태조사보고서』.

• 박복실. 1990. "흔들리지 않으리."『황토현』, 18. 전북대학교 교지편집위원회.

• 박해광. 2004. "한국 산업노동자의 도시 경험-1970년대를 중심으로."『경제와 사회』, 1.

• 서소화. 1991. "현해탄을 넘어."『제3회 전태일문학상 수상작품집 II』.

• 양승조. 1990. "1970년대 민주노동운동의 평가와 교훈-70년대 여성노동운동을 중심으로."『여성평우』, 3.

• 이목희. 1994. "10월유신과 민주노동운동의 외로운 출발."『70년대 이후 한국노동운동사』. 동녘.

• 이성호. 2007. "1980년대 전북지역 민주노동운동의 성장과 분화."『지역사회연구』, 15(1).

• 이옥지. 2001.『한국여성노동자운동사1』. 한울아카데미.

• 이원보. 2000. "70년대의 노동운동." 전태일열사30주기추모사업

회. 『전태일열사 30주기 학술 심포지움』.

• 이원보. 2004. 『한국노동운동사, 경제개발기의 노동운동 1961-1987』. 지식마당.

• 임영일. 1985. "의식의 사회성과 노동자의식." 『오늘의 책』 1. 한길사.

• 장미경. 2004. "근대화와 1960, 70년대의 여성노동자-여성노동자 형성과정을 중심으로." 『경제와사회』, 1..

• 정미숙. 1993. "70년대 여성노동운동의 활성화에 관한 경험세계적 연구-섬유업을 중심으로." 이화여자대학교 여성학과 석사논문.

• 정현백. 1985. "여성노동자의 의식과 노동세계." 여성편집위원회 편. 『여성 1』. 창작과비평사.

• 진양명숙. 2007. "여성노동운동에 나타난 계급과 젠더." 『민주주의와 인권』, 7(2).

• 천주교전구교구 노동자의집. 1993. 『전북지역 노동운동보고서』.

• 통계청. 각 년도. 한국통계연보.

• 후레어훼숀 노동조합. 1988. "구사대를 동지로 노동자는 하나다." 『새벽』, 3.

• E. P. Thompson(나종일외 옮김). 2000. 『영국 노동계급의 형성』. 창작과비평사.

제9장

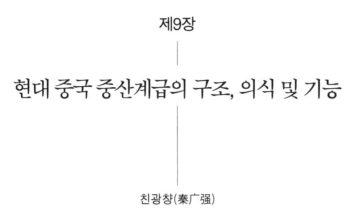

현대 중국 중산계급의 구조, 의식 및 기능

친광창(秦广强)

1. 서론: 문제 제기

크레디트스위스 금융 연구기관(Credit Suisse Research Institute)이 2015년 10월에 발표한 『세계 부 리포트(world wealth report)』에 의하면, 중국 중산계급의 인구수는 전국 성인인구의 11%를 차지한다. 인구규모로 환산하면 약 1억 900만 명에 달해 세계적으로 가장 많은 것으로 보고되었다. 중국의 사회구조 변화와 더불어서 중국 내 중산계급은 신속하게 발흥, 성장하고 있어 전 사회적으로 큰 주목을 받고 있다. 학계에서도 중산계급의 특성 및 정의, 규모 및 비율, 유형 및 구성, 기능 및 영향 등에 대하여 끊임없이 논의해오고 있다. 대부분의 선행 연구들은 중산계급의 직업, 소득, 주택, 교육, 소비 등에 관한 주제들을 주로 다루었으나, 최근에 "중산계급의 불안", "중산계급의 우려와 불만"등의 화제들이 열렬히 논의되면서 중산계급에 관련된 문제에 다각적으로 접근하고 있는 추세이다.

근원을 추적하면, 현대적 의미에서의 중산계급은 2차 세계대전 이후에 서구 자본주의사회에서 성장되었다. 자본 분해(decomposition of capital)와 노동 분해(decomposition of labor) 과정(Dahrendorf, 1959: 41-57)에 따라 중산계급은 전통적 계급구조 해당하지 않는, 자본가 계급과 육체노동자계급과 전혀 다른 사회계급으로 빠르게 대대적으로 발흥하였다. 사회학적 관점에서 중산계급은 사회발전과 사회구조의 복잡화 과정에서 파생된 새로운 산물이며, 사회적 구조에서의 특정한 집단이다. 다시 말하면 중산계급은 고용관계에서 전통적 노동자계급에 비하여 노동환경과 자원 점유에 있어 상대적으로 독립적인 지위에 처한 피고용 집단을 일컫는다(李路路 · 孔国书, 2017). 중산계급들은 전문 지식과 기술로 생계를 유지하고, 직접적 생산 활동이 아닌 비육체적인 행정관리와 전문기술직에 종사하고 있다(李友梅, 2005). 이른바 화이트 컬러(white collar), 블랙코트 노동자(blackcoated worker)의 관리자, 그리고 전문가(즉 "전문-관리" 계급, PMC)집단 등은 중산계급의 핵심적 구성원이다.

현대 중국 사회는 재분배체제의 변혁과 시장경제체제의 발전을 경험하고 있다. 사회구조의 변화에 따라 새로운 중간집단이 탄생되었다. 곧 "재분배-시장"이란 이원체제는 중국의 중산계급이 출현 · 발전함에 있어 가장 중요한 거시적 배경이 되었다. 더불어 서구자본주의사회의 시장경제체제에서 점진적으로 성숙되는 중산계급과 달리 중국 중산계급은 발전 궤적뿐만 아니라 특성, 사회적 기능 등 여러 측면에서 일정한 특수성을 지닐 것이다.

그렇다면 현대 중국의 중산계급은 어떻게 구성되어 있고, 어떤 전형적인 사회집단을 대표하는가? 동일한 계급적 지위에 속한 집단들을 어떻게 식별 및 확인하고 이어서 이러한 구조적 지위와 계급인식 및 기능을 어떻게 결합시켜 계급형성이론으로 발전시킬 수 있는가? 또한 일부 외현적(外顯的) 태그를 통하여 확인하는 과정에서 어떤 전체적인 그림이 출현할 것이고 여기에는 뚜렷한 경계가 존재하는가? 이러한 논의가 사회 전환 과정에 적용될 때, 중산계급의 특성과 사회 기능에 있어 어떤 변화가 야기될 것이며 어떤 부분이 불변하는 형태로 나타날 것인지? 이러한 문제들은 현재 학계에서 직면하고 있는 문제이며, 풀어야할 과제인 것으로 판단된다.

2. 중산계급에 대한 분류

중산계급의 구조, 의식, 기능을 분석하기 위하여 우선 중산계급의 정의와 분류 기준을 명확히 할 필요가 있다. 중산계급은 획일적이고, 서로 완전히 유사한 집단이 아니며, 형성과정과 집단 구성에서 차이성이 존재한다. 따라서 이러한 기준에서 논의를 규명하는데 역사적 관점으로 접근할 필요가 있다.

1) "구중산계급"

중산계급의 발전(진화)에 대한 논의는 마르크스의 19세기 자본주의사회구조에 대한 연구에서 발견할 수 있다. 『공산당선언』에서 마르크스가 계급구조에 대하여 아래와 같은 저명한 논술을 하였다. "사회 전체가 나날이 양대 대립적 계급(부르주아와 프롤레타리아)으로 분열되었다." 한편 소(小)산업가, 소상인(小商人), 금리생활자, 수공업자, 농민 등이 포함되는 소(小)부르주아계급은 대량생산 과정에서 프롤레타리아 계급으로 격하되거나, 소수의 경우 부르주아계급으로 진입하기도 한다(馬克思 · 恩格斯, 1997). 이들 명제에 의거하여 전통 마르크스주의는 계급구조와 계급관계에 관한 기본적인 정의를 형성하였다. 이러한 계급관계론에 의하면, 소부르주아계급은 자본주의 경제체제 내에의 이원계급구조로부터 파생된 부속품이며, 부르주아와 프롤레타리아로 구성된 계급구조 밖에 놓여있다.

앞선 내용은 학계에서 흔히 언급하는 "구중산계급(old middle class)" 이론의 근원이다. 구중산계급은 대체로 소산업가와 영세자영업자로 구성되어 있다. 중국사회에서 구중산계급은 대체로 시장화 체제로 전환하는 과정에서 출현하는 영세자영업자(個體私營者)와 개인 사업자(個體工商戶)를 가리킨다.

2) "신중산계급"과 그 분류

2차 세계대전 이후, 기술의 발전과 조직 관리의 혁신에 따라 대량 관리자, 전문가, 그리고 일반 사무직원 등이 출현하였으며, Mills(1951)의 저서인 『화이트 컬러: 미국의 중산계급』은 최초로 이들을 "신중산계급(new middle class)"으로 칭하였다. 부르주아계급과 달리, 신중산계급은 생산수단을 소유하지 않고, 대체로 직접적인 생산자가 아닌 행정관리와 기술서비스 직업에 종사하고 있다. 동시에 신중산계급은 프롤레타리아계급과 달리, 잉여가치의 직접적인 원천이 아니지만, 노동자계급으로 하여금 잉여가치를 창출하도록 [이들을] 직접적이나 간접적으로 관리한다. "구중산계급"에 비하여, 신중산계급은 독립적인 재산도 전혀 없(Mills, 1951: 63)기 때문에 부정적인 의미에서 유산에서 무산으로 전환하는 모습을 보여준다. 반면에 긍정적으로 표현하자면, 계급 분류기준의 새로운 전환(재산에서 직업으로 전환)이라 할 수 있다(Mills, 1951: 73).

서구 학계에서 신중산계급의 정의에 대하여 꾸준히 논쟁해왔고, 수많은 학자들이 다양한 이론들을 제시하고 있다. 예컨대 브레이버만(H. Braverman)는 "신노동계급론"을 제시하였고, 풀랑챠(N. Poulantzas)는 "소부르주아 계급론"을 정립하였다, 뿐만 아니라 굴드너(A. Gouldner)의 "신계급론", 라이트(E.O. Wright)의 "모순적 계급위치론", 렌너(K. Renner)의 "서비스계급론" 등이 대표적인 예라 할 수 있다.

현대 중국 사회에서 신중산계급의 구성은 독특한 특성을 지닌다. 전술한 바와 같이, 중국은 재분배체제의 변혁과 시장경제체제의 발전을 경험하면서, 새로운 중간 잡단을 발흥시키게되는 독특한 제도 · 환경적 배경이 형성되었다. 따라서 중국 중산계급의 생성경로와 집단구성은 서구사회와 뚜렷한 차이가 존재한다. 장완려 외(張宛麗 외, 2004)는 중국의 중산계급이 크게 3가지 경로에서 유래된다고 주장한다. 즉 신중산계급의 생성 경로는 권력 수여를 통한 행정진입, 시장교환을 통한 시장진입, 사회적 자본에 의거한 사회네트워크형 진입으로 구성된다. 이로로 · 이승(李路路 · 李升, 2007)은 현대 중국도시 중산계급을 "내생형(재분배체제의 특성을 유지하는 중산계급)"과 "외

생형(시장체제에서 파생 및 발전되는 중산계급)"으로 보다 명료하게
구분하였다. 본 연구에서의 계급집단분류는 이로로 · 이승(2007)이
제시하는 방법을 상당 부분을 인용할 것이다.

3) "주변중산계급"

주변중산계급은 대체로 행정과 상업(비즈니스) 관련 사무직에 종
사하는 비육체적 노동자 집단으로 구성된다. 이들은 생산노동에 직접
적으로 참여하지 않지만, 조직구조에서 낮은 지위에 놓여있는 화이트
컬러들이다. 곧 주변중산계급은 관리자와 전문가집단 뿐만 아니라 육
체노동자집단과도 다르다. 주변중산계급은 전문가와 관리자 집단을
보좌하는 역할을 주로 담당하고 대체로 표준화된 기술을 사용해 날마
다 반복적인 업무를 수행한다. 겉보기에 주변중산계급은 전문가와 관
리자와 유사한 대우를 받고 있다. 예컨대 안정적인 임금 및 보수, 업
무 시간 관리(time-keeping arrangement)가 상대적으로 자유롭다.
그러나 이들은 고용구조에서 직업 안정성, 권력 및 권한, 승진기회,
임금수준 등 여러 측면에 전문가 · 관리자집단과 격차가 큰 실정이다.
한편 주변중산계급은 육체노동자와도 현저한 차이가 있다. 록우드
(Lockwood)가 『블랙코트 노동자(Blackcoated Worker)』에서 서술
한 바와 같이, 만약 사무실 내부에서 수평적인 부문 간 분화와 권력
및 직급에 따른 수직적 분화는 관리감독자와 직원 사이의 친밀한 사
적인 연결을 철저히 차단하지 못 한다면, 사무실 직원과 관리자들은
공장 노동자 간에 장벽이 나날이 두드러지게될 것이다. 왜냐하면 그
들은 처해 있는 권리 관계, 작업환경, 그리고 시장 환경이 서로 따르

기 때문이다(Lockwood, 1958: 81).

3. 중산계급의 구조, 의식 및 기능: 선행연구 검토

1) 세대 간 이전: "순환"인가? "재생산"인가?

재분배체제에서 시장경제체제로 전환하는 과정에서 중국 사회계
층화 구조에서의 상층 엘리트 집단은 어떤 방식으로 형성될 것인가?
교체와 재구조를 통한 "순환" 방식인가? 아니면, 세대 간 이전 및 상
속을 바탕으로 하는 "재생산" 방식인가? 이 문제에 대하여 열렬한 논
쟁과 수많은 연구를 진행해왔다(참조: 邊燕杰 편집장, 2002). 현대화
이론에 의하면, 기술(경제적 합리성)의 발전에 따라 재분배체제에 기
초한 사회집단들은 시장화체제로 전환하는 과정에 점차 몰락하여, 엘
리트 집단은 교체와 재구조를 맞이할 것이다. 특히 시장에 직접적인
참여자들은 지위상승을 실현하는 동시에 재분배권력을 소유한 집단
들은 지위 하락을 경험할 것이다. 대조적으로, 제도주의 관점에서 중
국의 시장화체제로의 전환은 국가가 주도하는 점진적인 개혁이고, 더
불어 이러한 개혁이 기존의 재분배체제를 바탕으로 전개되기 때문에
개혁과정에서 정치, 권력, 문화 등 여러 요소가 영향을 미칠 것이다.
따라서 기존의 재분배권력을 보유한 집단들이 여전히 많은 이익을 획
득할 수 있고, 특히 이들은 우세적 지위를 계속적으로 창출할 수 있다.
현대화 이론에 비하여, 국내의 기존 경험적 연구 결과들은 제도주
의이론을 상당히 입증하여 주는 실정이다. 곧 계급 재생산의 특성을

지니는 상대적 관계 형태는 제도적 개혁을 진행하는 과정에서 다시 생산된 것이다. 이러한 계급구조 양상을 수사적으로 표현하면 재분배 체제에 속한 엘리트(관리자, 전문가)의 지위가 하나의 "저장량"이라 할 때, 시장 환경에서의 엘리트는 하나의 "증량"으로 여길 수 있다. 이러한 "증량" 지위를 채우는데, 엘리트 집단뿐만 아니라, 다른 계층에 게도 새로운 기회가 적잖게 제공될 것이다. 이는 상당히 검증할 만할 명제이다. 따라서 다음 장에서는 내생형과 외생형 중산계급의 지위획 득에 대한 분석을 통하여 이를 검증하고자 한다.

2) 계급지위인식

계급지위인식이란 어떤 객관적 계급위치에 속한 구성원들이 사회 불평등과 자신이 처해 있는 사회경제적 지위에 대한 주관적인 느낌 과 평가를 의미한다. 계급지위인식에 대한 초기의 연구들은 도시 주 민들은 자신이 중간계층에 속해 있다고 의식하는 비율이 상대적으로 낮고, 대조적으로 자신이 중하계층에 속해 있다는 인식이 현저히 높 아, "계급지위인식 하향 이동"(劉欣, 2001; 趙延東, 2005: 87; 李培林, 2006), "계층화되지만 계층화 인식이 없는"(盧漢龍, 1996) 독특한 현 상들을 나타나고 있다고 지적하였다. 한편 최근에 국가 간의 비교 분 석뿐만 아니라 종단적 분석에서도 중국 국민들의 계급 지위 인식은 하향 집중이나 하향 이동하는 추세가 보이고 있음 확인할 수 있다(高 勇, 2013). 그리고 풍사정(馮仕政, 2011)는 지위인식이 상대적으로 안 정되는 중산계급조차 "중산계급 지위 인식의 급격한 상실과 지위 인 식 하층 편향" 현상이 발생하여, 주의보를 울리고 있다고 역설하였다.

지위인식의 하향이동 양상을 이해하기 위하여, 류흔(劉欣, 2002)은 "계급인식의 상대적 박탈 이론"을 제시하였다. 이론에 의하면, 사회 구성원의 계급지위인식은 자신이 속한 집단의 계층적 구조("준거집단, reference group")로부터 영향을 받는다. 따라서 사람들은 자신의 사회경제지위의 변동을 설명하는데 객관적인 계급지위보다 주관적인 계급 인식이 더욱 강력하게 작용한다. 고용(高勇, 2013)은 전술하는 "준거집단"을 "준거체계"로 진일보 확장시켜, 이 현상을 설명하는데 노력하였다. 그의 설명을 따르면, 현재 중국 사회에서의 지위 준거체계가 막대한 변화를 겪고 있다. 곧 계급지위의 준거체계는 자신이 속한 단위(單位; work unit)와 사회적 지위에서 시장잠재력(예컨대 소득)으로 전환되면서, 저소득 집단뿐만 아니라 중간소득집단, 심지어 고소득집단에 속한 일부 사람까지 지신의 계급지위인식을 낮추는 결과를 초래한다고 주장하였다(高勇, 2013).

앞서 논의한 내용을 감안하여, 본 연구는 중산계급의 계급지위인식에 대하여 체계적으로 분석하고자 한다. 특히 상이한 "준거체계(기업 소유형태, 사회 및 단위 소속, 직군 등)"에 처한 각종 중산계급 집단들 간에 차이와 분화가 존재하는지를 알아보고자 한다. 만약 차이와 분화가 있다면 이러한 차이는 시장화 과정에 따라 변화할 것인지에 대하여 분석하고자 한다.

3) 사회정치적 의식 및 행위

중산계급의 사회정치적 의식에 대하여 학계에서 많은 논쟁들이 있는 실정이다. 이는 대체로 중산계급들의 사회정치적 성향은 진보적

(개혁을 적극적으로 추진)인가, 보수적(현 상태에 만족)인가를 둘러싸고 벌어지는 논쟁이다(李春玲, 2011). 우선 일부 학자들은 중산계급이 주요한 위치를 차지하는 부유(富有)한 집단에서 필히 자유혁신과 정치민주를 적극적으로 추진할 것이라 주장하고 있다(布坎南, 1997). 반대로 다른 일부의 학자들은 중산계급이 경제소비측면에서는 보다 진보적이지만, 정치적 성향은 보수적이라고 지적하였다(米爾斯, 1987: 391-394). 이들의 주장에 의하면, 중산계급의 발전과 특정한 이익을 획득하는 근원은 기존의 사회제도와 계급구조에 있기 때문에 유리한 사회지위를 차지하는 중산계급들은 기존의 제도를 유지할 경향이 높을 뿐더러 정치적 이념도 보수적일 것이다. 따라서 급진적인 개혁을 욕구할 가능성이 낮을 것이다. 한편 보수와 진보란 이분법적인 관점 외에 다른 견해가 있었다. 곧 중산계급은 사회정치적 기능에서 "종속적" 역할을 행하고 있다는 주장이다. 다시 말하면, 중산계급은 비록 상대적으로 독립적인 집단으로 존재하기는 하나, 상대적으로 독립적인 영향이나 행동이 없다. 중산계급은 흔히 강세계급과 이익집단에 의존하고 있으며, 이러한 특성은 권위주의적 정치체제에서 더욱 쉽게 출현할 수 있다(Jones, 1998; Hsiao · So, 1999; 李路路, 2008).

현대 중국의 특수한 제도 및 사회 배경에 비추어보면, 각각 다른 경로에서 파생되는 중산계급들은 사회정치적 의식과 행위에 있어 특수성, 다양성, 그리고 계급 내부의 복잡성을 지닐 것으로 예상된다. 게다가 최근의 국가와 시장 이외의 사회세력들은 독립과 자치에 대한 욕구가 점차 증가하고 있고, 일반 시민들의 권리 의식과 공공참여의지가 높아지면서, 중국의 시민사회(Civil Society)가 지속적으로 형성 및 발전되고 있다. 이러한 배경에서 중국 도시 중산계급의 사회정치 태도, 민주정치의식과 제도/비제도적 행동 참여, 그리고 계급 내에의 차이성과 역사적 변천 등에 대한 검토가 극히 필요한 것으로 판단된 다.

4) 생활방식 및 소비 행동

생활방식 및 문화소비와 사회계층화와의 관계를 설명하는데 몇 가 지 상이한 관점들이 있었다(Chan & Goldthorpe, 2007). 첫 번째 관 점은 "개인화(individualization)"이다. 개인화 관점에 따르면, 현대 사 회에서 생활방식과 문화소비는 사회계급, 사회구조 사이에 체계적 관련성을 상실하고 있고, 문화 및 기타 형식의 소비 행위는 개인화 성향을 띤 개인의 자유 선택의 결과가 될 것이다. 두 번째는 "동질화 (homology)" 관점이다. 동질화 관점은 생활소비와 사회계층 간에 직 접적인 관련성이 있다고 주장한다. 다시 말하면, 한 집단의 소비 및 생활 방식은 이 집단의 사회구조적 지위의 외적 표현이다. 세 번째, "구성주의(constructivism)" 관점은 생활방식, 소비행위 등 삶의 경험 들이 계급 정체성과 계급 귀속을 구성한다고 역설한다. 전술한 3가지 관점을 종합해보면, 중산계급 구성원들은 생활방식과 소비행위에 따 라 파편화(fragmentation)된 중산층, 구조화된 중산층, 귀속적 중산층 으로 나뉠 수 있다. 본 연구는 두 시점의 생활방식 및 소비에 대한 분 석을 통하여, 중산계급의 객관적 계급위치와 생활소비 간의 관련성을 규명하고자 한다, 특히 이러한 관련성은 뚜렷한 경계선이 존재하는 지, 안정적인 형태로 일관되게 나타나는지 여부를 검증하고자 한다.

4. 중산계급의 구조, 의식과 기능: 실증적 분석

1) 데이터와 샘플

본 연구는 중국인민대학교 사회학과와 홍콩과기대학교 사회조사 센터가 연합하여, 공동 진행한 CGSS(China General Social Survey) 2003년, 2013년 조사 데이터를 활용하고자 한다. 두 연도의 조사는 모두 PPS와 충화추출법을 사용하여, 전국 28개 성, 자치구, 직할시를 대상으로 제각기 5,894명과 14,438명 조사대상을 샘플로 추출하였 다. 2003년 조사데이터는 도시 지역만 대상으로 조사되었으나, 2013 년에 도시와 농촌 지역 모두 조사에 포함시켰다. 비교 분석을 위하여 본 연구는 2003년과 2013년 데이터 중에 22-26세인 도시 경제활동 인구를 분석 대상으로 선정하여 분석하고자 한다.

앞서 논의한 중산계급의 분류 기준을 참조하여, 본 연구에서는 조 사대상의 직업을 기준으로 4가지 유형 집단을 분류하였다. 최종적으 로 선정된 4가지 유형 집단의 총 샘플 수는 2003년 1,550명, 2013년 2,058명이다. 〈표 1〉에서 두 연도에 중산계급 내부의 각 유형 집단에 대한 빈도분석 결과를 제시하고 있다.

〈표 1〉 중산계급에 대한 분류 및 규모의 변화

		2003		2013	
		N	%	N	%
내생형 신중산계급 (체제 내)	관리직	113	7.3	125	6.1
	전문기술직	405	26.1	472	22.9

외생형 신중산계급 (체제 외)	관리직	35	2.3	151	7.3
	전문기술직	64	4.1	285	13.8
주변중산계급(일반사무직)		509	32.8	393	19.1
구중산계급(자영업자)		424	27.4	632	30.7
계		1,550	100.0	2,058	100.0

　분석결과에서는 10년 동안 재분배체제 외에 있는 신중산계급(외생형)의 규모가 대폭 증가되었으며, 특히 중산계급에서 관리직과 전문직 종사자가 차지하는 비율이 2배 정도 증가된 것으로 나타났다. 외생형 신중산계급 구조에서 자리가 많아지면서, 다른 각 계급 구성원에게 제공할 경쟁적인 계급이동의 기회가 많아지고 있다. 현대화와 시장화에 따라 외생형 신중간계급의 비중이 높아지는 모습은 다른 각 계급 구성원들에게 경쟁을 통한 계급 이동의 기회가 많아짐을 의미한다. 한편 체제 내에 있는 중산계급(내생형)의 경우, 관리자뿐만 아니라 전문직 종사자의 비율도 감소한 것으로 나타났다. 또한 주변중산계급의 비율은 감소하는 반면, 자영업자, 개인사업자로 구성된 구중산계급의 비율은 증가한 것으로 분석되었다.

2) 세대 간 이전

　각 중산계급 집단의 지위획득과 부모세대의 지위의 관련성을 탐구하기 위하여 본 연구는 두 시점의 데이터를 활용하여 다층로짓모형으로 분석하였다. 분석 결과를 정리하면 다음 〈표 2〉과 같다. 두 연도 모델은 모두에서 자녀 세대의 성별, 연령 등 인구통계학적 특성과 인적 자본과 정치적 자본을 상징하는 교육수준, 당원 여부 등을 통제 변수로 투입하여 분석하였다.

2003년 모델의 분석결과에서 부모세대가 산업/농업 노동자 집단의 경우에 비교할 때, 부모세대가 관리자 집단의 경우 자녀세대는 내생형과 외생형 중산계급에 속할 확률이 모두 높으며, 전문기술직 종사자 집단의 자녀세대는 내생형, 외생형 중산계급에 진입할 가능성이 높은 것으로 나타났다. 부모세대가 일반 사무직과 자영업자의 경우 자녀세대는 주변중산계급과 구중산계급에 진입할 가능성만 높은 것으로 분석되었다. 2013년 모델에서, 부모세대가 산업/농업 노동자의 경우에 비하여, 관리직과 전문기술직 집단의 자녀세대는 내생형, 외생형뿐만 아니라 주변중산계급에 진입할 확률이 모두 높은 것으로 분석되었다. 예컨대 부모세대가 관리자일 경우 자녀세대는 산업/농업 노동자계급보다 내생형, 외생형, 그리고 주변중산계급에 속할 가능성이 각각 3.1배, 2.9배, 그리고 3.2배가 높은 것으로 나타났다.

〈표 2〉 중산계급 지위 획득의 다층 로짓 모형

		자녀세대의 지위(기준: 산업/농업 노동자)							
		2003				2013			
		내생형 신중산	외생형 신중산	주변 중산	구중산	내생형 신중산	외생형 신중산	주변 중산	구중산
절편		-4.235***	-3.051***	-2.370***	-0.215	-4.223***	-1.414***	-2.244***	-0.341
부모세대 직업유형 (기준: 산업/ 농업 노동자)	관리직	.423*	0.583	-0.004	0.126	1.146***	.873***	1.152***	0.055
		-1.527	-1.792	-0.996	-1.134	-3.144	-2.393	-3.166	-1.056
	전문/ 기술직	.421*	.649*	.312*	0.04	.741***	.480*	.415*	0.133
		-1.523	-1.913	-1.366	-1.041	-2.098	-1.616	-1.515	-1.142

부모세대 직업유형 (기준: 산업/ 농업 노동자)	일반 사무직	0.204	0.333	.563***	-.352+	0.185	0.321	0.286	-.791*
		-1.226	-1.395	-1.756	-0.703	-1.203	-1.378	-1.331	-0.453
	자영업	-0.297	.938+	-0.22	.980***	.402+	0.335	0.24	.419*
		-0.743	-2.556	-0.802	-2.664	-1.495	-1.398	-1.271	-1.52
통제 변수		자녀세대의 성별, 연령, 교육수준, 당원 여부 등				자녀세대의 성별, 연령, 교육수준, 당원 여부 등			
모형 적합도		N=2709 ; -2LL =3927.44 ; Df =36 ; Chi-Square= 1226.41				N=3197 ; -2LL =4607.37 ; Df =36 ; Chi-Square= 1324.27			

1. +p⟨0.1, *p⟨0.05, **p⟨0.01, ***⟨0.001; 2.괄호 안에 수자는 exp(B) 값이다.

종합적으로, 금세기 초에 신중산계급의 지위획득은 전통 엘리트집단의 승계와 확장이라기보다 대체로 계급 내 동질적 이동의 결과이다. 각 계급의 자녀 세대는 계급 이동 기회에서 현저한 차이가 없으며, 특히 관리자의 자녀 세대는 "좋은 자리"를 획득하는데 두드러진 우세가 보이지 않았다. 그러나 10년 후 상황은 크게 변하였다. 계급 고착화와 재생산의 양상이 두드러지면서, 각 집단의 계급 간 이동 기회에 격차가 커졌다. 엘리트 집단의 자녀세대는 체제 내뿐만 아니라 체제 외에도 엘리트가 되는데 더욱 유리해졌다.

3) 계급 지위 인식적

CGSS 2003 조사는 주관적 계급지위에 대하여 5분위(상층, 중상층, 중층, 중하층, 하층) 측정 방법을 활용하였으나, 2013년의 조사는 10점 척도로(최하층인 1점부터 최상층인 10점까지) 측정하였다. 따라서 본 연구는 2003년 측정기준으로 2013년에의 주관적 계급지위에 대하여 리코딩 작업[1]을 하였다. 두 연도의 주관적 계급지위 변수의 측정 기준을 통일시켜, 차후에 분석에 투입하였다. 비록 측정기준이 같아도 연도 간에 직접 비교성이 없지만, 각 연도에서 각 집단들의 계급인식에 대하여 상대적인 비교가 가능하다.

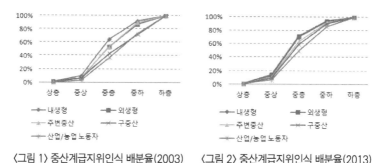

〈그림 1〉 중산계급지위인식 배분율(2003)   〈그림 2〉 중산계급지위인식 배분율(2013)

〈그림 1〉과 〈그림 2〉에서 제시한 바와 같이, 두 연도에 각 중산계급 집단은 계급 인식에 다소 차이가 존재하였다. 2003년의 계급인식이 분화된 정도가 2013년보다 높아, 중산계급 인식의 "하향 이동" 현상이 두드러지지 않았다. 각 계급집단의 계급인식을 살펴본 결과, 2003년에 체제 내 중산계급(내생형)의 계급지위인식은 다른 집단보다 현격히 높은 것으로 나타났다. 60% 이상인 체제 내 중산계급은 자신이 중층 및 그 이상의 계급지위에 속해있다고 생각한 것으로 나타났다. 체제 외 중산계급과 주변중산계급의 계급지위인식은 유사하며, 구중

---

1) 1-2점은 하층, 3-4점은 중하층, 5-6점은 중층, 7-8점은 중상층, 9-10점은 상층으로 다시 코딩하였다.

산계급의 계급지위는 각 중산계급 집단에 비하여 가장 낮으며 산업/
농업 노동자집단과 유사한 수준인 것으로 나타났다. 2013년, 중간계
급 집단들의 계급지위인식수준이 변화되었다. 곧 외생형 중산계급의
계급지위인식 수준이 크게 제고되어, 내생형 중산계급보다 높은 수
준에 달했다. 주변중산계급과 구중산계급 사이의 격차는 줄어들었다.
산업/농업 노동자계급의 계급지위인식 수준은 〈그림 2〉 모두에서 가
장 낮고, 다른 중산계급의 인식 수준과 격차가 큰 것으로 분석되었다.

성별, 연령, 교육수준, 소득, 주택자산 등 사회경제적 지위 변수를
통제하여, 계급지위인식에 대해 다중회귀분석을 실시한 결과는 〈표
3〉과 같다. 2003년에 내생형 중산계급의 계급지위 인식 수준은 현저
히 높은 것으로 분석되었다. 회귀계수를 비교해보면, 외생형 중산계
급의 인식 수준이 주변중산계급보다 낮았다. 그러나 10년 후 각 중산
계급 집단은 계급지위 인식 수준에서 산업/농업 노동자계급과 두드
러진 차이를 보이게 되었다. 아울러 외생형 중산계급과 노동자계급의
격차가 가장 크며, 회귀계수 상으로 이러한 격차가 내생형과 주변중
산계급보다 훨씬 큰 것으로 나타났다.

〈표 3〉 계급지위인식에 대한 다항회귀분석

계급지위	CGSS 2003 계급지위인식(5점 척도) (Ordinal Probit 모형)	CGSS 2013 계급지위인식(10점 척도) (OLS 회귀 모형)
	β	β
내생형 신중산계급	.367***	.395***
외생형 신중산계급	0.163	.516***
주변중산계급	.168*	.247*

구중산계급	0.049	.332***
산업/농업 노동자	0	0
통제변수	성별, 연령, 교육수준, 당원 여부, 소득, 주택유무, 주택 면적 등	성별, 연령, 교육수준, 당원 여부, 소득, 주택유무, 주택 면적 등
상수	\	4.041***
Cut1	-.306*	\
Cut2	.758***	\
Cut3	2.419***	\
Cut4	3.696***	\
likelihood ratio	464.3	\
adjusted R-squared	\	0.086
F	\	25.2
N	2426	3087

.+p⟨0.1, *p⟨0.05, **p⟨0.01, ***⟨0.001

이러한 내생형과 외생형 중산계급의 계급지위 인식 수준이 뒤바뀌는 양상에 대하여 2가지 해석이 가능한데, 첫째, 양자의 사회경제지위에 실질적인 격차가 나타나 객관적인 자원과 기회가 상대적으로 변화하기 때문에 계급인식수준이 뒤바뀐 것이라는 해석이 있다. 둘째, 계급지위인식의 준거체계가 변화된 것이라는 해석도 가능하다. 즉 사람들은 자신의 지위에 대하여 평가하는 기준이 준거기준이 단위(work unit)의 유형과 사회적 지위에서 시장잠재력으로 전환되면서, 소득, 재산, 부동산 등 경제적 요소가 점차 중요시해졌다. 이런 측면에서 외생형 중산계급은 훨씬 우세하다.

4) 사회정치적 태도

중산계급의 발흥은 어떤 사회정치적 결과와 영향을 초래할 것인 가? 또 그들은 자유와 민주정치를 적극 추구할 것인가? 아니면, 기존 질서를 유지하는데 노력을 기울일 것인가? 이런 의문에 대하여 학계 에서 논쟁이 끊임없이 이루어지고 있다. 본 연구는 중산계급의 사회 정치 태도, 특히 이들의 민주정치 태도와 제도/비제도적 행동 참여 의 식 수준을 살펴봄으로써, 중산계급의 사회정치적 성향을 파악하고, 더 나아가 중산계급들이 지니는 사회정치적 기능을 예측, 평가할 수 있었다.

2003년과 2013년 두 연도의 CGSS 데이터는 모두에서 중산계급의 사회정치의식에 대하여 조사되어 있었다. 관련 문항을 활용하여 분석 한 결과는 다음과 같다:

〈표 4〉는 두 시점에서 각 계급집단이 일련의 민주정치의제에 대하 여 동의하는 비율을 제시하고 있다. 제시하는 내용은 두 가지 메시지 를 담고 있다.

첫째, 두 시점은 상당한 공통성이 존재한다. 기본 정치적 이념을 상 징하는 "민주는 무엇을 의미하는가?"란 문항에 대한 응답에서 구중 산계급과 산업/농업 노동자계급의 태도가 유사한 것으로 나타나, 사 회 중하계급 집단들은 "민주는 정부가 인민을 인도하고 인민을 위해 봉사하는 것이다"라는 인식이 강함을 알 수 있다. 직접과 간접 민주의 경우, 체제 내 신중계급과 주변중산계급은 상대적으로 보수적인 성향 을 가진 것으로 나타났다. 그들은 직접민주에 대한 동의 수준이 다른 계급집단보다 현저히 낮은 반면, 간접민주에 대한 동의 수준이 상대적으로 높은 것으로 나타났다. 이는 체제분화에 따라 형성된 제도적 환경이 체제 내와 주변중산계급의 정치적 의식에 영향을 미치기 때문인 것으로 해석된다. 이와는 대조적으로 외생형 중산계급은 직접적 민주에 대한 동의 수준이 앞의 두 집단보다 높으며, 간접적 민주에 대한 동의수준이 비교적으로 낮은 것으로 나타났다. 체제 내 중산계급은 대중민주에 보다 더 동의하고, 엘리트민주에는 반대한 것으로 나타났다. 이는 체제 내의 집단은 체제 신분에 의거하여 내리는 "옳은" 정치적 선택임을 볼 수 있다. 중하층 집단들은 교육수준이 상대적으로 낮기 때문에 권위주의적 정치의식에 부응하는 경향이 높아, 엘리트민주에 대하여 상대적으로 개방적인 태도가 보인 것으로 나타났다. 결과의 합리성에 대한 태도에서는 각 계급집단들 간의 차이가 보이지 않은 것으로 나타났다.

둘째, 두 시점에 차이 또한 존재한다. 두 시점에서, 체제 외 중산계급집단은 가장 큰 변화를 보였다. 2003년에 체제 외의 집단은 "민주는 정부가 민중을 인도하는 것이다"라는 문항에 대한 동의 비율이 50%미만으로 다른 집단보다 훨씬 낮았다. 이는 외생형 중산계급이 이러한 민주의 본질에 대하여 의문과 비판적인 태도를 상당히 가지고 있음을 의미한다. 그러나 2013년에 같은 문항에 대한 동의 수준이 현저히 높아져, 체제 내 중산계급과 주변중산계급이 유사한 수준이 되었다. 한편 2003년 체제 외 신중산계급은 대중민주와 과정의 합리성에 대하여 극히 찬성하는 태도를 보였으나, 2013년에 이러한 태도가 온건해진 것으로 나타났다.

〈표 4〉 중산계급의 민주정치 태도(관련 의제에 대해 동의 정도의 퍼센테이지)

	2003					2013				
	내생형 신중산	외생형 신중산	주변 중산	구중산	산/ 농업 노동자	내생형 신중산	외생형 신중산	주변 중산	구중산	산/ 농업 노동자
민주는 정부가 민중을 인도하는 것이다	56.2	47.5	60.7	69.9	70.5	68.5	65.1	66.3	78.4	77.7
직접민주	51.1	61.6	56.4	64.2	62.4	64.4	66.7	64.6	67.4	69
간접민주	81.3	79.8	81.7	75.1	76.5	81.9	75.5	81.3	74.9	79
대중민주	83.8	84.8	82.9	77.5	78.9	84.1	78.9	76.5	77.9	79.2
엘리트 민주	24.7	25.3	26.5	35.8	33.9	21.8	23.4	24.6	28.7	26.5
결과의 합리성	79.5	76.8	79.4	78.4	81.6	75.5	78	74.4	78.5	78.5
과정의 합리성	65.3	79.8	69.8	67	69.7	75.5	75.2	72.4	70.2	73.1

한편 민주정치태도에 대한 조사 외에, CGSS는 응답자가 권익보호 활동에 참여할 의향에 대해서도 조사하였다. 조사문항은 "당신의 회사에서 임금이나 근로시간을 조정할 때, 당신이 포함된 많은 사람들이 불공정한 대우를 받았다고 가정하고, 만약 이때 어떤 사람은 관리자(임원진)에게 항의를 하고 답변을 받자고 제의하고, 당신에게도 동참하자고 한다면, 당신은 어찌하겠습니까?"라는 질문으로 구성되었다. 두 시점의 응답결과를 제시하면 〈표 5〉와 같다. 총체적으로 두 시점에 각 계급집단들은 현저한 차이를 보이지 않는다. 구체적인 내용

을 살펴보면, 외생형 신중산계급의 행동의향은 내생형 중산계급과 주
변중산계급보다 높고, 아울러 절대 참여하지 않겠다고 응답한 비율도
낮은 것으로 나타났다. 그리고 외생형 중산계급은 권익 보호 활동을
참여하는 의향에 대해 2003년보다 2013년이 낮아진 것으로 나타났
다.

〈표 5〉 비제도화 권익 보호 활동 참여 의향 (%)

	2003					2013				
	내생형	외생형	주변	구중산	산/농업	내생형	외생형	주변	구중산	산/농업
대대적 지지와 적극적 참여	30.3	40.2	29.5	31.3	32.4	21.8	24.9	22.2	26.7	25.4
참여하지만 앞장서지 않음	30.3	21.7	29	23.6	27.6	31.1	33.6	32.7	28.3	30.3
상황을 보고 결정	21.5	26.1	22.3	23.6	21	33.3	32.2	30.4	30	30.8
절대 참여하지 않음	17.8	12	19.2	21.5	19	13.8	9.3	14.7	15	13.5
집단 간 차이의 유의성 검증	$x2$=14.7, df=12, Sig=0.256					$x2$=15.6, df=12, Sig=0.208				

5) 생활방식 및 소배행위

두 연도의 CGSS조사는 모두 응답자의 생활방식과 소비행위에 대
하여 조사하였다. 문항은 4점 리커트 척도(매우 그렇다, 그렇다, 그

렇지 않다, 매우 그렇지 않다)로 측정하였다. 본 연구는 중요성 분석
방법을 사용하여, 2013년 데이터[2]에서의 생활방식과 소비행위 변수
에 대하여 요인분석을 실시하였다. 결과적으로 5개의 요인이 추출되
는데, 5개 요인의 분산 누적설명력은 67.2%인 것으로 분석되었다. 각
변수의 요인 적재치와 각 요인에 분류된 변수의 특성에 의거하여 이
름을 설정한 결과는 〈표 6〉과 같다. 〈요인 1〉은 개인이 쇼핑, 주택 인
테리어, 외출, 헬스 등의 측면에서 행하는 고퀄리티 소비 경향을 반영
하는 것이다. 〈요인 2〉는 안정적인 삶을 추구하는 것으로, 평안하고
안이한[안정된] 생활감과 일정한 정도의 예술 감상 경향을 보이는 것
이다. 〈요인 3〉은 검소한 삶이다. 이는 개인이 생활필수품의 구매와
외식에 검소한 소비 경향을 표현하는 것이다. 〈요인 4〉는 대중적 오
락으로 칭하여, 휴식 시간에 TV 프로그램을 시청으로 대중적 오락 경
향을 반영한다. 〈요인 5〉는 근무 스트레스이다. 이는 개인의 근로 스
트레스, 불안한 상태를 반영하는 것이다.

〈표 6〉 생활방식 요소   N=3,504

	요인 1: 고퀄리티 소비	요인 2: 안이한 [안정]된 삶	요인 3: 검소한 삶	요인 4: 대중적 오락	요인 5: 근무 스트레스
우리 집에 있는 내구소비제가 모두 고급 명품이다.	0.848	0.062	-0.098	-0.055	0.007

---

2) 2003년 데이터도 같은 방법으로 분석한 결과, 추출된 요인 수와 유형, 그리고 분산
누적 설명력 등 모두 유사할 뿐더러 요인 적재치에 따른 분류 결과도 큰 차이가 없
었다. 지면의 제한으로 인하여 제시하지 않았다.

집 인테리어를 하는데 많은 예술작품이나 그림을 사용하였다.	0.783	0.102	0.01	-0.065	-0.028
항상 유명한 상가에 가서 쇼핑한다.	0.693	0.171	-0.247	-0.026	0.132
외출할 때 늘 택시나 자가용차를 타고 다닌다.	0.628	0.174	-0.258	-0.041	0.166
항상 전문적인 체육관이나 헬스장에 가서 운동한다.	0.427	0.319	0.175	-0.552	-0.003
내 삶은 매우 평안하고 안이해서 조급할 일이 별로 없다.	0.054	0.8	-0.041	0.225	-0.136
휴식할 때 늘 음악이나 예술적 작품을 감상한다.	0.267	0.657	-0.053	-0.224	0.137
꼭 필요하지 않은 한 생필품 외에 물품들을 구매하지 않다.	-0.189	-0.013	0.848	0.121	0.106
자신과 가족의 생일이나 기념일에 항상 집 근처에의 식당에서 회식한다.	0.338	0.386	-0.445	-0.048	0.275
집에서 쉬는 시간에는 대부분 텔레비전을 보면서 지낸다.	0.033	0.139	0.223	0.835	-0.045
내가 종사하는 일에서 많은 스트레스를 받는다.	0.088	-0.016	0.048	-0.037	0.95

한편 우리는 각 중산계급 집단들의 각 요인별 평균 점수를 통하여 그들의 생활방식과 소비행위 특성을 비교할 수 있다. 〈표 7〉에서 제시한 내용과 같이, 외생형 신중산계급과 내생형 신중산계급은 고퀄리티 소비 경향이 다른 집단보다 현저히 높다. 반면에 검소한 삶과 대중적 오락 요인에서 부(-) 값을 보여서, 신중산계급이 소비측면에서 진보적(현대적)이라는 Mills의 주장을 지지하였다. "안이한[안정된] 삶"

요인의 경우 내생형 신중산계급의 점수가 다른 집단에 비하여 현저히 높아, 내생형 중산계급은 평상시에 예술을 감상하면서 우아하고 안정된 삶을 영위하는 경향이 두드러짐을 알 수 있다. 그 다음 주변중산계급과 외생형 신중산계급 집단은 2, 3위를 차지한 것으로 나타났다. 산업/농업 노동자 집단은 생활방식과 소비행위에 검소한 경향이 강한 것으로 나타났다. 대조적으로 각 중산계급집단 모두 "검소한 삶" 요인에서의 점수가 마이너스 값이 나타나, 중산계급은 생활방식과 소비행위에서 유사한 특성을 지니고 있음을 시사한다. "대중 오락"에서는 구중산계급 집단과 노동자 집단의 점수가 높은 것으로 나타났다. 마지막으로 외생형 신중산계급과 주변중산계급은 모두 근무스트레스가 높은 것으로 분석되었다.

〈표 7〉 중산계급의 생활방식 요소 간에 비교 분석

	요소 1: 고퀄리티 소비	요소 2: 우아하고 안정된 삶	요소 3: 건소한 삶	요소 4: 대중적 오락	요소 5: 근무 스트레스
내생형 신중산계급	0.245	0.302	-0.082	-0.161	0.095
외생형 신중산계급	0.377	0.089	-0.15	-0.325	0.182
주변중산계급	0.137	0.123	-0.185	-0.156	0.121
구중산계급	-0.06	-0.084	-0.044	0.187	-0.106
산업/농업 노동자	-0.22	-0.144	0.145	0.122	-0.078
집단 간 차이의 유의성 검증	46.651***	25.167***	15.007***	29.480***	10.463***

전체적으로, 각 계급집단간의 생활방식과 소비행위 차이가 상대적으로 뚜렷하다 할 수 있다. 이들 차이성은 중국 도시주민들의 생활방

식이 다양화되고 개인화되고 있는는 것을 의미한다. 더 중요한 점은 이들 차이가 계급 분화에 따라 나타났다는 것이다.

5. 결론 및 함의

중국에서 중산계급은 사회구조의 변혁을 경험하면서, 급속히 성장 및 발전하고 있으며, 많은 사회적 관심을 이끌고 있다. 따라서 이는 학술적 연구를 넘어, 사회각계가 모두 주목하는 공공의제가 되었다. 본 연구는 2003년과 2013년 두 시점의 중국종합사회조사(CGSS) 데이터를 활용하여, 사회구조 관계의 관점으로 중산계급 유형화에 대하여 재검토하였다. 아울러 사회조구가 변화하고 있는 중국 사회에서 중국 도시 중산계급의 계급지위와 계급인식 및 행동, 구조 및 기능이 어떠한지에 대하여 탐구, 규명하였다.

1) 연구결과 요약

첫째, 중산계급의 유래와 지위 획득에서, 2003년에 각 계급은 중산계급에 진입하는데 있어서 특히 두 가지 형태의 신중산계급에 진입하는데 있어서 큰 차이를 나타내지 않았다. 관리직 종사자의 자녀세대는 신중산계급에 진입하는데 두드러진 우세가 없는 것으로 나타났다. 그러나 2013년에 관리직과 전문직 종사자의 자녀세대는 체제 내 신중산계급뿐만 아니라 체제 외 신중산계급으로 진입하는데 모두 유리해진 것으로 나타나 계급 고착화와 재생산 현상이 점차 심화되고 있음을 시사한다.

둘째, 계급지위인식에서 관리자와 전문가가 위주로 구성된 신중산계급은 지위인식의 "하향이동" 양상이 뚜렷하지 않았다. 2003년에 체제 내 중산계급(내생형)집단의 지위인식은 다른 집단보다 압도적으로 높았다. 2013년에 외생형 중산계급의 계급인식은 내생형 중산계급 집단을 넘어 1위로 올라섰다. 이는 양자의 상대적 지위 혹은 계급지위 인식의 준거체계(단위유형과 사회지위에서 시장잠재력으로)가 변화된 것을 부분적으로 반영하는 것이다.

셋째, 민주정치태도와 비제도적 행동참여에서, 체제 내 중산계급과 주변중산계급은 민주태도에 상대적으로 보수적 성향을 보이고 있으며, 직접민주주의보다 간접민주주의, 엘리트 민주주의보다 대중민주주의를 지지할 경향이 높았다. 시간 경과에 따라 외생형 신중간계급은 "급진적"에서 온건한 태도로 변화되었다. 내생형 신중산계급의 보수적 정치태도 및 행동 의향은 재분배체제의 경로의존성을 반영하는 것이다. 대조적으로 외생형 신중산계급의 현저한 태도 전환은 그들이 권위적 정치체계에 의존하는 특성을 지니는 것으로 해석된다. 왜냐하면, 외생형 중산계급 집단은 권위적 정치체계에서의 경제 주도적 정치 노선에 의존하여 발흥 및 성장하기 때문이다.

넷째, 각 중산계급 집단들은 생활방식과 소비행동에 차이가 현저하게 나타났다. 신중산계급은 경제수준이 높아, 쇼핑, 외출, 주택 인테리어 등의 측면에 고퀄리티 소비 경향이 있다. 대조적으로 구중산과 산업/농업 노동자 등 중하계층집단은 수입에 따라 지출하는 검소한 소비 경향과 대중적 오락 특성이 나타났다. 한편 내생형 중산계급의 생활은 상대적으로 우아하고 안정된 것으로 나타났으며, 체제 외 신중산계급은 상당한 근로 스트레스와 불안감을 경험하고 있었다.

2) 연구의 함의

중산계급은 다양한 특성과 상이한 지향을 가지는 여러 집단으로 구성되어 있어, 하나의 다원적인 사회적 존재이다. 한편, 현재 중국은 경제, 사회 구조적 개혁을 경험하고 있다. 이러한 배경에서, 중국 중산계급의 구성, 의식, 기능에 대한 검토를 진행하는데, 일치성과 차이성, 구조성과 능동성, 안정성과 단계성, 특수성과 보편성 등을 동시에 고려하여 다각적으로 접근, 파악할 필요가 있다. 구체적인 내용을 설명하자면 다음과 같다.

첫째, 차이성과 일치성의 경우, 총체적으로 중산계급은 자산계급 대 육체노동계급이란 기본적인 관계 밖에 놓여있다. 즉 사회 중간계층에 위치에 놓여있다. 그러나 중산계급은 내부 구조에서 복잡성과 다양성을 지녀 이질적이고 차별적인 특성을 보이고 있는 실정이다. 이에 따라 몇 가지 문제에 주목할 필요가 있다. 즉 우리가 중산계급에 대하여 논의할 때, 누구, 또는 어떤 집단을 대상으로 논의하는 것인가? 중국 중산계급은 어떤 특성을 지니는 것인가? 중산계급이 사회기능을 수행하는 데에 직접적이나 간접적으로 영향을 미칠 요인들은 무엇인가? 중산계급의 의식과 행동에 영향을 미치는 데에는 어떤 차이성과 일치성이 가장 중요한가?

둘째, 구조-의식-행동에 대하여 재검토할 필요가 있다. 기존 연구들은 중산계급의 계급구조, 의식과 행동에 대하여 대체로 2가지 방향으로 접근해왔다. 이에 대하여 검토할 필요가 있다. 기존 연구들은 사회구조가 행동에 미치는 영향을 부정하고, 주관적 인식, 생활방식이나 계급행동으로 중간계급에 대하여 정의하였다. 다른 한 편으로, 서구 선진사회의 상황을 단순히 참고하여 중국 중산계급의 사회정치기능에 대하여 논의하였다. 아울러 중국 중간계급이 성장하게 되면, 자유주의적 변혁과 민주정치를 추구할 것이고, 또한 대규모의 단체적행동에 참여하거나 심지어 사회제도를 변화시키기 위해 정치적 혁명을 불러일으킬 것이라고 보았다. 이 또한 잘못된 해석이다. 중간계급의 사회정치기능에는 다양한 성향들(보수, 급진, 의존)이 존재하며, 사회적 기능을 수행하는데 있어서도 일련의 역사, 사회 그리고 제도적 요건으로부터 영향(예컨대 경제발전 수준, 정치적 체제, 사회질서나 제도화 정도 등)을 받는 것이다. 요컨대 전술한 두 가지 방향은 구조와 행동 사이에의 내생적 관련성을 배제하는 것과 양자가 필연적으로 연관된 것으로 가정하는 것 모두에서 한계를 지닌다.

셋째, 안정성과 변동성을 고려하여야 한다. 서로 다른 발전 단계에 처한 중간계급은 그들의 유래, 구성, 특성, 그리고 사회 기능 등에 따라 매우 다르다. 특히 중국의 특수한 사회 환경을 감안하면, 이러한 문제를 논의함에 있어서 안정성과 단계성에 특별히 주의하여야 한다. 따라서 중국 중산계급에 대해 분석할 때, 역사적 관점과 함께 사회의 발전 수준, 거시적 제도 환경, 집단 관계 구조 등 측면도 같이 고려해야한다.

넷째, 특수성과 보편성에 주목할 필요가 있다. 서구중산계급을 발흥 및 성장하게 만든 요건은 다음과 같다. 산업화와 기술의 발전 수준이 상대적으로 높으며, 자본주의경제체제와 민주정치체제를 시행하고, 상대적으로 안정적인 사회질서를 유지하고 있었다는 것이다. 그

러나 개발도상국의 경우, 특히 신흥공업국가에서 중산계급의 성장조
건은 분명히 다를 것이다. 예컨대 경제가 급속도로 성장하여 성숙단
계로 전환하고 있고, 권위적인 정치체제를 시행하고 있다. 그리고 사
회 구조적 조정을 진행하고 있으며, 사회적 모순과 갈등이 급격히 증
가하고 있다(李路路·孔國書, 2017). 이와 비교하면 중국의 상황은
더욱 특별하다. 예를 들어, 중국은 재분배에서 시장화로 전환하는 체
제개혁을 경험하고 있다. 국가와 정부는 계급구조를 구성하거나 재구
성하는데 직접적이고 강력하게 개입할 수 있다(周曉虹, 2005). 중간
계급담론(Middle-class Discourse)에는 "경열정냉(經熱政冷)[3]"과 아
울러 이데올로기 측면에 대한 규제와 제약이 존재한다. 중국 중산계
급은 특수한 사회와 제도적 환경에서 형성과 발전하기 때문에 그들의
특성과 사회기능을 논의할 때, 이러한 특수성과 복잡성을 특히 중요
시하여야 한다.

---

3) '經熱政冷'이란 경제 이슈에 대하여는 열렬히 논의하지만 정치적 논의에 대하여 무
   관심하거나 꺼려하고 있는 상황을 가리키다.

참/고/문/헌

- 埃里克·奥林·赖特.『阶级』. 2006. 北京: 高等教育出版社.

- 冯仕政. 2011. "中国社会转型期的阶级认同与社会稳定——基于中国综合调查的实证研究."『黑龙江社会科学』, 3.

- 高勇. 2013. "地位层级认同为何下移——兼论地位层级认同基础的转变."『社会』, 4.

- 赖特·米尔斯. 1987.『白领—美国的中产阶级』. 杭州: 浙江人民出版社.

- 李春玲. 2011. "寻求变革还是安于现状 中产阶级社会政治态度测量."『社会』, 2.

- 李路路. 2002. "制度转型与分层结构的变迁——阶层相对关系模式的"双重再生产."『中国社会科学』, 6.

- 李路路·李升. 2007. "殊途异类": 当代中国城镇中产阶级的类型化分析."『社会学研究』, 6.

- 李路路. 2008. "中间阶层的社会功能:新的问题取向和多维分析框架."『中国人民大学学报』, 4.

- 李路路·孔国书. 2017. "中产阶级的"元问题"."『开放时代』.

- 李友梅. 2005. "社会结构中的"白领"及其社会功能——以20世纪90年代以来的上海为例."『社会学研究』, 6.

- 刘欣. 2001. "转型期中国大陆城市居民的阶层意识."『社会学研究』, 3.

    ____. 2002. "相对剥夺地位与阶级认知."『社会学研究』, 1.

- 卢汉龙. 1996. "城市居民社会地位认同研究." 中国社会科学院社

会学研究所编.『中国社会学年鉴1992-1995』. 北京：中国大百科
全书出版社, pp. 119-127.

- 马克思. 1997.『恩格斯. 共产党宣言』. 北京: 人民出版社.

- 麦肯锡咨询公司. 2012.『下一个十年的中国中产阶级——他们的
面貌及其制约因素』.

- 塞缪尔·亨廷顿. 1988.『变革社会中的政治秩序』. 李盛平等译,
北京: 华夏出版社.

- 詹姆斯·布坎南. 1997.“经济自由与联邦主义.”载刘军宁·王炎
·贺卫方主编,『经济民主与经济自由』. 上海: 上海三联书店.

- 张宛丽·李炜·高鸽. 2004.“现阶段中国社会新中间阶层的构成
特征.”『江苏社会科学』, 6.

- 赵延东. 2005.“中间阶层认同”缺乏的成因及后果.”『浙江社会科
学』, 2.

- 周晓虹. 2005.“再论中产阶级:理论, 历史与类型学 兼及一种全球
化的视野.”『社会』, 4.

- Chan T. W, Goldthorpe J H. 2007. "Social stratification and cultural consumption: music in England." *European Sociological Review*, 23(1): 1-19.

- Dahrendorf, Ralf. 1959. *Class and Class Conflict in Industrial Society*. Stanford University Press.

- Goldthorpe, J. H. 1982. "On the service class, its formation and future." In Giddens, A. and Mac Kenzie,G.(Eds), *Social Class and the Division of Labour*. Cambridge University Press.

- Hsiao, Hsin Huang and Alvin Y. So. 1999. *The Making of the*

East Asian Middle Classes. In East Asian Middle Classes in Comparative Perspective, edited by Hsin Huang Michael Hsiao. Taipei: Academia Sinica.

- Jones, David Martin. 1998. "Democratization, civil society and illiberal middle class culture in Pacific Asia." *Comparative Politics*, 30(2): 147-169.

- Lockwood, D. 1958. *The Blackcoated Worker*. London: Allen and Unwin.

- Mills, C. Wright. 1951. *White Collar: The American Middle Classes*. Oxford: Oxford University Press.

- Parkin, Frank. 1969. Class Stratification in Socialist Societies, *The British Journal of Sociology*, 20:355-374.

찾/아/보/기

필자 소개

이순미

전북대학교 사회학과에서 가족/성의 사회학 전공으로 박사학위를 취득했다. 현재 전북대학교 부설 여성연구소 연구원으로 일하고 있다. 가족주의, 친밀성, 노동시장 성불평등 등에 관해 연구를 하고 있다. 주요 저서로는 『일, 가족, 젠더』(공저, 2009), 『노인돌봄 – 노인돌봄의 경험과 윤리』(공저, 2011) 등이 있다.

이정덕

서울대 인류학과를 졸업하고, 미국 뉴욕시립대에서 인류학 박사학위를 취득했다. 1993년부터 전북대학교에서 문화인류학을 가르치고 있다. 현재 전북대 쌀·삶·문명연구소 소장을 맡고 있으며, 일기를 통한 압축근대의 동아시아적 특성을 연구하고 있다. 주요 저서로는 『21세기 한국의 문화혁명』, 『근대라는 괴물』, 『일기를 쓴다는 것』(공역) 등이 있다.

리위란(李毓嵐)

대만 국립타이완 사범대학(國立臺灣師範大學)에서 역사학박사를 취득했고, 현재 국립 중흥대학교(國立中興大學) 역사학과 부교수로 재직 중이다. 연구 관심 분야는 대만사와 대만사회문화사이고, 주요 저서로는 『世變與時變—日治時期臺灣傳統文人的肆應』(2010), 「臺灣男性日記中的女性身影」(2015), 「陳懷澄的街長公務職責與文人生活: 以陳懷澄日記為論述中心(1920-1932)」 등이 있다.

이와시마 후미(岩島史)

일본 교토대학(Kyoto University) 농업과학과 박사과정을 수료했고, 현재는 메이지대학(Meiji University)에서 연구원으로 재직 중이다. 연구관심 분야는 농업사회학과 젠더로 농촌 여성의 여권향상과 주체성의 상호작용에 관한 연구를 하고 있다. 주요 저서로는 「農村女性政策によるジェンダー構築の重層性—高度経済成長期の京都府久美浜町を事例に—」, 「1950—60年代における農村女性政策の展開—生活改良普及員のジェンダー規範に着目して—」 등이 있다.

진명숙

전북대학교 고고문화인류학과에서 문화인류학 전공으로 박사학위를 취득했다. 현재 고고문화인류학과 BK21Plus 사업단 전임연구원으로 일하고 있다. 농촌, 여성, 지역활성화 등에 관심을 갖고 연구 중이다. 주요 저서로는 『금계일기 1-2』(공저, 2016), 『키워드로 읽는 한중문화』(공저, 2017) 등이 있다.

양흥숙

부산대학교 사학과에서 문학박사를 취득했다. 현재 부산대학교 한국민족문화연구소 HK교수로 재직 중이다. 한국 지역사와 지역정체성을 연구하고 있다. 주요 저서로는 『부산 시공간의 형성과 다층성』(공저), 『생태와 대안의 로컬리티』(공저), 『대천일기 1-2』(공저) 등이 있다.

공윤경

부산대학교 건축공학과를 졸업하고 부산대학교 도시공학과에서 공학박사를 취득했다. 현재 부산대학교 한국민족문화연구소 HK교수로 재직 중이다. 장소성, 공간변화와 로컬리티 등을 연구하고 있다. 주요 저서로는 『장소경험과 로컬 정체성』(공저), 『부산의 장소를 걷다』(공저), 『대천일기 1-2』(공저) 등이 있다.

박광성(朴光星)

중국 연변대학 역사학과를 졸업하고, 한국 서울대학교 사회학과에서 석사학위와 박사학위를 취득하였다. 현재 중국 중앙민족대학교 민족학 및 사회학 부교수로 재직 중이며, 주로 사회학 이론과 도시화, 전지구화 및 초국적 인구이동에 대해 연구하고 있다. 주요 논저로 『세계화시대 중국조선족의 초국적 이동과 사회변화』(2008) 등이 있다.

이성호

동국대학교 사회학과에서 박사학위를 취득하였다. 현재 전북대학교 SSK 「압축근대와 개인기록연구단」 전임연구원으로 재직 중이다. 주로 노동과 빈곤 등을 주제로 지역사회 연구를 진행하고 있으며, 주요 저서로 『전북지역 민주노조운동과 노동자의 일상』(공저), 『전북지역 민주노조 운동의 전환과 모색』(공저) 등과 「반공국가 형성과 지역사회의 변화」 등의 논문이 있다.

친광창(秦广强)

중국 화중사범대학교 사회학과(华中师范大学社会学院)를 졸업하고 인민대학교(中国人民大学社会与人口学院社会学系)에서 사회학 박사를 취득하였다. 현재 중국 북경 중앙민족대학교 민족 및 사회학 대학에서 부교수로 재직중이며, 사회의 이동과 사회적 평등에 관심을 갖고 있다. 주요 저서로는 「从"经济决定"到"权威支配": 阶级研究的理论转向及内在逻辑」, 「组织权威分化与雇员群体的阶级定位——论权威阶级体系的中间机制问题」, 「代际流动与外群体歧视——基于2005年全国综合社会调查数据的实证分析」 등이 있다.

동아시아 개인기록과
근대성 비교연구

초판 인쇄 | 2017년 6월 28일
초판 발행 | 2017년 6월 28일

(공)저자 이정덕 · 이성호 · 이순미 · 리위란 · 이와시마 후미 · 진명숙
　　　　　 양홍숙 · 공윤경 · 박광성 · 친광창 공저

책임편집 윤수경

발 행 처 도서출판 지식과교양
등록번호 제 2010 - 19호
주　　소 서울시 도봉구 쌍문1동 423 - 43 백상 102호
전　　화 (02) 900 - 4520 (대표) / 편집부 (02) 996 - 0041
팩　　스 (02) 996 - 0043
전자우편 kncbook@hanmail.net

ISBN 978-89-6764-087-3　93300　　　　　　　　　**정가** 24,000원